Dahmer, Leithäuser, Lorenzer, Horn, Sonnemann:
Das Elend der Psychoanalyse-Kritik
(Beispiel Kursbuch 29)

Sozialwissenschaftliche Sonderserie

Psychoanalyse als Sozialwissenschaft, Bd. 2

Herausgegeben von:
Klaus Horn, Frankfurt
Alfred Lorenzer, Bremen

Athenäum Verlag

Dahmer, Leithäuser, Lorenzer, Horn, Sonnemann

Das Elend der Psychoanalyse-Kritik (Beispiel Kursbuch 29)

Subjektverleugnung als politische Magie

Athenäum Verlag

Umschlaggestaltung: Jürgen Keil-Brinkmann
Gesamtherstellung: Main-Echo, Aschaffenburg
Printed in Germany
ISBN 3-7610-5864-0

Vorwort der Herausgeber

Der Titel dieser Reihe impliziert dezidierte Stellungnahmen zu unserem Verständnis von Psychoanalyse.

Freud hat die Behandlung neurotischer Leiden zwar als historischen Ausgangspunkt und zentralen Erfahrungsbereich der Psychoanalyse angesehen, in seinen Augen entwickelte sie aber einen weiterreichenden Anspruch, nämlich den der »Tiefenpsychologie«. Zwar wurde dieser Begriff wegen seiner Anwendung auf Verfahren und Annahmen recht unterschiedlicher wissenschaftlicher Qualifikation inzwischen diskreditiert, der im Begriff enthaltene Anspruch aber, den Erkenntnisrahmen einer die Differenz von bewußten und unbewußten Vorgängen und deren Praxisrelevanz verleugnende Verhaltenslehre zu sprengen, bleibt allemal das entscheidende Merkmal psychoanalytischer Theorie.

Freuds Verständnis der psychoanalytischen Methode war freilich szientistisch verdunkelt. Soll diese Verdunkelung aufgehoben werden, ohne zugleich das Fundament von »Tiefenpsychologie«, nämlich den Materialismus Freuds zu verraten, so fordert die Abwehr des Szientismus zugleich eine Gegenbewegung, die Überwindung des »subjektivistischen Selbstmißverständnisses«. Nur so gelingt es, Psychoanalyse als das auszuweisen, was sie schon immer war: Sozialwissenschaft. Nur so ist es auch möglich, das psychoanalytische Verfahren — in welcher Absicht immer es angewandt wird— als materialistische Hermeneutik im Sinne einer kritischen Theorie des Subjekts zu präzisieren. Nur in diesem Verständnis kann Psychoanalyse den jeweiligen historischen Stand gesellschaftlicher Bearbeitung innerer Natur unter den Bedingungen zweiter äußerer Natur formulieren und daraus Folgerungen ableiten. Als Theorie des Subjekts hat Psychoanalyse die brüchige Einheit der Lebensgeschichte im Kontext gesellschaftlicher Antagonismen zur Sprache zu bringen, was allerdings voraussetzt, daß der Blick für die gesellschaftliche Bedingtheit menschlichen Verhaltens geschärft durchgehalten wird. In diesem Sinne gewinnen interaktionistische Momente an Gewicht: Subjektive Strukturen sind allemal Niederschlag objektiv angelegter Bildungsprozesse, auch ist die Externalisation verinnerlichter Konflikte oder das Agieren erworbener Defekte nicht auf Infantilgeschichte reduzierbar, sondern ebenso Produkt je aktueller gesellschaftlicher Angebote, das, was nicht zu seinem Recht kommt, zur Geltung zu bringen. Daß mit dem lebensgeschichtlichen Reduktionismus auch der biologistisch-triebenergetische zu überwinden ist, ohne diese materielle Basis einem Soziologismus zu opfern, ist klar.

Dieses Verständnis der Psychoanalyse kann in verschiedenen Arbeitsbereichen — von der psychosomatischen Medizin bis zur politischen Psychologie — und in unterschiedlicher Abstraktion — von der Kasuistik bis zur erkenntnistheoretischen Reflexion — sich darstellen. Unsere Absicht ist es, solche Vielfalt der Diskussion unverkürzt im Rahmen kritischer Sozialwissenschaft zu Wort kommen zu lassen.

Klaus Horn
Alfred Lorenzer

Inhalt

Vorbemerkung

Anstoß zu den Aufsätzen dieses Buches gab Kursbuch 29 „Das Elend mit der Psyche II: Psychoanalyse“ in seiner verblüffenden Diskrepanz zwischen Anspruch und Realisierung. Was daherstelzt als Kritik ideologischer Denkfiguren der Psychoanalyse, ist nicht nur so inkompetent wie dogmatisch, sondern verbündet sich konservativ-retrogressiven Strebungen auf der Gegenseite im Ziel, die Auseinandersetzung zwischen Psychoanalyse und historischem Materialismus zu verhindern, indem man die Unvereinbarkeit beider — als magische Beschwörungsformel — erneut herbetet (oder höchstens bereit ist, der Psychoanalyse eine Art Therapeutenreservat in einem petrifizierten, sich marxistisch dünkenden System anzuweisen).

So kapseln Wahrheitseigner sich gegen Kritik und voneinander ab und garantieren sich gegenseitig ihren Besitzstand. Diese Konvergenz läßt sich bis in Positionen verfolgen, deren Widersprüche schon immer über sie hinauswiesen: Gewinnt der psychoanalytische Subjektivismus seinen Rückhalt in einem familialistisch überformten biologistischen Objektivismus, so ist der Bodensatz des politischen Objektivismus — von der Revolutionsmechanistik bis zu organisationsfetischistischen Versicherungen — subjektivistisch: Die Problematik der Konstitution des Subjekts wird zum Nicht-Problem herabgespielt, ja, die Selbstgewißheit bürgerlichen Bewußtseins schlägt sich in einem neuen historischen Kontext und Begründungszusammenhang des antipsychoanalytischen Affekts nieder.

Wenngleich unsere Untersuchungen entschieden über den Rahmen des Kursbuchs 29 hinausreichen, wurde der Zusammenhang festgehalten, nicht zuletzt, um dem Leser Gelegenheit zu geben, selbständig auf das Material zurückgreifen zu können. Zufällig in den Reigen der Publikation geratene Arbeiten wie die von Reiche und Parin blieben von vornherein außerhalb unserer Kritik; nur daß sie, ohne auch nur mit einem Wort als heterogen erwähnt zu werden, dem Pamphlet einverleibt wurden, ist von Belang.

Die Beiträge dieses Buches sind polemisch. Wo sie sich ad personam richten, gilt das der Reproduktion der von den Autoren vertretenen Argumente, soweit sich in ihnen die rituellen Figuren des „linken

Gerüchts über die Psychoanalyse“ niederschlagen. Um Verteidigung der Psychoanalyse konnte es dabei nicht gehen, weil die einzige, einem geschichtsmaterialistischen Vorgehen angemessene Beschäftigung mit Psychoanalyse und ihren Gegnern über eine Kritik der Psychoanalyse führt. Die allein sinnvolle Entgegnung auf eine verzerrte Kritik ist die Durchführung der Kritik selbst. Dazu haben alle am vorliegenden Band Beteiligten bereits beigetragen und arbeiten daran. Weder ist das hier zu rekapitulieren, noch kann davon abgesehen werden.

Zunächst soll es nur darum gehen, topoi jenes „linken Gerüchts“ zu fassen, um Diskussionssperren für eine Kritik der Psychoanalyse zu beseitigen. Die Auseinandersetzung kann nicht auf dem schlicht zugänglichen Niveau des linken common sense geführt werden, weil sie die Mystifikation beider Lager — Psychoanalysegegner wie Psychoanalysefreunde — aufzuheben hat. Die Diskussion muß auf einer Ebene geführt werden, die solchem Theoriegeschäft angemessen ist. Wer erwartet, den verfälschenden Vereinfachungen des Kursbuchs ließen sich richtige Vereinfachungen entgegensetzen, täuscht sich. Vereinfachungen sind vielmehr das Problem.

A. L. / K. H.

Helmut Dahmer

Wer hat Angst vor der Psychoanalyse?

»Nun mal langsam. Da müssen wir doch wohl einiges nochmal genauer klären.«[1]

Kursbuch 29

Das *Kursbuch 29*[2] hat sich um die Psychoanalyse verdient gemacht. Karl Markus Michel und Horst Przytulla haben (junge, linke) Psychoanalyse-Patienten zum Reden gebracht, und die Protokolle dieser Interviews, Protokolle einer guten oder schlechten Erfahrung mit der psychoanalytischen Therapie, machen das aktuelle linke Gerücht über die Psychoanalyse, das aus Enttäuschung, Angst und neuer Rechtgläubigkeit geboren ist, als solches kenntlich.

Zweifellos dient das *Kursbuch 29* in erster Linie der Verbreitung dieses Gerüchts, das an traditionelle Vorurteile anknüpft. Den Lesern wird es schwer gemacht, sich die Wahrheit über die Psychoanalyse, wie jene Protokolle sie enthalten, zu eigen zu machen.

Auf die von Erich Wulff in simpler, von K. M. Michel in raffinierter Form ausgesprochene Warnung vor der Psychoanalyse replizieren vorsichtig Harald Wieser und Jochen Beyer (S. 150–153), die allerdings selbst eine Art von marxistischem Soziologismus vertreten und zu »Frankfurter« Neuerungen in der Diskussion über Marx und Freud sich ebenso borniert verhalten wie ihre Ko-Autoren. Horst Przytulla versucht, nicht-bürgerliche Verwendungsarten der Psychoanalyse zu skizzieren, deren Bürgerlichkeit auch für ihn eine ausgemachte Sache ist.[3]

Zum letzten Mal Psychologie!

Die politische Theorie der antiautoritär-außerparlamentarischen, vom SDS geführten Protestbewegung des Jahres 1968 enthielt marxistische und anarchistische Komponenten. Sie trat nicht als »Weltanschauung« auf, sondern als situationsspezifische Agitation, die sich ökonomisch-politischer ebenso wie sexualpsychologischer und ästhetischer Argumente bediente. Die (unvermeidliche) Schwäche der ApO, ihr Substitutionalismus, ist in den vergangen fünf Jahren lauthals beschrien worden. Ihre Stärke, daß nämlich diese einzige wirkungsvolle linke Oppositionsbewegung in der Geschichte der Bundesrepublik den traditionellen Organisationen der Arbeiterbewegung und den nachkapitalistischen Übergangsregimen, die sich um sie nicht kümmerten oder vor ihr erschraken, mit antibürokratischer Kritik entgegentrat, scheint den Nachfahren eher peinlich. Viele von ihnen liegen heute wieder brav vor Anker und schwören dieser oder jener an der Staatsmacht befindlichen Parteiführung die Treue. In den linken Gruppen aber ist die Psychoanalyse (bzw. das Gerücht über die Psychoanalyse) noch immer im Gespräch, ist die Faszination, die von der anti-illusionären psychologischen Aufklärung ausgeht, nicht erloschen.

Kursbuch 29 ist ein Versuch, endlich mit dieser unerledigten Psychoanalyse-Faszination der alten ApO-Gruppen fertig zu werden, Relikte psychoanalytischer Kritik, die im Betrieb von Bekenntnis, Schulung und Aktion störend wirken, zu liquidieren. Geschrieben wird hier über Psychoanalyse wie über eine Sache, die jeder kennt; deshalb wird sie nirgends näher bestimmt. Und doch muß man sie entlarven. Die an sie geknüpfte Hoffnung wird durch das Gerücht über die Psychoanalyse, die Warnung vor der Psychoanalyse verdrängt. Die systematische Aufbereitung des Gerüchts aber muß die »Aufarbeitung« ersetzen, die doch sonst hoch im Kurs steht. Man setzt da eine üble Tradition fort...

Das Gerücht gedeiht umso besser, je mehr die Sache, die es verdeckt, ausgeklammert bleibt. E. Wulff leitet seinen Beitrag mit der Bemerkung ein: »Von der Psychoanalyse... als psychotherapeutische Methode soll hier nicht weiter die Rede sein« (S. 1). Bei Michel heißt es: Der Analytiker »hat seine Theorie. (Doch die steht auf einem anderen Blatt und hier nicht zur Diskussion.)« (S. 25). So wird nach Gusto von der Theorie ab- und zur Therapie hingesehen oder umgekehrt. Wieser und Beyer wiederum halten die (von Alfred Lorenzer gegebene) Empfehlung, zwecks Bestimmung dessen, was Psychoanalyse ist, sich nicht an deren (szientistischem) Selbstverständnis, sondern daran zu orientieren, »was der Psychoanalytiker macht«, in völliger Verkennung der Problemlage für eine — »empiristische Antwort«, die »das Problem um seinen theoretischen Teil verkürzt« (S. 152f.). Die beiden Autoren wenden sich gegen den Versuch, durch Bloßstellung der (vorgeblich) schlechten Praxis der Psychoanalyse sich die Auseinandersetzung mit der psychoanalytischen Theorie zu ersparen.

Die therapeutische Praxis der Psychoanalyse ist nichts anderes als ein Gespräch, darauf hin angelegt, die Legende der Autobiographie zu durchdringen, um zu den geheimen Knotenpunkten der Lebensgeschichte vorzudringen. Für die Bewegung der (provozierten) Selbstreflexion, die die Schranke des bornierten Bewußtseins übersteigt, hat die Psychoanalyse keinen adäquaten theoretischen Ausdruck gefunden. Die »talking cure« tritt seit Freud inkognito auf, als wäre sie eine *allgemeine* Psychologie, nämlich Naturwissenschaft vom Menschen. Die Metapsychologie ist die zeitbedingt inadäquate Formulierung der therapeutischen Erfahrung, daß durch kritische Prüfung des falschen Bewußtseins Wahrheit sichtbar wird, und daß diese Wahrheit frei macht von unbewußt wirkenden, psychologischen Zwängen. Diese Erfahrung, die wie die Marxsche, daß die bürgerliche Gesellschaft geschichtlich entstanden ist und vergehen wird, in der idealistischen Dialektik vorformuliert wurde, verbürgt, daß die Psychoanalyse eine Zukunft hat.

An der Psychoanalyse, mit der die politisch aktive Jugend der ApO-Generation ihre hochfliegenden Hoffnungen verknüpft hatte, wird ebenso wie an der »Frankfurter Schule« (oder eben: dem Gerücht über die »Frankfurter Schule«) die Enttäuschung dieser Hoffnungen ausgelassen. Sie wird als Sündenbock in die Wüste gejagt, hin zum Klassenfeind. Viele böse und manch goldene Worte werden ihr nachgerufen.

Das alte böse Diktum von Karl Kraus, die Psychoanalyse sei selbst das Leiden, für dessen Heilung sie sich ausgibt, hat seine Renaissance (S. 58): Die Psychoanalyse ist selbst Teil der Herrschaft, gegen die die Linke kämpft, steht selbst im Dienst der krankmachenden Gesellschaft. Sie kann und will sie nicht heilen (S. 27). Aber wenn sie weder will noch kann, was sie nach dem Wunsch der Linken doch tun soll, — kann man ihr daraus einen Vorwurf machen? Eigentlich nicht. Woher also stammen Wut und Angst, die die Abrechnung mit der Psychoanalyse speisen? Eine vorläufige Antwort: Sie steht der politischen Praxis im Wege, jedenfalls derjenigen, der die *Kursbuch*-Autoren das Wort reden. Umso schlimmer für die Psychoanalyse.

Schuld und Sühne

Der Psychoanalytiker ist nicht Berufsrevolutionär, sondern (Seelen-) Arzt. Ausgebildet als Mediziner, entdeckt er durch Zufall, daß Patienten eine Psyche haben, — ausgebildet als Psychologe, daß es Unbewußt-Seelisches gibt. In einer Zweitausbildung wird die ihm vermittelte naturwissenschaftlich-positivistische Weltsicht durch eine systematische Sensibilisierung für psychologische Prozesse ergänzt. Die psychoanalytische Aufklärung, die er durch Studium der Schriften Freuds aufnimmt, macht ihn kritisch gegenüber Illusionen, freilich nicht gegenüber dem psychologistischen Vorurteil in gesellschaftlichen Fragen. Der Psychologismus aber ist keine Illusion, sondern eine Ideologie. Der Psychoanalytiker teilt sie mit der Mehrzahl seiner Zeitgenossen, die in der Gesellschaft der vereinzelten Einzelnen leben, der ersten, die die Existenz selbständiger, obwohl sachlich voneinander abhängiger Individuen (Bürger und [vogel-]freier Lohnarbeiter) ermöglicht hat.

Die Psychoanalyse verfährt »individualistisch« (S. 111), ist dem »Bild vom isolierten Individuum« verhaftet (S. 26). Die Revision verfahrener Lebensgeschichten in der psychoanalytischen Kur ist betont anti-öffentlich, privat; die Seele wird hier nicht »auf den Marktplatz« gestellt (S. 93), sondern gerät in eine »geheimbundartige Situation« (S. 96). Wird der Patient darum zum »Klassenverräter« (S. 96)?

Die Atomisierung der vorbürgerlichen Gesellschaftsformen ist nicht nur die Einbildung bürgerlicher Solipsisten, sondern geschichtliche Realität. Individuation blieb im bürgerlichen Zeitalter an Unterdrückung gebunden, das Individuum eine »Festung« (S. 94). Inzwischen ist das Kleineigentum als ökonomische Basis individueller Autonomie von der gesellschaftlichen Entwicklung wieder kassiert, kollektive Regression auf ein vermeintliches, vergangenes Herdenglück mörderisch in Szene gesetzt worden. Wer heute von der nachkapitalistischen Gesellschaft als einer neuen Herde träumt, darum von Individuation als dem bürgerlichen Sündenfall antizipierend sich zu emanzipieren sucht, ist mit der vorherrschenden gesellschaftlichen Entwicklungstendenz liiert, nicht mit ihrer Negation.

Die Psychoanalyse ist die lebensgeschichtlich-therapeutische Nutzanwendung der geschichtsphilosophischen Einsicht, daß die scheinbar »natürlichen« Bedingungen des kollektiven und individuellen Handelns in Wahrheit geschichtliche sind, die, aus der — wie immer bewußtlosen — Arbeit der Menschen hervorgegangen, praktischer Revision zugänglich sind. Die Gewalt, die die Inhaber der modernen Produktionsmittel über die Massen derer ausüben, die sie bedienen, ist keine Naturtatsache; sie kann durch »Expropriation der Expropriateure« zurückgenommen werden. Die Traumen-Folge, die das Leben eines Neurose-Patienten verstörte, die identitätstiftende Arbeit der Ich-Instanz aussetzen ließ und ihn der Gewalt wachsender Angstzustände und Abwehrrituale unterwarf, ist für ihn unmittelbar ein unvermeidliches Schicksal, dem er sich fügen muß wie der freie Lohnarbeiter sich seinem sozialen fügt. Die psychisch unbewältigte Vergangenheit läßt sich aber im virtualisierten Nacherleben in die Erinnerung zurückbringen, verstehen, wodurch der Patient seiner neurotischen Zwänge ledig wird und der Kritik der sozialen, denen er wie andere unterliegt, allererst wieder fähig.

»Es hat mich irgendwie rausgeholt aus einer Sackgasse...«, sagt »Thomas L.« über seine Psychoanalyse (S. 95). »Aber an einem bestimmten Punkt bin ich aus dieser geheimbundartigen Situation hinausgetreten und habe sehr intime Kontakte mit anderen Menschen aufnehmen können — und da brauchte ich auch die Psychoanalyse nicht mehr. Vielleicht ist die Analyse als solche gescheitert, aber ich habe irgendwie die Wirklichkeit gefunden...« (S. 96) Und er paraphrasiert das Autonomie-Ziel der Psychoanalyse: »Das wichtigste ist doch, daß die Menschen dahin kommen, daß sie keinen Schamanen oder Guru mehr brauchen.«

Michel interpretiert das als seltenen Sonderfall einer »politische(n) Anwendung der Einzelanalyse«. Aber die Konzeption der Psychoanalyse als Springschule und Sprungbrett ist eben das Original der Sache.

Das Arrangement der psychoanalytischen Kur ist aus dem Versuch erwachsen, der Utopie des angstfreien sprachlichen Ausdrucks individueller Leiden und Wünsche inmitten der von Ungleichheit und Herrschaft diktierten sozialen Verkehrsformen ein Reservat zu schaffen.

»Daß einer bei uns heute fünf bis zehn Jahre braucht, um so ein nicht boshaftes, nicht ironisches, nicht aggressives Eingehen auf den anderen zu erlernen, und daß er dann 50 bis 70 Mark die Stunde dafür nehmen kann, das wirft doch ein Licht auf unseren Zustand, wie selten das ist« (S. 94).

Der Psychoanalytiker übt seine Kunst — die Provokation freier Assoziationen, lebensgeschichtlicher Reflexion — ebenso nüchtern aus wie ein Chirurg oder Dentist die seine. Der Spezialist für die Auflösung deformierter Kommunikationen und Interaktionen lebt von seiner Praxis, die er oft noch als »Technik« mißversteht. Keinem seiner ärztlichen Kollegen wird das angekreidet, obwohl sie weder ihr

Handwerk kostenlos ausüben noch (in der Regel) den institutionellen Rahmen attackieren, in dem sie sich situiert finden. Der Psychoanalytiker aber büßt dafür, daß er (ohne es recht zu wissen) mit der Dialektik als einem Therapeutikum arbeitet. Er kann es niemandem rechtmachen.

EINE Psychologie oder keine!

Die Psychoanalyse hat ihr Leben am Widerstreit von Individuum und »Kultur«. Marx galt, was die Menschen unter den sozialen Charaktermasken sind, als irrelevant; er schlug vor, ihre Innerlichkeit aus ihren Werkzeugen und Objektivationen (der »Industrie«) zu erschließen. Doch auch seine Theorie baut darauf, daß sie in den Charaktermasken nicht restlos aufgehen, sie schließlich gar ablegen werden. Die Autoren des *Kursbuchs* hingegen sind strenge Monisten. Ordnung muß sein, notfalls wird der gordische Geschichtsknoten zerhauen. Wer die Kritik der politischen Ökonomie nicht »ebenso (als) Psychologie« (Wieser und Beyer, S. 146) anerkennt und die »Ideologien«, mit denen die Psychoanalyse zu tun hat (Rationalisierungen, Illusionen), nicht als bloße »Verdopplungen« des Warenfetischismus (also der Ideologie als des gesellschaftlich notwendig falschen Bewußtseins) verkennt, wer also Kritik der Ökonomie und Psychologie nicht homogenisiert (ohne von der Differenz zwischen der Freudschen Psychologie und dem, was bei Marx »Psychologie« heißen kann, Kenntnis zu nehmen), der »läuft Gefahr, eben eine ›zweite Psychologie‹ zu betreiben, die neben der im wissenschaftlichen Sozialismus bereits angelegten ein Eigenleben führt« (S. 131).[4]

Der Stein des Anstoßes der Kritik der politischen Ökonomie ist aber das Auseinandertreten der Individuen und ihrer gesellschaftlichen Verhältnisse, der Bruch zwischen Subjektivität und Objektivität. Mit der Arbeitsteilung, schreibt Marx, »entwickelt sich ein ganzer Kreis von den handelnden Personen unkontrollierbarer, gesellschaftlicher Naturzusammenhänge.«[5] Es sind das Bedingungen, unter deren Herrschaft die Individuen leben, und die sie, sich ihnen notgedrungen anpassend, stets wieder erzeugen, wie sie sie, ihnen widerstrebend, zu modifizieren trachten. Jene Zusammenhänge sind nicht psychologischer Natur. Und die Psychologie der Subjekte läßt sich nicht aus der Warenanalyse ableiten, die sich mit den objektiv-gesellschaftlichen Folgen der planlos-anarchistischen individuellen (Produktions-)Praxis befaßt. Ist der Psychologismus eine Ideologie, so nur darum, weil die Ökonomie nicht Psychologie ist. So ist auch die »Ergänzung« des historischen Materialismus durch Psychoanalyse keine »Verdopplung«, sondern Ausdruck des Bruchs zwischen den Individuen und dem gesellschaftlichen Zusammenhang, in den sie als in eine »zweite Natur« verflochten sind.

Auffällig ist die durchweg normative Argumentation der Autoren. Sie wissen ein für allemal, durch Intuition oder »Klassiker«-Lektüre, wie sich die Sphären der Theorie und der Wirklichkeit zueinander verhalten, was Basis, was Überbau, Grund und Folge, unabhängige und abhängige Variable ist. An die Stelle von Ideologiekritik tritt die Einordnung von Gedanken und Praktiken in Schubkästen der Weltregistratur. Wer sich da auskennt, vermag zu sagen, was richtig und falsch, zulässig und unzulässig ist, räumt Kompetenzen ein, verteilt Chancen, entscheidet über die Karrieren von Begriffen und Disziplinen. Am Ende stehen alle Zinnsoldaten in der richtigen Hierarchie von Wesen und Erscheinung, die guten Körner sind im Kröpfchen, die schlechten im Töpfchen. Aber das Problem ist nur auf dem Papier gelöst. Die Menschen leiden noch immer an Neurosen und handeln gegen ihre (zurechenbaren) Interessen, die Psychoanalytiker arbeiten für teures Geld weiter an der Revision verkorkster Biographien, der Götze »Marxismus« nickt weise mit dem Kopf. Er sagt, was seine Jünger jeweils wünschen, und deren Wort ist durch sein Bildnis stets autorisiert. Der »Status einer nahezu universellen geisteswissenschaftlichen Methode« ist der Psychoanalyse streitig gemacht worden »von naturwissenschaftlichen Positivisten, die sie für unwissenschaftlich erklärten; aber auch vom dialektischen Materialismus, der in ihr eine teils idealistische, teils biologistische Theorie erblickte, die allenfalls innere Seelenregungen des einzelnen Individuums, niemals jedoch gesellschaftliche Vorgänge oder kulturelle Normen zureichend erklären kann« (S. 1). Von wem ist die Rede? Vom Ismus, der erblickte... Die Antwort Siegfried Bernfelds auf den Vorschlag einer solchen Aufteilung der gesellschaftlichen Welt in disziplingerechte Einflußsphären, die beiderseitige Kompetenz lasse sich nur durch trial and error auskundschaften, nicht a priori festsetzen, ist längst vergessen. Inzwischen ist die Psychoanalyse-Kritik total geworden: Psychoanalyse ist ein Suggestionssystem, das parasitär vom allgemeinen Elend der kranken Gesellschaft zehrt. Statt es zu kurieren, zwingt die Psychoanalyse ihre zahlungsfähigen, symptomwilligen Patienten in ein Coué-artiges Ritual, das sie der Wirklichkeit entzieht. Ihr Elend enstammt »gesellschaftlicher Repression«. »Mit privater Verdrängung hat das wenig zu tun.« Die Neurose ist nur ein Symptom, Suggestionen zugänglich. Die Repression selbst aber ist »der Krankheitsherd, der nur revolutionär ausgeräumt werden kann« (S. 62). Private Symptome, wie sie die Psychoanalyse behandelt, sind den revolutionären Gesellschaftsärzten gleichgültig. Beyer und Wieser formulieren dagegen: »Psychoanalytische Praxis ist heute weniger ein Tribut an die Revolution als vielmehr an die Menschen, für die jene da sein sollte...« (S. 152) Und glauben, daran erinnern zu müssen, daß die Revolution »*auch* humane Implikationen hat«, soll heißen, daß sie sich nicht selber macht und das Leben der Menschen verbessert. Das sind Trivialitäten, — nur nicht im Kontext linker Linkspsychoanalyse-Kritik. Da braucht es wahrlich eine »Kläranlage verhinderten Bewußtseins« (S. 130). Denn der marxistische Soziologismus ist das Gegenstück zum psychoanalytischen Psychologismus.

Ohne festen Wohnsitz

Die Psychoanalyse wird — Jahrzehnte nach Bernfeld und Reich — von Beyer und Wieser nochmals als eine »möglicherweise in den Marxismus aufzunehmende Theorie« präsentiert. Der Erwerb der Mitgliedschaft ist eine »praktische Frage« (S. 126), an mancherlei Kriterien und Bewährungsproben gebunden. Dies theoretische Pfadfinderspiel ist von unfreiwilliger Komik; doch dämmert den Autoren die Einsicht, daß die schwierige Vermittlungsaufgabe zu einer »Rechenaufgabe erstarrt, mit deren Lösung das marxistische Gewissen sich salviert« (S. 153). »Der Marxismus« — kein Wort darüber, daß er eine hundertjährige Geschichte hat — erscheint als ein eifriger Gott, der keine anderen neben sich duldet. Er ist zudem mit der Münchhausen-Fähigkeit begabt, sich am eigenen Zopf stets wieder aus dem Sumpf zu ziehen. So wollte die Psychoanalyse (nämlich: Wilhelm Reich) einmal »den Retter der« (der KPD) »abhanden gekommenen (Subjekt-Objekt)-Dialektik spielen.« Daran hat sie sich verhoben, »denn jene Rettung zu besorgen ist der Marxismus — in genuiner Besinnung — wahrhaftig selbst imstande« (S. 126). Er ist der Mann, der helfen kann. Auch der Psychoanalyse. Sie ist eine Zigeunerin, hat »antiautoritäre Momente« im Blut. »Marxistisch verstanden« aber hat sie »nicht gesetzmäßig Antiautoritarismus zur Folge, noch setzt sie ihn voraus.« Die Zigeunernatur schlägt ihr zum Vorteil aus; sie steht mit dem Gesetz auf Kriegsfuß, auch mit dem, daß lockere Sitten schlimme Folgen nach sich ziehen. »Psychoanalyse ist nicht die Philosophie des Antiautoritarismus« (S. 129). Doch war sie immerhin als therapeutischer »Antiautoritarismus« konzipiert! Schrieb doch Ferenczi selbst über die Notwendigkeit, in der Analyse mit jederlei »Überich« aufzuräumen... »Marxistisch« aber wird dem vorgebeugt. Wer sich mit der Psychoanalyse einläßt, ist Konsumtion, Überbau und Subjektivismus nicht »notwendig« verhaftet. »Dieser Gefahr setzt sich Psychoanalyse nur dann aus, wenn sie verselbständigt betrieben wird« (S. 129). Die Dame bedarf der Vormundschaft. »Denn Psychoanalyse haftet am Überbau« (S. 145). Das illegitime Kind der dialektischen Aufklärung braucht eine »warenanalytische Legitimierung« (S. 131). Haltlos wie es ist, läuft es Gefahr, den richtigen Weg, »den Weg zur Ware niemals finden« zu können. Vorsichtshalber wird es darum »politisch-ökonomisch versichert« (S. 143). Am Ende des wahren Wegs ergeht an es, sofern es sich inzwischen revolutionär versteht, »die Mahnung, sich des Fabriktors wieder zu vergewissern, die mit ihm gesteckte Grenze (seiner) theoretischen Möglichkeiten zu erkennen und (seine) Aussagen am ökonomischen Geschehen zu relativieren« (S. 145). Der Warenweg führt zum Fabriktor; hier schlägt die Stunde der Wahrheit. Die Schöne gab einer flüchtigen Neigung nach, doch hat sie es nicht ernst gemeint. Ihr Fehltritt läßt sich nicht verhehlen — so mußte es kommen. »Jener...Mißgriff der Psychoanalyse...scheint uns eine verhängnisvolle Konsequenz aus einem Liebäugeln mit dem Historischen Materialismus zu sein, das unvermittelt aufgesetzt, nicht aber methodisches und damit inhaltliches Produkt der Warenanalyse ist« (S. 146). Der verlorenen Tochter wird indessen eine »neue Bewährungsprobe« zugestanden. Die »mögliche Theorie des Subjekts und der Spontaneität« wird, damit ihr auf dem Warenweg nichts zustößt und die Wächter am Fabriktor sie erkennen, »mit polit-ökonomischem Ausweis« versehen (S. 149). Derart »ideologiekritisch befugt«, »auf erneuerter Grundlegung«, darf sie, sofern sie festen Wohnsitz nachweisen kann, nämlich »im Marxismus seßhaft« wird (S. 149), Dornröschen hinterm Fabriktor aufwecken. Alice in Wonderland: Der Marxismus verwandelt sich in »ein in diesem Sinne aktiviertes Marx-Verständnis«, das imstande ist, die Überbau-Revolutionierung »anzugehen« und »dank der ihm dann immanenten antidogmatischen

Momente unlegitimierte Autoritäten in unseren Organisationen zu hinterfragen« (S. 150). Das aber weckt die Sorge des Hausvaters, — denn die Zigeunerin ist eine Hexe.

Fauler Zauber

> »Seht doch hin, gnädiger Herr, sagte Sancho, daß das, was da steht, keine Riesen, sondern Windmühlen sind, und was ihr für die Arme haltet, sind die Flügel, die der Wind umdreht, wodurch der Mühlenstein in Gang gebracht wird.«

Die Enttäuschung an der Psychoanalyse — sie ist keine »politische« (S. 76), keine antikapitalistisch kämpfende (S. 96) — ist in Angst vor der Psychoanalyse umgeschlagen. Nun traut man ihr magische Fähigkeiten zu: sie läßt die Wirklichkeit verdunsten. Die Psychoanalyse spricht aus, daß wir, selbst voll Mordlust, unter die Mörder gefallen sind. Enttäuschung macht wütend, Wut macht blind. Die Realangst vor der Mördergesellschaft wird zur Angst vor der Theorie-Therapie, die diese Angst zu Bewußtsein bringt. Der Psychoanalyse-Angst entsteigt das aktuelle linke Gerücht über die Psychoanalyse: Freudismus, das ist De-Realisierung der Gesellschaft und Verzauberung der Patienten. Michel präsentiert die Psychoanalytiker als eine Bande moderner Roßtäuscher und Halsabschneider, die auf Dummenfang ausziehen, immer wieder Leute finden, die auf sie hereinfallen, für stumme Sessionen in harter Münze zahlen und sich einbilden, das helfe ihnen. Von der Psychoanalyse wird berichtet, als handele es sich um eine jener geschäftstüchtigen Schwindelsekten, deren Aufgabe es ist, die Schuldgefühle und Erlösungswünsche ihrer Anhänger in das irdische Wohl der von Schuldgefühlen freien Chefs zu transformieren. Wo Michel den »Antrieb zur schriftlichen Mitteilung« bei den Patienten »weganalysiert« wähnt (S. 23), fürchtet Przytulla um den »Elan im Klassenkampf«. — hinterher weiß man vielleicht nicht mehr, wer der Gegner ist (S. 115f.). Psychoanalyse verkam zur Anpassungstechnik; »Gehirnwäsche«, Abrichtung, Manipulation charakterisieren die Kur (S. 24). »Viele befürchten ja, (der Analytiker) sei in der Lage, Menschen etwas einzureden, sie zu etwas zu bringen, was sie gar nicht wollen. Und dann die Angst: er kennt all meine schwachen Stellen, ich gebe mich ihm in die Hand und das nützt er aus« (S. 107). »Könntest du dir vorstellen, daß durch ein solches einigermaßen geschlossenes System von Interpretationen schließlich das ganze Bewußtsein des Analysanden umorientiert, umgepolt werden kann...?« (S. 82) Ein Lichtenberg-Motto setzt das psychoanalytische Ritual ins rechte Licht: es ist nichts als Hokuspokus (S. 35). Analyse macht unmündig. Rückt man den Burschen mit kritischen Vergleichen auf den Leib (z. B. Psychoanalyse = Beichte und Absolution), werden sie ärgerlich — »das hören sie nicht gern...« (S. 37) Die Therapie ist Suggestion, was immer Freud und seine Schüler sagen mögen, und die Patienten-Auswahl eine »Glaubensprüfung«: »Auf die Couch kommt vorzugsweise, wer allen Anfechtungen zum Trotz an die Psychoanalyse glaubt« und die Initiationsriten übersteht. Die Behandlungswürdigkeit wird durch passende Symptomangebote unter Beweis gestellt. »Die psychoanalytische Praxis selbst sorgt heute dafür, daß diejenigen, die sich behandeln lassen wollen, die Symptome zeitigen, die sie allererst für den analytischen Prozeß motivieren (d. h. konditionieren).« Nur wen das Leiden in der richtigen Form drückt, nur wer es psychoanalyse-gerecht ausdrückt, kann »erlöst« werden (S. 41). Von ihrem therapeutischen Ritual vermögen die cleveren Burschen sich selbst keine Rechenschaft abzulegen, ihr Gestammel ist Ideologie (S. 49f.): »Die Analytiker wissen nichts. Aber sie wissen alles besser. Beides... wird an den Patienten ausgelassen« (S. 56). Doch die Magie funktioniert: die Deutungen vermögen Patienten zu »infizieren« (S. 57, 88). Die Gesellschaft — ein »double bind«, die Analyse — ein »Suggestionssystem«, ein »Intensivtraining in gesellschaftlicher Mystifikation« (S. 60).

Magie und Allmacht der Gedanken

> »Verpestet sei die Luft, auf der sie fahren,
> Und alle die verdammt, so ihnen trauen!«

Die These, daß der Griff nach den Sternen der Utopie die Vermessenen in die Hölle des Totalitarismus führe, gehörte bisher zum eisernen Bestand konservativer und liberaler Ideologien. Daß die psychoanalytische Aufklärung nun ausgerechnet von linken Autoren als Manipulation verleumdet wird, ist eine Novität. »Das Fazit aus« (Wulffs) »Überlegungen ist, daß die Psychoanalyse, sofern sie die Wirklichkeit, den gesellschaftlichen Zusammenhang, zum Verschwinden bringt, ... (auch) als manipulative Waffe der Herrschaft... ziemlich stumpf (ist), — ebenso stumpf allerdings, wie sie auch als Waffe der Befreiung ist« (S. 19; entspr. Michel, S. 97). Nutzt's nichts, so schadt's nichts. Aber die Hexe kann doch hexen: »Sie hat große wissenschaftliche Hoffnungen erweckt, wird aber auch von vielen Wissenschaftlern als Bedrohung oder ideologischer Trug empfungen« (S. 2). Sie beherrscht die geheime Kunst des »Zum-Verschwinden-Bringen(s) politischer Probleme als solcher« (S. 11); »die wirkliche Realität« wird »aus der Gegenwart wegeskamotiert« (S. 12, entspr. S. 16, und Michel, S. 54f.). Als »realitätsparalysierende«, »wirklichkeitsvertreibende Ideologie« wird die Psychoanalyse — »Verdrängungshilfe« (S. 17) und »Manipulationstechnik« (S. 20) — »in den Dienst kapitalistischer Herrschaft genommen« (S. 20). Wer aber politisierbar ist, ist auch anfällig für den Freudismus. »Denn die Adressaten dieser Ideologie sind gerade diejenigen, die institutionelle Veränderungsprozesse in Gang setzen wollen und dabei in Konflikte geraten... Liberale und Linke. Ferner sind es diejenigen, deren Leiden an der Mechanik der Ausbeutung schließlich doch...die Bewußtseingsrenze erreicht hat« (S. 20f.). Denen sollte — von fortschrittlichen Psychoanalytikern — »Rat und Hilfe... natürlich nicht versagt werden«. Freilich muß man dabei »Konflikte und Symptome konkret mit der gesellschaftlichen Wirklichkeit verbunden...sehen...« (S. 21)

Die Psychoanalyse ist allmächtig, denn sie vertreibt die Wirklichkeit. »Dabei sind ihre linken Spielarten möglicherweise noch effektiver als die rechten« (S. 20). Sie sind des Teufels, der dem eignen Gott so ähnlich sieht. »Bestimmte Richtungen der Psychoanalyse — bzw. hinter ihr stehende sozialphilosophische Kräfte — führen also einen ganz offensichtlich ideologischen Kampf mit der politischen Ökonomie um den vorrangigen Anspruch auf die Kritik an den ›bestehenden‹ gesellschaftlichen Verhältnissen« (S. 5). Sozialphilosophische Kräfte im ideologischen Kampf mit der politischen Ökonomie — wahrlich, neue Offenbarungen aus dem Geisterreich. Deborin hat es schon 1926 gesagt: »Ein Marxist und Revolutionär...muß es wissen, daß die derzeitige Kritik des Marxismus unter dem Banner des Freudismus geführt wird...«[6] Die »Kräfte« betreiben »psychologisierende Revisonsversuche des Marxismus« (S. 4). Gemeint sind Jürgen Habermas, die »Frankfurter Psychoanalytische Schule« und mancherlei amerikanische Interaktionisten. Sie trennen Arbeit von Interaktion, Sprache vom Handeln, und etablieren den (psychologischen) Interaktionsbereich als einen relativ selbständigen gegenüber der ökonomischen Praxis, — ebenso die symbolische Interaktionstheorie Psychoanalyse als eine relativ eigenständige Theorie im Rahmen der kritischen (S. 9, 16 und 5).

Ora et labora

»›Interaktion‹ wird so zu einem selbständigen Thema auch der politischen Arbeit« (S. 5) linker Gruppen, die sich vom Produktionsverhältnisse ändernden Klassenkampf ab- und der Veränderung autoritärer Herrschaftsverhältnisse, die sich sprachlich konkretisieren, zuwenden. Angesichts dieser Gefahr ist die »Ausarbeitung von Handlungsanweisungen, die zur Veränderung und zur Verbesserung beitragen«, notwendig. Sie sollen solche Gruppen beim Umgang mit der großen Verführerin vor Schaden bewahren. Die Gruppen müssen sozial homogen sein, etwa gewerkschaftliche Betriebsgruppen (S. 9). »Solange eine Gruppe keine einheitliche, klassenbedingte politische Zielsetzung besitzt« (S. 8), sind »interaktionsdynamische Veranstaltungen« eher verwirrend. Erst wenn das Klasseninteresse sich von selbst versteht, kann es durch Interaktionsprobleme nicht verschleiert werden. Die schöne Fremde muß gehörig enkadriert werden, damit die »gruppendynamische Klärung von seelischen Problemen, die während der politischen Arbeit auftreten«, »politisch solidarisch« ausfällt. »Wichtig dabei ist nur, daß die Organisationsstruktur, die Ziele und Aufgaben des Kollektivs als Rahmen präsent bleiben — ja, daß diese es sind, von denen her ein privater ›Interaktionskonflikt‹ oder ein ›Rollenkonflikt‹ überhaupt als solcher identifiziert wird« (S. 9). »Private psychische Schwierigkeit« ist demnach, was den Betrieb der jeweiligen »politischen Arbeit« stört; Ziel des »gruppendynamischen Verfahrens« ist es, den Schaden zu beheben. Es geht um »politisch sachbezogene ›Interaktions‹-Analysen von Kollektiven« (S. 10). Wird die Interaktionstheorie hingegen aus dem Zusammenhang der Produktionsverhältnisse herausgelöst, so wird die »Indienstnahme« der Psychologie »für unmittelbare politische Arbeit und damit für den gesellschaftlichen Fortschritt blokkiert« (S. 10). Was aber ist »unmittelbare« politische Arbeit und wieso dient sie allemal dem Fortschritt? Zu solchen Fragen könnte die Psychoanalyse ermutigen, auch wenn sie nur »politisch sachbezogen« zugelassen wird. Die »Legitimation linkspsychoanalytischer Praxis« aber, schreiben Wieser und Beyer, ist erschüttert. »Denn es gibt keine revolutionäre Organisation, die (das individuell geschaffene Bewußtsein) angemessen binden und weitertreiben könnte« (S. 152). Sind Organisationen, die das individuelle Bewußtsein »binden« — wie immer »angemessen« — und es dann »weitertreiben« (wohin?!), »revolutionär«? Was wird von ihnen umgewälzt?

Lux in tenebris

Michel und Przytulla möchten die Aussagen der von ihnen befragten Psychoanalyse-Patienten gern mit dem linken Gerücht über die Psychoanalyse in Einklang bringen. Doch deren Erfahrung ist dem hier aufgespannten Interpretationsnetz längst entschlüpft. Die falschen Alternativen — Revolution versus Suggestion, objektive Wirklichkeit versus subjektive Scheinwelt — halten nicht Stand. Die ehemaligen Patienten führen die Sache der Psychoanalyse gegen deren voreingenommene Gegner: »In dieses System also wird der Analysand hineingezogen« (Michel, S. 58). »Aber schau es mal ganz real an: diese Kommunikation, das mit den freien Assoziationen und der positiven Übertragung, das funktioniert doch nur, weil ich will, daß es funktioniert« (»Thomas L.«, S. 94).

Was Psychoanalyse im günstigen Fall ist und was sie mit Politik zu tun hat, lehren die Interviews mit »Ingrid B.« und dem »Kollegen B.« Es scheint daher nützlich, deren zentrale Passagen noch einmal außerhalb des *Kursbuch*-Kontextes vorzustellen:

Psychoanalyse als Selbstgespräch mit Watschenmann:

»Ja, es gibt ja viele Dinge, über die man sonst nie spricht, und man glaubt auch immer, wenn man sie durchdenkt oder mal was darüber aufschreibt — ich hab gelernt in der Analyse, daß das nicht genügt, daß man das wirklich laut aussprechen muß, und jemand muß zuhören, damit es wirksam wird...

Ich hab dann abstrahiert von der Frau. Das war mehr wie ein Selbstgespräch, das ich geführt habe, und ich konnte mich, weil ich sie nicht sah, weil sie hinter mir saß, ziemlich loslösen von ihr und von den Abneigungen, die ich gegen sie hatte, und ich hab wirklich glaube ich alles gesagt, was mir eingefallen ist, und nie eine Hemmung gehabt, weil sie mir nicht gefiel, etwas zu sagen. Ich habs trotzdem gesagt...auch manchmal, um sie zu schocken...

Ich hab ihr wirklich Dinge erzählt von mir, die so negativ sind, daß ich sie niemals jemandem erzählen würde, der mit mir in einer anderen Form von Kontakt steht...

Sie hat mich eigentlich alles selbst deuten lassen. Ich glaube, es waren in diesen zwei Jahren vielleicht zehn Dinge, die sie mir von sich aus gedeutet hat, höchstens. Ich habe so lange darüber geredet, 10 Stunden, 20 Stunden, 50 Stunden, bis ich es selbst ausgedeutet hatte. Und wenn ich ihr etwas zweimal, dreimal erzählt habe und unbedingt hören wollte, was sie dazu denkt, hat sie gesagt, Ja das geht natürlich nicht, daß ich Ihnen das sage, Sie müssen es schon selbst durcharbeiten, denn wenn ich Ihnen das sage, dann nehme ich Ihnen etwas vorweg...« (S. 71 ff.)

Psychoanalyse und politische Praxis:

»Meine Möglichkeiten sind objektiv eingeschränkt...
Die Frage ist...: nehmen wir die Begrenzung da wahr, wo sie in der Realität vorhanden ist; oder machen wir's wie ein kleines Kind, das entweder die Begrenzung leugnet oder aber die Begrenzung überbewertet und so groß macht, um sich darin zu rechtfertigen, nichts zu tun...

Vorher habe ich mich zuviel als Spielball gesehen und zu wenig gesehen, wo ich eingreifen kann. Ich meine, ich habe damals auch bei Vietnam-Demonstrationen mitgemacht, Flugblätter im Betrieb verteilt, in einigen Arbeitskreisen war ich der Renommier-Arbeiter und das alles. Aber ich habe nicht geschaut, was kann ich denn jetzt schon ganz konkret machen, mit den Leuten, die nun mal um mich rum sind, in dem Betrieb, in dem ich nun mal stecke. Mir war eine putschistische Lösung oder das Warten auf den Sankt-Nimmerleins-Tag viel angenehmer...

Ich war vorher auch nicht imstande, einen bestimmten Druck auszuhalten...

Mir ist die Arbeit durch die Analyse nicht lieber geworden, aber bestimmte Arbeitsstörungen sind weg. Ich bin der Meinung, das ist für mich immer noch besser, wenn ich die Arbeit leichter schaffe und am Abend nicht so kaputt heimkomme und da eben noch fähig bin, auch noch was anderes zu machen, lesen, mit jemandem sprechen oder irgendwas machen, was mir Spaß macht, als wenn mich die Arbeit völlig absorbiert, weil ich Schwierigkeiten habe...

Jetzt brauche ich nicht mehr alle Energien, um mich zusammenzureißen.«

»Du würdest also Analyse nicht nur als Privathobby von dir ansehen, als Luxus?«

»Keineswegs. Unter dem Vorwand, es sei Luxus, hat man den Arbeiter schon von zu vielen Dingen ferngehalten.« (S. 120 ff.)

Anmerkungen

1 »Kollege B.« — ein 35jähriger Schriftsetzer, der seit vier Jahren Einzelanalyse macht, — im Interview mit *H. Przytulla.* Kursbuch 29, S. 116.
2 Das Elend mit der Psyche II, Psychoanalyse. Hg. von *H. M. Enzensberger* und *K. M. Michel*, mit Beiträgen von *E. Wulff, K. M. Michel, H. Przytulla, H. Wieser und J. Beyer, R. Reiche. P. Parin.* Berlin (Wagenbach), September 1972.
3 Die Beiträge von *Reimut Reiche* und *Paul Parin* stehen nicht im gleichen Argumentationszusammenhang und bleiben hier außer Betracht.
4 Inzwischen hat *Michael Schneider* (Neurose und Klassenkampf. Materialistische Kritik und Versuch einer emanzipativen Neubegründung der Psychoanalyse. Reinbek 1973) versucht, der Forderung Genüge zu tun, die psychoanalytische „zweite" Psychologie ad majorem gloriam des Marxismus durch eine aus diesem erst noch herauszupressende „erste" zu ersetzen.
5 Das Kapital, Bd. I (1867). Marx-Engels-Werke 23, Berlin 1962, S. 126.
6 *Abram M. Deborin,* Unsere Meinungsverschiedenheiten (18. 5. 1926). In: *Deborin/Bucharin,* Kontroversen über dialektischen und mechanischen Materialismus, hg. von *O. Negt.* Frankfurt (Suhrkamp), 1969, S. 148.

Thomas Leithäuser

„Ideologischer Kampf" und Theoriebildung

Die Absicht verschiedener Artikel des Kursbuches 29 Psychoanalyse, die konkurrierenden psychoanalytischen Ansätze aus der politischen Diskussion der Linken auszuschalten, ihnen zumindest aber eine unbedeutende Randposition zuzuweisen, ist unverkennbar. Besonders Erich Wulff möchte mit seinem Artikel »Psychoanalyse als Herrschaftswissenschaft?« vor weiteren Versuchen warnen, eine wissenschaftliche Relation zwischen Psychoanalyse und Marxismus entwickeln zu wollen. So tritt Wulff in die würdige Reihe derer, die den Marxismus vor Abweichungen schützen wollen. Daher verdiente dieser Artikel, bei einer Neuauflage des Bändchens» Die ›Frankfurter Schule‹ im Lichte des Marxismus«(1) an hervorragender Position eingegliedert zu werden. Dort hatte schon Erich Hahn nachzuweisen versucht, daß es nicht zuletzt die »Leidenschaft für Freud« war, die Habermas dazu führte, den Marxismus zu verfälschen.(2) Wulffs politische Entlarvung der Psychoanalyse liest sich als Explikation des Hahn'schen Satzes: »Und wiederum konzentriert sich die Ersetzung oder Revison Marx' durch Freud in der Eliminierung des Klassenkampfes als Triebkraft der Geschichte.« — Das ist schlimm .— Habermas' abstrakter Trennung von Arbeit und Interaktion seien die »linken Spielarten« der Psychoanalyse gefolgt[1] und eskamotierten die »wirkliche Realtität«, »gesellschaftliche Produktion«, die »Klassenlage« usw. durch einseitige Gewichtung und Überhöhung der Interaktionskategorie. Sicherlich sind solche Tendenzen bei dem einen oder anderen Analytiker nachweisbar. Daß aber Kritik und Veränderung von »Herrschafts- und Autoritätsbeziehungen der gesellschaftlichen Interaktion« zum Programm »politischer Arbeit« geworden seien, hat Wulff wohl bisher als erster und einziger entdeckt:

»Interaktion wird so zu einem selbständigem Thema auch der politischen Arbeit. Ihre Dynamik zielt jetzt aber nicht mehr darauf, gesellschaftliche Produktionsverhältnisse, sondern nur noch autoritäre Herrschaftsverhältnisse zu verändern oder zu stabilisieren. Und diese Herrschaftsverhältnisse konkretisieren sich jetzt ihrerseits nicht mehr in der gesellschaftlichen Produktion — in den Produktionsverhältnissen und ihren machtpolitischen Folgen —, sondern in der Sprache als dem vorrangigen gesellschaftlichen Feld der individuellen Interaktion.«[2](3)

In welcher politischen Gruppierung oder welchem politischen Einzelakteur ging oder geht es so paradox zu. War das etwa das handlungsanweisende politische Konzept der antiautoritären Studentenbewegung und mußte sie deswegen scheitern? Gegenwärtige politische Gruppen kümmern sich nicht viel um Psychoanalyse — ob verselbständigte Interaktionstheorie oder nicht; sie bewegen sich in den reinen Gefilden der orthodoxen Marxinterpretation. Also können doch nur die Theorien und die Praxis der antiautoritären Phase der Studentenbewegung gemeint sein, die Wulff hier wieder einmal als Ideologie entlarvt. Weil man der Psychoanalyse eine »politische Aufgabe« zugemessen hat, mußten bestimmte Unternehmungen der Studentenbewegung scheitern.

»Psychoanalytische Klärung der subjektiven Probleme und Konflikte sollte die Arbeiter und Intellektuellen zum Kampf gegen den Klassenfeind besser rüsten, repressionsfreie Erziehung und repressionsfreies Sexualleben sollten die Entstehung der ›subjektiven Bedingungen der objektiven Irrationalität‹ vorbeugen helfen. Daß die Versuche, die in dieser Hinsicht unternommen wurden, zumeist scheitern oder sehr schnell an unüberwindliche soziale oder administrative Grenzen stießen, ist schon vielfach betont worden. Die gewünschte sexuelle Freiheit blieb entweder unerreichbar, weil allzu viele irrationale Ängste gegen sie mobilisiert wurden und die dilletantischen Analyseversuche der Beteiligten sehr schnell in psychologischen Terror umschlagen; oder aber wenn sie erreicht wurde, so war mit ihr noch keineswegs das Ende irrationaler Herrschaft über die Individuen verbunden.«(4)

Letzteres wußten und wissen die Betroffenen und Beteiligten eh, weil sie weder in der Theorie noch in der Praxis die von Wulff unterstellte abstrakte Trennung von Produktion und Interaktion vorgenommen haben. Auf das Habermassche Theoriekonzept und die Illusion, man könnte mit der Psychoanalyse die »objektive Irrationalität« aufbrechen, läßt sich die antiautoritäre Studentenbewegung nicht festlegen. Wulff sollte sich einmal die Flugblätter aus den Jahren 68/69 und Aufsätze von Dutschke und Krahl durchlesen[3]; er würde eines anderen belehrt. Aber dies paßt nicht in den Rahmen seines — Ideologieverdacht äußernden, aber nicht Ideologiekritik übenden — Kritikversuchs, daß nämlich Psychoanalyse und diejenigen, die sie politisch angewandt haben, die »wirkliche Realität« in die Vergangenheit verdrängen, daß sie die Wirklichkeit eskamotieren. Doch dazu später.

Hinter der Abweisung bzw. der politischen Dequalifikation der Psychoanalyse, insbesondere ihrer »linken Spielarten«, zeigt sich weniger ein wissenschaftliches als ein verborgenes ideologisches Interesse: ein organisiertes System der Marxrezeption und Marxinterpretation[4], das die antagonistischen gesellschaftlichen Verhältnisse selbst oder aber plausiblere wissenschaftliche und politische Analysen zur Korrektur zwingen könnte, von vornherein abzudichten. Dieses eingebildete System oder Kompendium der Rezeption und Interpretation der Kritik der politischen Ökonomie soll die Veränderung der gesellschaftlichen Wirklichkeit vom Konkurrenzkapitalismus zum Monopolkapitalismus ausreichend erklären und verstehen können. Widersprechende wissenschaftliche Erfahrung und Analysen müssen unter dem Odium des Ideologieverdachts abgewehrt werden, als zu borniert, als daß sie die Klassengesellschaft unverzerrt zu durchschauen vermöchten. Damit aber gerät das Interpretationssystem der Marx'schen Theorie unter der Hand selbst zu einer positiven Ideologie, zu einem den realen Vergesellschaftungsprozessen gegenüber verselbständigten, daher notwendig falschen Bewußtsein und damit zu einem Problem, das die Psychoanalyse für alle Betroffenen gewinnbringend deuten kann[5]. Erich Wulff, der Psychiater ist, sind die Abwehrmechanismen, die korrigierende Erfahrung blockieren, aufs beste bekannt. Doch nützt ihm diese Kenntnis offenbar wenig. Deren Diagnose verbleibt so als eine politische Aufgabe den »linken Spielarten« der Psychoanalyse. Die Ideologisierung der Marxschen Theorie und damit eng gekoppelt ein ritualisiertes Marxverständnis sind Methoden der Verzerrung gesellschaftlicher Wirklichkeit als Mittel der politischen Beruhigung.

Aber die Kritik der politischen Ökonomie wird für jene, die sie intensiv studieren, eine solche politische Beruhigung nicht lange zulassen, sperrt sich doch ihre wissenschaftliche Methode prinzipiell der Ideologisierung. Der Marxscholastik droht Gefahr durch die Dialektik und schon bald wieder werden die aufmerksamen Leser des Kapitals Herbert Marcuse zustimmen müssen: »Die dialektischen Begriffe erfassen die Realität im Prozeß ihrer Veränderung; dieser Prozeß ist konstitutiv für die Bestimmung des Begriffs selbst. So verleiht die Transformation des klassischen Imperialismus in den Neoimperialismus dem klassischen Begriff einen neuen Gehalt, wobei gleichzeitig deutlich wird, wie die neuen Formen aus den früheren hervorgehen. Ähnliches gilt für Begriffe wie »Proletariat«, »Ausbeutung«, oder »Verelendung«. ... Die Marxschen Begriffe bestimmen das Wesen hinter der Wirklichkeit; ihre Bedeutung ergibt sich aus der Analyse der »Erscheinung« und die »Erscheinung« des heutigen Kapitalismus ist sehr verschieden von seinem Stadium im 19. Jahrhundert.« (5)

Die Vergesellschaftungsprozesse unter den Bedingungen des Monokapitalismus haben die »innere Natur« der Individuen entscheidend verändert. Die Charaktermaske des Kapitalisten ist zerronnen, das bürgerliche Individuum aber auch das für das Klassenbewußtsein wesentliche Klassenmilieu der Arbeiterklasse sind weitgehend ruiniert. Die Konsumgesellschaft ist in der Tat die andere Seite des Neoimperialismus, wie Herbert Marcuse meint. In demMaße, in dem die Bedürfnisse und Triebimpulse, die biologische Basis der Menschen dem Verwertungsprozeß des Kapitals gefügig gemacht werden, muß auch die wissenschaftliche Kritik dieser spätkapitalistischen Verhältnisse die Veränderungsprozesse der inneren konstitutionellen Bedingungen der Menschen begreifen lernen können. Aus der Kritik der politischen Ökonomie muß die Kritik der Subjektivität herausgearbeitet werden. Hierbei sind insbesondere die »linken Spielarten« der Psychoanalyse besonders hilfreich und nicht ideologisches Beiwerk, wie es Wulff gerne sehen möchte. Lorenzer hat recht, wenn er die notwendige kritische Theorie des Subjekts als die andere Seite der Kritik der politischen Ökonomie bezeichnet. Daß im Prozeß einer solchen Theoriebildung die Psychoanalyse nicht unverändert bleiben kann, versteht sich von selbst.

Aber nicht nur als Element der Ideologienkritik, der Entlarvung von Vorurteilsstrukturen und theoretischer Baustein einer Kritik der Subjektivität, sondern auch in der Kritik der aktuellen politischen Praxis selbst hat Psychoanalyse ihre ernstzunehmende Funktion. Verzerren doch die trüben Quellen und Energien des inneren Konterrevolutionärs — der introjezierte Polizist, Segment des Überichs — die strategischen Ziele der politischen Praxis. Psychoanalytische Deutung und Kritik ist es gerade, wenn Herbert Marcuse schreibt: »Der stereotype Gebrauch der ›pig-Sprache‹, die kleinbürgerliche Analerotik, die Verwendung von Abfällen als Waffen gegen hilflose Individuen — all das sind Manifestationen einer pupertären Revolte, die sich gegen das falsche Objekt richtet. Der Gegner wird längst nicht mehr durch den Vater, den Chef oder den Professor repräsentiert; die Politiker, Generäle und Manager sind keine Väter, und das Volk, das sie beherrschen, besteht nicht aus revoltierenden Brüdern.« (6) Es gilt, die blinde Verzerrung politischer Aktivität durch psychische Regressionsprozesse und die bewußte spielerische Anwendung von Pubertätsphänomenen als strategisches Mittel der Ohnmächtigen zu unterscheiden. Weder antiautoritäre Akteure noch ihre scholastischen und dogmatischen Kritiker waren und sind vor dem folgenreichen Fehler der Verwechslung von politischer Strategie und (theoretisch abgeleiteten) Prinzipien gefeit. Zu dessen erhellender Reflexion und politischer Korrektur sind psychoanalytische Kategorien durchaus nicht unbrauchbar. Das gilt auch für den politischen Minderwertigkeitskomplex des Intellektuellen vor der Arbeiterklasse insbesondere in einer historischen Situation, in der die Arbeiterklasse mehr denn je als *eine Klasse an sich* existiert. Gegen solche ketzerischen Überlegungen dichtet das (bloß eingebildete und daher nicht existente) scholastische Interpretationskompendium der Marxschen Theorie, in dem Erich Wulff sich heimisch fühlen möchte, ab.

Das Habermassche Konzept von Arbeit und Interaktion kann nicht zum willkommenen Raster gemacht werden, in das man alle diejenigen sortiert, die die von Marx ganz sicher nicht gebrauchte Kategorie Interaktion anwenden.[6] Gerade bei dem Interaktionsbegriff, der einer wachsenden Bedeutungsinflation unterworfen ist, reichen vage Andeutungen auf seine Herkunft, etwa: Lewin, Parsons, Habermas nicht aus, um diejenigen, die den Interaktionsbegriff benutzen, von vornherein mit jenen »sozialphilosophischen Kräften« zu verrechnen, die »einen ganz offensichtlich ideologischen Kampf mit der politischen Ökonomie um den vorrangigen Anspruch auf Kritik an den ›bestehenden‹ gesellschaftlichen Verhältnissen« (7) führen. Zu untersuchen ist vielmehr, was und in welchem wissenschaftlichen Kontext die Kategorie Interaktion etwas zum Verständnis bringt.

Wird die Mutter-Kind-Dyade als eine spezifische Interaktionsform bestimmt, so kann von der Gleichung Interaktion = symbolische Interaktion = Kommunikation = kommunikatives Handeln, um nur auf einige Bedeutungsangleichungen zu verweisen, nicht mehr die Rede sein. Vielmehr meint Interaktionsform dann einen Praxiszusammenhang von auf einander verwiesenen Individuen (nämlich Mutter = 1. Bezugsperson und Kind), der wenn er jeweils empirisch — d. h. hier mit der kritisch-hermeneutischen Methode der Psychoanalyse — untersucht wird, sich gerade nicht von den Produktionsverhältnissen, der Klassenlage usw. isolieren läßt, sondern vielmehr zeigt, daß schon das ökonomische Sein als Strukturprinzip in die Mutter-Kind-Dynade eingeht und den Aufbau der Sozialcharaktere in den Sozialisationsprozessen bis in die psychischen Innervationen hinein determiniert. Gerade die gesamtgesellschaftlich vermittelte Interaktionsform, der gesellschaftlich institutionalisierte Praxiszusammenhang zwischen Mutter und Kind führt uns zur Nahtstelle von politischer Ökonomie und Psychologie, an der man zeigen kann, daß es nicht eine ideologische Erfindung der Psychoanalyse ist, — wie Wulff glaubt — wenn die Realitätserfahrung durch gesellschaftliche und individuelle Vergangenheit determiniert ist. Bei der therapeutischen Praxis der Psychoanalyse geht es gerade um die Auflösung der sozial- und individualgeschichtlichen Vergangenheitsdeterminationen. Wir werden auf diesen Problemkomplex noch zurückkommen.

Um die mögliche materialistische Anwendung des Interaktionsbegriffs zu verdeutlichen, sei ein Stück aus Lorenzers Abgrenzung gegenüber Habermas zitiert: »Es gilt, gegen Habermas das ›subjektivistische Selbstmißverständnis‹ von Psychoanalyse zu durchschauen. Gegenstand der Psychoanalyse sind Interaktionsformen: die Strukturen des Subjekts wurden hergestellt in einem dialektischen Bildungsprozeß, der Subjektivität praktisch hervortrieb in einer Vermittlung, die an den Polen innerer und äußerer Natur sich abarbeitet, die objektive Verhältnisse in den Subjekten reproduziert. Weil die Praxis nicht ideale Praxis allseitig entfalteter Vergesellschaftung der Subjekte ist, sondern konkret gebrochene, verläuft die Subjektwerdung nicht als idealer Vermittlungsprozeß mit kompatiblen lebensgeschichtlichen Profilen, sondern systematisch gebrochen, atomisierend.« (8) Daß Psychoanalyse — als materialistische Interaktionstheorie umformuliert — unter Psychoanalytikern kontrovers sein mag, wie ihr auch die Verbindung mit dem historischen Materialismus durch den Ideologiekritiker Wulff als politisch bedenklich problematisiert wird, tut nicht viel. Wichtig ist, daß sie Wirkungsweise und Folgen der Sozialisationspraxis, der Vergesellschaftung der Individuen unter den Bedingungen des Monopolkapitalismus zureichend verstehen kann und damit die politische Relevanz einer Kritik der Subjektivität als der anderen Seite der Kritik der politischen Ökonomie plausibel macht. Produktion und Sozialisation stehen in einem dialektischen Verhältnis.

Ob man bei dem Habermasschen Theoriekonzept so einfach von einem »Dualismus« oder einer »Dichotomie« von Arbeit und Interaktion reden kann, wie es Hahn und Wulff tun, soll einmal dahingestellt bleiben; nur soviel sei vermerkt, daß die von den beiden eifrigen Ideologiekritikern gewählte Art des Angriffs gegenüber den Kontroversen, die mit Habermas 1968 geführt wurden (9), sich unfruchtbar und langweilig lesen. Damals ging es um eine Strategiediskussion und um die richtige Kapitalismusanalyse. Bei Hahn und Wulff geht es offenbar nur noch um das richtige Marxverständnis, d. h. um einen Wissenskanon des dialektischen und historischen Materialismus als positive Ideologie. Wenden wir uns jener Kritik an Habermas zu, die uns eine materialistische Analyse sowohl der objektiven gesellschaftlichen Bedingungen als auch der durch sie determinierten Subjekte erlaubt, der Kritik von Hans Jürgen Krahl, wie sie in seinem Aufsatz »Produktion und Klassenkampf« ausgeführt ist (10). Krahl kann zeigen, daß Habermas Marx einen auf Arbeit reduzierten Produktionsbegriff unterstellt. Dabei ist Arbeit an den Funktionskreis instrumentellen Handelns gebunden, an die Form, in der Arbeit unter kapitalistischen Bedingungen technologisch organisiert ist. Demgegenüber meint der emphatische Produktionsbegriff von Marx, gegenständliche Tätigkeit, sowohl den Stoffwechsel zwischen den Menschen und der Natur als auch die Beziehungen der Menschen untereinander. Produktion ist »Arbeit und Arbeitsteilung« (Krahl). Der im Kapitalismus real sich vollziehende Reduktionsprozeß der Produktion auf technologisch organisierte Arbeit verallgemeinert zugleich technologische Herrschaft der Menschen über Natur zur technologischen Herrschaft der Menschen über Menschen. »Herrschaft von Menschen über Menschen in der kapitalistischen Gesellschaftsformation ist idealisierte Naturbeherrschung, die heute erst als solche wirklich zur Erscheinung kommt, da die Wissenschaften immer mehr sich technologisch ins kapitalfixierte Maschinensystem umsetzen und auf diese Weise Herrschaft selbst offen als technologische und sozial-technische sich zum Ausdruck bringt. Die Reduktion des Konstitutionsprozesses der Gattung auf Arbeit ist also — im Gegensatz zu Habermas, muß man dazu historisch einführen — ein kritischer Sachverhalt der kapitalistischen Gesellschaftsformation. Wenn Habermas Marx vorwirft, den Konstitutionsprozeß der Gattung auf Arbeit zu reduzieren, so wirft er Marx vor, was Marx der kapitalistischen Realität vorwirft, die diesen Reduktionsprozeß in der Tat vollzieht.« (11) So ist auch Habermas die Trennung von Arbeit und Interaktion nicht anzulasten, sondern allemal nur ihre Verdinglichung zu abstrakten Wissenschaftskategorien, die er nicht historisch reflektiert.

Wie die Kritik der politischen Ökonomie immer Kritik des real reduzierten Produktionsprozesses sein muß, so muß eine kritische Theorie des Subjekts die Kritik der vom Produktionsprozeß abstrahierten Interaktionsformen sein. Die hier angeschnittene theoretische Perspektive scheint mir den Weg angeben zu können, aus den Mißverständnissen zum Verhältnis von Marxscher Theorie und Psychoanalyse, aus den scientistischen (12) und subjektivistischen (13) Selbstmißverständnissen der Psychoanalyse herauszukommen. Die Konstitution der Erfahrungswelt der Menschengattung läßt sich also nicht von den als prinzipiell verschieden gesetzten Polen Arbeit und Interaktion herleiten, sondern baut sich auf Produktion, gegenständlicher Tätigkeit, die Arbeit und Arbeitsteilung einbeschließt, auf. »Arbeit liefert das Wahrnehmungsmaterial, das Rezeptionsmaterial. Arbeitsteilung ist der kategoriale Rahmen der Apperzeption, und zwar einer nicht transzendentalen Apperzeption, weil schon konkret, empirisch materiell und gegenständlich gebundenen Apperzeption. Die gebrauchswertproduzierende Tätigkeit der konkreten Arbeit liefert das Perzeptions- und Wahrnehmungsmaterial, die wertsetzende Tätigkeit der abstrakten Arbeitsteilung liefert den nicht transzendentalen Apperzeptionsrahmen einer ideologisierten Kategorienwelt.« (14) Konkrete Arbeit und abstrakte Arbeitsteilung sind die wesentlichen Konstitutionsmomente der Erfahrungswelt, die sich durch die Interaktionspraxis der Sozialisation in den Individuen durchsetzen und ihren Wahrnehmungs- und Denkapparat determinieren. Von dieser theoretischen Voraussetzung aus lassen sich die versteckt ideologischen Basiselemente verschiedener Wissenschaftsansätze der Psychologie einschließlich der Psychoanalyse aus Anthropologie (15) und Biologie kritisieren. Gerade Lorenzer hat mit seinem Interaktionsbegriff die Transformation der Entwicklungspsychologie in Sozialisationstheorie plausibel zeigen können(16).

Andererseits reproduziert die Interaktionspraxis der Sozialisation von Individuen nicht ungebrochen ein bestimmtes Verhältnis von konkreter Arbeit und abstrakter Arbeitsteilung. Sozialisationsprozesse sind nur mehr formell unter das Kapital subsumiert und vorindustrielle Interaktionsformen sind neben technologisch durchorganisierten Interaktionsformen am Aufbau des Erfahrungshorizonts der Individuen beteiligt. Die Normen streng quantitativ bestimmter Arbeitszeit und qualitativer Lebenszeit reproduzieren den Widerspruch von Kapital und Arbeit in der Zeiterfahrung, was nicht heißen soll, daß diese so gebrochene Zeiterfahrung bewußt reflektiert werden kann. Negt und Kluge bestimmen diesen widersprüchlichen Charakter der Sozialisationsprozesse auf folgende Weise: »In der Primärsozialisation des Kindes, in der es auf Ausbildung der Lern- und Erfahrungsfähigkeit ankommt, stößt die Zeitstruktur der Warenproduktion auf besondere Schwierigkeiten. Die frühkindliche Sozialisation in der Kleinfamilie hat einen doppelten Charakter. Horkheimer beschreibt die bürgerliche Familienbeziehung einerseits als Schutz eines Restes von Leben gegenüber dem Arbeitsprozeß, andererseits als Zurichtung der Arbeitskraft für den kapitalistischen Verwertungsprozeß. In der gelingenden Mutter-Kind-Beziehung erhalten sich Rudimente einer vorindustriellen, auf Bedürfnisbefriedigung durch reale Gebrauchswerte beruhenden Produktionsweise. Die frühen Beziehungen zwischen Mutter und Kind, soweit sie gelingen, lassen sich auch dann nicht auf Tauschbeziehungen reduzieren, wenn sie von Tauschabstraktionen umlagert sind.« (17) Bedürfnisbefriedigende Interaktionen, die eng an die Produktion von Gebrauchswerten gebunden sind, und die durch die abstrakte Arbeitsteilung der Warenproduktion organisierten Interaktionsformen stehen in den aufeinander folgenden Sozialisationsphasen in verschiedenen Konstellationen zueinander und lassen einen ungebrochenen Aufbau eines Erfahrungskontinuums gar nicht erst zu. Die in den Sozialisationsagenturen Familie, Schule, Fabrik institutionalisierten Interaktionsformen produzieren gegeneinander abgetrennte »Erfahrungszyklen«: »Im gewissen Sinne negiert die Schulerfahrung jene Erfahrungen, die das Kind in der Familie gemacht hat, und löst sie aus ihrer Verankerung; für den Erwachsenen ist wiederum die Schule ein Trauma, der Rückfall in kindliches Verhalten dagegen verboten. Die tatsächlich während des gesamten Lebensprozesses sich akkumulierende Erfahrung kann so in ihrer Kontinuität nicht aufgegriffen werden.« (18)

Andererseits ermöglicht aber gerade die Gebrochenheit und Verzerrtheit des Erfahrungskontinuums Veränderungen der Strukturen des Bewußtseinshorizontes — des Alltagsbewußtseins (19) —. Eingeschliffene Wahrnehmungsraster und Vorurteilsstrukturen vermögen in politisch sich gravierend ändernden Verhältnissen aufzubrechen und Neustrukturierungen des Bewußtseins Platz zu machen, die je nach dem Grad der Stabilität der neuen politischen

Situation sich stabilisieren oder wieder rückbilden können. Merleau-Ponty hat diese Veränderungsprozesse der Struktur des Alltagsbewußtseins phänomenologisch treffend beschrieben: »Kommt aber dieser Tagelöhner zu einem Klassenbewußtsein, so nicht auf Grund seines Entschlusses, Revolutionär zu werden und seine tatsächlichen Zustände dementsprechend zu bewerten, sondern daraufhin, daß er den Zusammenhang zwischen seinem und dem Leben der Arbeiter und die Gemeinsamkeit ihres Loses erfaßt hat. Der Kleinbauer, der sich nicht mit dem Tagelöhner und weniger noch mit dem städtischen Arbeiter zusammengehörig fühlt, den vielmehr eine Welt von Gewohnheiten und Werturteilen von ihnen trennt, fühlt sich dennoch auf derselben Seite wie der Tagelöhner, wenn er ihnen einen unzulänglichen Lohn zahlt, ja fühlt sich sogar solidarisch mit den Arbeitern der Stadt, wenn er erfährt, daß der Eigentümer seines Hofes Aufsichtsratmitglieds verschiedener Industrieunternehmen ist. Der soziale Raum beginnt sich zu polarisieren und eine ganze Region der Ausgebeuteten in ihm sich abzuzeichnen. Bei jeder Bewegung, aus welcher Richtung innerhalb des Gesellschaftshorizonts sie auch hervorgehen mag, nimmt über alle Unterschiede der Weltanschauung und des Berufs die Gruppierung bestimmte Formen an. Die Klasse wird Wirklichkeit, und wenn der objektiv (d. h. letzten Endes: für einen angenommenen absoluten Beobachter) zwischen den verschiedenen Fraktionen des Proletariats existierende Verband endlich erlebt wird in der Wahrnehmung eines der Existenz eines jeden gemeinsamen Hindernisses, so spricht man von einer revolutionären Situation.« (20) Dieser Bildungsprozeß des Klassenbewußtseins, in dem die objektiven Klassenschranken thematisch wahrgenommen und erlebt werden, ist unstabil, Zerfallprozessen und der Rückbildung ausgesetzt. Nicht nur die objektive politische Situation sondern auch das Bewußtsein zeigt Restitutionstendenzen zum Status quo ante. Die Romane von Gustave Flaubert, ich denke dabei besonders an »L'éducation sentimentale« und »Bouvard et Pecuchet« haben diese Bewußtseinsprozesse mit einer fast als psychoanalytische Einfühlung zu bezeichnenden Sensibilität beschrieben.

Der Auf- und Abbau von Klassenbewußtsein, die thematische Neu- und Rückorientierung des Bewußtseinshorizonts, um es phänomenologisch auszudrücken, wird durch die Gebrochenheit des Erfahrungskontinuums begünstigt[7], die wir als gegeneinander abgetrennte »Erfahrungszyklen« charakterisiert haben, und zwar im Gegensatz zu den wohl fundierten, gefügten Bewußtseinsstrukturen, wie sie die großen Religionen organisieren konnten. Die Entwicklungsprozesse des Klassenbewußtseins, die die gesellschaftliche Wirklichkeit im Bewußtseinshorizont erst adäquat herstellen, die Bedingungen der unverzerrten Erkenntnis der Wirklichkeit aufbauen, verhindern Neurosenbildung und schränken die Nötigung zu partiellen infantilen Regressionen ein. Vielmehr bedingen sie jene Erweiterung der Erfahrungsfähigkeit, die Herbert Marcuse »Radikale Sensibilität« nennt: »Dieser Begriff betont die tätige, konstitutive Rolle der Sinne bei der Formung des Verstandes, d. h. derjenigen Kategorien mittels deren die Welt geordnet, erfahren und verändert wird. Die Sinne sind nicht bloß passiv, rezeptiv: sie vollziehen selbst bereits ›Synthesen‹, denen sich primäre Erfahrungsdaten unterwerfen. Und diese synthetischen Leistungen sind nicht auf die reinen Formen der Anschauung (Raum und Zeit) beschränkt, in denen Kant schlechterdings notwendige, apriorische Formen der Strukturierung sinnlicher Daten erkannte, sondern es gibt möglicherweise noch andere, weit konkretere, materialere Synthesen, die ein empirisches (d. h. geschichtliches) Apriori der Erfahrung konstituieren. Unsere Welt entsteht nicht nur in den reinen Formen von Zeit und Raum, sondern auch gleichzeitig als eine Totalität sinnlicher Qualitäten — als Objekt nicht nur des Auges (Synopsis), sondern aller menschlichen Sinne (Hören, Riechen, Tasten, Schmecken). Eben die qualitative, elementare, unbewußte (oder besser: vorbewußte) Konstitution der erfahrenen Welt, die primäre Erfahrung selbst muß sich radikal verändern, soll gesellschaftliche Veränderung radikale, qualitative Veränderung sein.« (22) Daß Herbert Marcuse die Feuerbach'schen Elemente in der Marxschen Theorie wieder ins Blickfeld rückt (und daß es gerade diese Feuerbachschen Elemente sind, die der Nervenpunkt einer Verbindung von Kritik der politischen Ökonomie und psychoanalytischer Psychologie sind), bedarf keiner weiteren Erörterung. Diese ist in Alfred Schmidts Buch »Emanzipatorische Sinnlichkeit« nachzulesen (23). Wichtig erscheint uns nur in diesem Zusammenhang anzumerken, daß die Kritik, die Marcuse hier an den Kantschen Anschauungsformen andeutet, zeigen kann, daß es sich bei der Zumessung der synthetischen Funktionen zu den Anschauungsformen Raum und Zeit um eine Reduktion handelt, die nicht nur eine Reduktion der Kant'schen »Kritik der reinen Vernunft« ist, sondern zu den Abstraktionen gehört, die der Kapitalisierungsprozeß in den Köpfen der Menschen aufbaut. Die fünf Sinne einmal zum »Prinzip des Habens« (Marx) herabgesetzt, dann bleiben die synthetischen Funktionen nurmehr abstrakten Kategorien überlassen, die die Erfahrungsdaten tendenziell ungeschichtlich einordnen. Die positivistische Wissenschaftstheorie findet nicht zuletzt deshalb eine so weite Verbreitung und Akzeptierung, weil sie an die Ergebnisse der Sozialisation der Verstandestätigkeit und Sinnlichkeit trefflich sich anschließt, ja wesentlich deren Resultat ist.

In diesem Diskussionszusammenhang wird eine Bemerkung Freuds zu den Kant'schen Anschauungsformen wieder interessant, die lange Zeit für erkenntnistheoretisch naiv gehalten worden ist. Die spezifische Konstitution der Raum- und Zeiterfahrung hängt mit dem »Reizschutz« eng zusammen, den der »psychische Apparat« zur Existenzsicherung, zur Vermeidung von Unlust, zur Feststellung der Richtung und Art der Reize entwickelt. »Der Kantsche Satz, daß Zeit und Raum notwendige Formen unseres Denkens sind, kann heute infolge gewisser psychoanalytischer Erkenntnisse einer Diskussion unterzogen werden. Wir haben erfahren, daß die unbewußten Seelenvorgänge an sich ›zeitlos‹ sind. D. h. zunächst, daß sie nicht zeitlich geordnet werden, daß die Zeit nichts an ihnen verändert, daß man die Zeitvorstellung nicht an sie heranbringen kann. Es sind die negativen Charaktere, die man sich nur durch Vergleichung mit den bewußten seelischen Prozessen deutlich machen kann. Unsere abstrakte Zeitvorstellung scheint vielmehr durchaus von der Arbeitsweise des Systems W-Bw hergeholt zu sein und einer Selbstwahrnehmung derselben zu entsprechen. Bei dieser Funktionsweise des Systems dürfte ein anderer Weg des Reizschutzes beschritten werden.« (24) Eskamotiert man der Psychoanalyse ihr inzwischen veraltetes biologisches Fundament — ihr Lamarquismus und teilweise auch Darwinismus haben häufig zu ideologischen Verzerrungen geführt, die Wulff jetzt gerne zum Anlaß nehmen möchte, die Psychoanalyse insgesamt zu disqualifiizieren — dann kann uns die Psychoanalyse die psychische Verankerung historischer und gesellschaftlich notwendiger Bewußtseinsstrukturen, so die spezifischen Erfahrungsweisen von Raum und Zeit, die der Realitätsbewältigung kapitalistischer Gesellschaftsformation angehören, verstehen lehren. Inwieweit das Prinzip der Unlustvermeidung einerseits Selektionsprinzip für das Thematischwerden von Gegenständen, Menschen, gesellschaftlichen Situationen, Klassenkampf, Produktionsverhältnissen in der Erfahrung überhaupt ist und andererseits die Form der Erfahrungsweise im Sinne eines Systems des Reizschutzes bestimmt, ist gründlicher wissenschaftlicher Untersuchung wert. Die den Individuen von der Gesellschaft abverlangte Realitätstüchtigkeit — ein Realitätsprinzip — läßt sich mit der Psychoanalyse noch in der Tiefendimension der Psyche nachweisen.

Kommen wir nunmehr zu einem der Hauptvorwürfe, den Wulff gegen die Psychoanalyse erhebt, der »Ideologie der Eskamotierung der Wirklichkeit« (25). Wulff meint folgende Tendenz an der Psychoanalyse feststellen zu können:

> »Bei Freud ist die Tendenz deutlich, die wirkliche Realität in die fernste Vorgeschichte — der menschlichen Gattung des Individuums — zu verlegen. Damit wird sie aber zugleich aus der Gegenwart wegeskamotiert. Die aktuelle Gegenwart mit ihrem Realitätsanspruch ist nur realisiertes Phantasma, in soziale Institutionen, Gesetze, Moral und Religion geronnener kollektiver Wahn, zwar auf dem Boden einer wirklichen Geschichte entstanden, aber einer solchen, die selbst erst dem Vergessen entrissen werden muß.... Es liegt also, glaube ich, auch am vorzeitlichen Realitätsbegriff der orthodoxen Psychoanalyse, daß es kaum möglich ist, so etwas wie Interaktion im Zusammenhang mit der gegenwärtigen ökonomischen Wirklichkeit, den Produktionsverhältnissen nämlich, zu sehen und daraus ihre jeweilige politische Funktion zu bestimmen. Dieser vorzeitliche, archäologische und damit kaum faßbare Realitätsbegriff ermöglicht es aber auch, Deutungen individuellen und sozialen Verhaltens ganz den jeweiligen ideologischen Bedürfnissen anzupassen.«(26)

Hier wird zunächst einmal der Psychoanalyse angelastet, was dem Bewußtsein der Individuen in hohem Maße selbst zukommt, nämlich die Realität durch vergangenheitsdeterminierte Kategorien zu erfahren und zu verzerren. Nicht die Psychoanalyse eskamotiert die Gegenwart, sondern sie sucht die Eskamotierung der Gegenwart, die die Individuen vornehmen, zu klären. Sie sucht jene Mechanismen aufzudecken, die die Realitätsverzerrung erzwingen, um die krankhafte, vorgeschichtliche, d. h. der Reflexion nicht zugängliche Determination zu lösen. Das bewirkt die Herstellung voller Erfahrungsfähigkeit, die Bedingung der Möglichkeit, den Zusammenhang zwischen den Produktionsverhältnissen und den Interaktionen, den Interaktionsformen zu durchschauen. Die zur Produktion der Arbeitskraft erforderliche als Sozialisation institutionalisierte Interaktionspraxis ruft jene vorgeschichtlichen Determinationen als Verstümmelungen und Blockierungen der Erfahrungsfähigkeit im psychischen Apparat hervor. Daß sich die Psychoanalyse zur Grundlage ihrer Deutungen ein fragwürdiges biologistisches Fundament zu geben versucht hat, ist in der Tat — wir haben schon darauf hingewiesen — der Kritik zu unterziehen, nicht aber: sie habe die Gegenwart »wegeskamotiert«. Genau im Gegenteil: sie hat die Gesetzmäßigkeiten der Vergangenheitsdetermination aufgehellt. Die Wulffsche Argumentation arbeitet mit dem Mittel der Verkehrung ins Gegenteil[8].

Es sollte doch Erich Wulff, der sich mit der Marxschen Theorie beschäftigt hat, nicht unbekannt sein, daß die kapitalistischen Produktionsverhältnisse dergestalt organisiert sind, daß die vergangene tote Arbeit über die lebendige Arbeitskraft herrscht und dieses Verhältnis sich mit wachsender Kapitalakkumulation auf erweiterter Stufenleiter reproduziert. So schreibt denn Marx in den Grundrissen: »Die objektiven Bedingungen der lebendigen Arbeit erscheinen als getrennte, verselbständigte Werte gegen das lebendige Arbeitsvermögen als subjektives Dasein, das ihnen gegenüber daher auch nur als Wert von einer anderen Art (nicht als Wert, sondern als Gebrauchswert von ihnen verschieden) erscheint. Diese Trennung einmal vorausgesetzt, kann der Produktionsprozeß sie nur neu produzieren, reproduzieren und auf größerer Stufenleiter reproduzieren. Wie er das tut, haben wir gesehen. Die objektiven Bedingungen des lebendigen Arbeitsvermögens sind vorausgesetzt als ihm gegenüber selbständige Existenz, als die Objektivität eines von dem lebendigen Arbeitsvermögen unterschiedenen und ihm selbständig gegenüberstehenden Subjekts; die Reproduktion und Verwertung, d. h. die Erweiterung dieser objektiven Bedingungen ist daher zugleich die Reproduktion und Neuproduktion ihrer als des Reichtums eines fremden Subjekts, dem Arbeitsvermögen gleichgültig und selbständig gegenüberstehend.« (27) Die lebendige Arbeitskraft produziert mit dem Reichtum des Kapitalisten zugleich ihre eigene Bedürftigkeit und reproduziert ihre Trennung von den von ihr selbst produzierten objektiven Bedingungen. Wenn wir weiter davon ausgehen, daß wir die subjektiven Bedingungen nicht von den objektiven Bedingungen (die Psychologie nicht von der Kritik der politischen Ökonomie) abstrakt trennen dürfen und uns an die Krahlsche Bestimmung erinnern, daß »Arbeitsteilung der kategoriale Rahmen der Apperzeption« ist, so reproduziert der Produktionsprozeß mit der Trennung von Arbeitskraft von ihren objektiven Bedingungen ein zu diesen gehöriges System der Arbeitsteilungsprozesse und damit zugleich einen bestimmten kategorialen

Rahmen des Wahrnehmens und Denkens. Damit herrscht aber die vergangene tote Arbeit nicht nur über die Anwendung der lebendigen Arbeitskraft, sondern zugleich über die Denk- und Wahrnehmungsformen der Individuen unter den Bedingungen des kapitalistischen Produktionsprozesses. Die Psychoanalyse, die die Vergangenheitsdetermination und die verstümmelte Gegenwartserfahrung aufhebt, verfolgt die Herrschaft der »toten Arbeit« bis in die Triebstruktur der Individuen hinein — nur verstellte sie sich bisher den Blick auf die Kritik der politischen Ökonomie durch ein biologistisches Selbstmißverständnis, das aber mit dem Interaktionsbegriff aufgelöst werden kann. So reproduziert die gesellschaftlich institutionalisierte Interaktionspraxis als Sozialisationsprozeß eine durch Arbeit und Arbeitsteilung (Produktion) reduzierte Formbestimmung der Sinnlichkeit.

Wenden wir uns, scheinbar ein wenig bescheidener, wieder Freud zu. Das Beispiel der Analyse des Wiederholungszwanges erläutert uns die »vorgeschichtlichen« Determinationen aus der psychoanalytischen Perspektive: »Dasselbe, was die Psychoanalyse an den Übertragungsphänomenen der Neurotiker aufzeigt, kann man auch im Leben nicht neurotischer Personen wiederfinden. Es macht bei diesen den Eindruck eines sie verfolgenden Schicksals, eines dämonischen Zuges in ihrem Erleben, und die Psychoanalyse hat vom Anfang an solches Schicksal für zum großen Teil selbstbereitet und durch frühinfantile Einflüsse determiniert gehalten. Der Zwang, der sich dabei äußert, ist vom Wiederholungszwang der Neurotiker nicht verschieden, wenngleich diese Personen niemals die Zeichen eines durch Symptombildung erledigten neurotischen Konflikts geboten haben.« (28) Der Wiederholungszwang determiniert bestimmte Interaktionsfiguren, die als von außen auferlegtes Schicksal erlebt werden und sich in die Formel der »ewigen Wiederkehr des Gleichen« fassen lassen. Menschliche Beziehungen verlaufen nach dem gleichen Muster mit dem gleichen Ausgang. Freud nennt die »Wohltäter, die von jedem ihrer Schützlinge nach einiger Zeit im Groll verlassen werden« und »Liebende, bei denen jedes zärtliche Verhältnis zum Weibe dieselben Phasen durchmacht und zum gleichen Ende führt« als Beispiele für sich als Schicksal reproduzierende Interaktionsfiguren. Man kann den Wiederholungszwang als die Tendenz interpretieren, ein Stück lebensgeschichtlicher Veränderung an eine Interaktionszene zurückzubinden — das meint Freud mit dem

Hinweis auf »frühkindliche Einflüsse« — und damit Zeiterfahrung einzuschränken, zu regeln und zu steuern. Beim Wiederholungszwang oder »Schicksalszwang«, wie ihn Freud für die genannten Beispiele einschränkt, sind die Prinzipien sowohl der Lustgewinnung als auch der »Unlustbejahung« (Ferenczi) im Spiel, die sich in einem spezifischen Erfahrungsmodus der Wirklichkeit, deren Raum- und Zeitdimensionen amalgamieren. Wie die Siouxmutter ihr Kind, wenn die Zähne wachsen, durch einen heftigen Schlag gegen den Kopf zum Schreien bringt und entwöhnt, weil sie glaubt, daß es dadurch ein guter Krieger wird, so gibt es auch in unserer Gesellschaft Rituale in der Interaktionspraxis der Mutter-Kind-Dyade, die zu einer Strukturierung der Erfahrungsdimensionen führen, damit die Individuen den Existenzkämpfen, die sie erwarten, gewachsen sind. Techniken der sozialen Anpassung und Strategien der Kritik der gesellschaftlichen Wirklichkeit erhalten durch die institutionalisierte Interaktionspraxis ihre mehr oder weniger rigiden Anwendungsvorschriften. Wiederholungszwang oder Schicksalszwang sind als Resultate solcher Praxis zu interpretieren, die von dem gewissermaßen anvisierten Ziel ein Stück weit abweichen, das durch das im kapitalistischen Produktionsprozeß spezifisch organisierte Verhältnis von Arbeit und Arbeitsteilung bestimmt wird.

Dabei ist die Quantifizierung der Zeit nicht nur Maß der Ökonomie, sondern ebenso ein Faktor im psychischen Apparat selbst. Norman O. Brown hat die Sozialisationsfunktion quantitativer Zeit treffend herausgearbeitet. »Zeit ist auch ein Faktor im Abwehrmechanismus, der als Isolierung bekannt ist. Isolierung ist eine Technik, um das Ich vor der Überwältigung durch den Zwang seiner Triebe zu schützen; sie besteht darin, die Erfahrung in verschiedene Abschnitte aufzuteilen; Zeitintervalle werden eingeschaltet, und das Ergebnis ist das Besessensein von einer Routine als Schutz gegen das Triebverlangen. ... Aber die Aufteilung der Zeit durch Isolierung läßt Zeiteinheiten entstehen, die gezählt werden können, gleich wie Besitz und Geld. Das Ziel der Arbeitsteilung, sagt Adam Smith, ist es, Zeit zu sparen. Daher bereitet der Abwehrmechanismus der Isolierung den Weg für die besonderen Es-Belohnungen, die dem analen Charakter soviel bedeuten. Tatsächlich ist die Beziehung zwischen Zeit und Geld viel enger als es scheint. Lucile Dooley zeigte, daß Gegenstände als kristallisierte Zeit gesehen werden müssen, um als Eigentum besessen zu werden; an diesem Punkt kommt die Arbeitszeit — Werttheorie der Psychoanalyse am nächsten.« (29) Die gesellschaftlich institutionalisierte Interaktionspraxis vermittelt die Zeitökonomie der kapitalistischen Produktionsweise mit der Zeitökonomie des psychischen Apparats der Individuen und produziert das analerotisch eingefärbte Fundament des Sozialcharakters, dem es möglich ist, innerhalb dieser Produktionsweise seinen Platz auszufüllen. Dabei hängt Arbeit- und Zeiterfahrung auf das engste mit dem Schuldgefühl zusammen. Norman O. Brown bemerkt dazu: »Die Arbeitswerttheorie entspricht einer Wirtschaft, die nur durch den Zwang zur Arbeit getrieben wird, ungemildert von irgendeiner Arbeitsfreude. Aber Arbeit ohne Freude ist reine Selbstbestrafung und daher reine Kultur des Schuldgefühls. ... Unbewußt gehorcht die Wirtschaft der Logik der Schuld.« (30) Es bedurfte schon eines gerüttelten Maßes an organisiertem Schuldgefühl und an organisierter Unlustbejahung, daß die Produzenten lernen konnten, die Produktionsverhältnisse, so wie sie sind, zu akzeptieren. Hierbei spielt auch jene Reaktionsweise der Psyche eine besondere Rolle, die Ferenczi folgend charakterisiert: »Die Anerkennung der feindlichen Umwelt ist eine Unlust, doch ihre Nichtanerkennung ist gelegentlich noch unlustvoller; so wird das weniger Unlustvolle relativ lustvoll und kann als solches bejaht werden.« (31) Diese Feststellung ist so manche strategische Überlegung wert und rückt die häufig geschmähte antiautoritäre Studentenbewegung in ein anderes Licht. Politische Praxis bedarf der aufgeklärten Phantasie.

Anmerkungen

1 Nach Wulff gibt es auch noch eine »Frankfurter Psychoanalytische Schule«.
2 Ob man, bezogen auf Psychoanalyse, gegenwärtig überhaupt von »politischer Arbeit« reden kann, ist mehr als fraglich.
3 Das neue Buch von *Herbert Marcuse* »Konterrevolution und Revolte« macht die Intentionen der Studentenbewegung der sechziger Jahre wieder begreiflich.
4 Das Paradoxe dabei ist, daß es sich doch wohl offenbar um eine eingebildete und bloß behauptete und nicht als Theorie durchgebildete Marxinterpretation handelt.
5 Alfred Lorenzers Beitrag in diesem Band beweist dies treffend.
6 Es soll hier nur darauf verwiesen werden, daß es zu den Mystifikationen und Verschleierungen des Kapitalismus gehört, daß Prozesse, die dem Produktionsprozeß eignen, in den Alltagsvorstellungen als von diesen völlig unabhängig und selbständig erfahren werden. So schreibt Marx über das Bewußtsein des Kapitalisten: »Allerdings tritt während des unmittelbaren Produktionsprozesses die Natur des Mehrwerts fortwährend in das Bewußtsein des Kapitalisten, wie seine Gier nach fremder Arbeitszeit etc. uns schon bei der Betrachtung des Mehrwerts zeigte. Allein: Schon viel bemäntelter sucht die kritische Tendenz die in Nr. 30 durchbrach, in Nr. 31 sich fortzusetzen. 1. Es ist der unmittelbare Produktionsprozeß selbst nur ein verschwindendes Moment, das beständig in den Zirkulationsprozeß, wie dieser in jenen übergeht, so daß die im Produktionsprozeß, klarer oder dunkler aufgedämmerte Ahnung von der Quelle des in ihm gemachten Gewinns, d.h. von der Natur des Mehrwerts, höchstens als ein gleichberechtigtes Moment erscheint neben der Vorstellung, der realisierte Überschuß stamme aus der vom Produktionsprozeß unabhängigen, aus der Zirkulation selbst entspringenden, also dem Kapital unabhängig von seinem Verhältnis zur Arbeit angehörigen Bewegung.« (Kapital, Bd. III, S. 64/65). Denkt man an den heute vorherrschenden — nunmehr vom unmittelbaren Produktionsprozeß völlig getrennten und isolierten — Kapitalisten, so wird in seinem Bewußtsein die aufdämmernde Ahnung von der wahren Quelle des Gewinns weitgehend getilgt sein. Mit dem Alltagsbewußtsein des Arbeiters steht es kaum besser. Nur mehr die wissenschaftliche Reflexion und nicht die individuelle praktische Erfahrung vermag die Mystifikation des Kapitals zu durchschauen.
7 In diesem Zusammenhang wären auch die Momente besonders zu berücksichtigen, die der weit fortgeschrittenen Vergesellschaftung der Arbeit im Monopolkapitalismus entspringen und der Alfred Sohn-Rethel schon Aspekte »sozialistischer Produktionsweise« zuerkennt (21).
8 Siehe hierzu den Beitrag von Alfred Lorenzer in diesem Band.

Literaturhinweise

(1) Die »Frankfurter Schule« im Lichte des Marxismus, Frankfurt, 1970.
(2) Vgl. (1) *Erich Hahn,* Die theoretischen Grundlagen der Soziologie von Jürgen Habermas, S. 84f.
(3) *Erich Wulff*, Psychoanalyse als Herrschaftswissenschaft?, Kursbuch 29, 1972, S. 5.

(4) Vgl. (3) S. 2/3.
(5) *Herbert Marcuse,* Konterrevolution und Revolte, Frankfurt, 1973, S. 49.
(6) Vgl. (5) S. 64.
(7) Vgl. (3) S. 5.
(8) *Alfred Lorenzer,* Über den Gegenstand der Psychoanalyse, Frankfurt, 1973, S. 142.
(9) Die Linke antwortet Jürgen Habermas, Frankfurt, 1968.
(10) *Hans Jürgen Krahl,* Konstitution und Klassenkampf, Frankfurt, 1971, S. 384f.
(11) *Krahl,* a.a.O., S. 396.
(12) Zum scientistischen Selbstmißverständnis der Psychoanalyse, vgl. die Kritik von Jürgen Habermas an Freud in »Zur Logik der Sozialwissenschaften«, Philosophische Rundschau, 1967, Beiheft 5, und *J. Habermas,* Erkenntnis und Interesse, Frankfurt, 1969.
(13) Vgl. Alfred Lorenzers Kritik an der Habermasschen Freudrezeption in »Über den Gegenstand der Psychoanalyse«, S. 140.
(14) *Krahl,* a.a.O., S. 404.
(15) Siehe hierzu *Klaus Holzkamp,* Verborgene anthropologische Voraussetzungen der allgemeinen Psychologie, Kritische Psychologie, Frankfurt, 1973, S. 35f.
(16) *Alfred Lorenzer,* Zur Begründung einer materialistischen Sozialisationstheorie, Frankfurt, 1972.
(17) *Oskar Negt/Alexander Kluge,* Öffentlichkeit und Erfahrung, Zur Organisation von bürgerlicher und proletarischer Öffentlichkeit, Frankfurt, 1972, S. 48.
(18) Vgl. (17) S. 64.
(19) Siehe hierzu *Thomas Leithäuser,* Untersuchung zur Konstitution des Alltagsbewußtseins, 1972, Dissertationsdruck.
(20) *Maurice Merlau-Ponty,* Phänomenologie der Wahrnehmung, Berlin, 1966, S. 505.
(21) *Alfred Sohn-Rethel,* Die ökonomische Doppelnatur des Spätkapitalismus, Darmstadt, 1972.
(22) Vgl. (5) S. 76/77.
(23) *Alfred Schmidt,* Emanzipatorische Sinnlichkeit, München, 1973.
(24) *Sigmund Freud,* Jenseits des Lustprinzips, G. W. XIII, S. 27/28.
(25) Vgl. (3) S. 14 u. S. 18.
(26) Vgl. (3) S. 12/13.
(27) *Karl Marx,* Grundrisse der Kritik der Politischen Ökonomie, Berlin, 1953, S. 365/366.
(28) Vgl. (24) S. 20.
(29) *Norman O. Brown,* Zukunft im Zeichen des Eros, Pfullingen, 1962, S. 341/342.
(30) Vgl. (29) S. 336.
(31) *Sandor Ferenczi,* Schriften zur Psychoanalyse II, Frankfurt, 1972, Das Problem der Unlustbejahung (1926), S. 203.

Alfred Lorenzer

„Psychoanalyse als Herrschaftswissenschaft?" oder Psychoanalysekritik als Anpassungsgeste

»Die Arbeit um die es sich zunächst handelt, ist Kritik der ökonomischen Kategorien oder, if you like, das System der bürgerlichen Ökonomie kritisch dargestellt. Es ist zugleich Darstellung des Systems und durch die Darstellung Kritik desselben.«
(*Marx*, Brief an Lassalle vom 22. Februar 1858. MEW, 29, S. 550.)

In der Mischung disparater Psychoanalysekritik, die das Kursbuch 29 versammelt, profiliert sich der Aufsatz »Psychoanalyse als Herrschaftswissenschaft?« von Erich Wulff (1) in besonderer Weise. Nicht dadurch, daß Wulff Ansätze einer sinnvollen Psychoanalysekritik (im Sinne des obengenannten programmatischen Marx-Zitates) zu einer auch nur ungefähr zutreffenden Darstellung und auf einen auch nur vorläufigen Begriff gebracht hätte, sondern weil sein Verfehlen solchen Ansatzes in Form wie Inhalt ein wahrhaft schätzenwertes Material abgibt, an dem sich die Funktion und die Notwendigkeit einer Kritik des Subjekts in einigen Linien skizzieren lassen.

Der kategoriale Rahmen unserer »materialen Analyse« kann in diesem Aufsatz nicht expliziert werden. Um Mißverständnisse auszuschalten, sei vorweg aber vermerkt: Selbstverständlich geht es nicht um eine Psychoanalyse des Autors in seiner subjektiv-lebensgeschichtlichen Besonderheit (das geriete zu jenem Subjektivismus, den es hier zu überwinden gilt), selbstverständlich geht es auch nicht um Ideologiekritik allein (dafür bedürfte es keines neuen Verfahrens) und selbstverständlich auch versteht sich die angestrebte Analyse als Moment im umfassenden Rahmen kritischer Gesellschaftswissenschaft (alles andere wäre schlechter Psychologismus). Ebenso selbstverständlich ist, daß wir die objektiven *Bedingungen* der Wulffschen Diskussionsstörung nicht dingfest machen können, dazu bedürfte es einer genauen Bestimmung der objektiven Lage gewisser intellektueller Gruppen, bei denen der Verfall des kritischen Impulses an einen Dogmatismus die traurige Anpassungsstrategie der zweiten Internationale auf ihre Weise rekapituliert.

Eine *Bedingungsanalyse* kann unsere Untersuchung ohnehin nie erbringen; eine Analyse des subjektiven Faktors — u. d. h. der verzerrten Interaktionsstrukturen und Bewußtseinsfiguren — steht eben nicht, wie unser Kritiker dreist unterstellt, im »ideologischen Kampf mit der politischen Ökonomie um den vorrangigen Anspruch auf Kritik an den bestehenden gesellschaftlichen Verhältnissen« (1, S. 5), sie versucht gerade nicht, Kausalgenese mit untauglichen Mitteln zu leisten, sondern beschränkt sich auf eine — wie Wulffs Fall zeigt — notwendige Strukturanalyse und d. h., sie sucht die Folgen bestehender gesellschaftlicher Verhältnisse in den Subjekten gerade dort zu präzisieren wo ein Feuerwerk fortschrittlicher Parolen den Blick zu blenden unternimmt.

I. 1

Die Wulffsche Arbeit zu diskutieren ist für mich freilich nicht unproblematisch. Wulff hat seinen Angriff auf die »linken Spielarten« von Psychoanalyse bevorzugt an der von mir systematisch in die Psychoanalyse eingebrachten Interaktionstheorie festgemacht. Der Nachteil ist mithin augenfällig: Meine Darstellung gerät in den Anschein einer Replik, die den mißlichen Ton einer Belehrung deshalb nicht vermeiden kann, weil Wulff weder da noch im weiteren Umfeld der, vornehmlich von Klaus Horn und mir aufgegriffenen, Thematik einer kritischen Theorie des Subjekts sich die Mühe einer auch nur halbwegs zutreffenden Darstellung des Sachverhalts macht. Die unerläßliche Belehrung verdunkelt aber das Problem, das hier allein interessant ist: Die Frage nach der Funktion der verzerrten Darstellung und deren Hintergrund. Umgekehrt ist die Detailkenntnis des Beteiligten fast unerläßlich für die Abklärung von Verzerrungen, die leichthändig gemischt sind aus Zitaten und Phantasien über das Interaktionskonzept, und angesichts des Wusts von Unterstellungen, in denen sich die Wulffsche Argumentation voranbewegt; ein scheinbar zwangloser Gewaltritt führt nach allerlei akademischen Präliminarien, einleitenden Bemerkungen zur Studentenbewegung, zu Marcuse und Reimuth Reiche, nach flüchtigen Nebenbemerkungen zu Wilhelm Reich und den anderen Freudomarxisten vorbei an allen möglichen und unmöglichen psychoanalytischen Verirrungen, bis er als Kern des Übels die »Interaktionstheorie« ausmacht. Wulff macht eine Gruppe namhaft, die er — verwunderlich genug — in die Perspektive der Interaktionstheorie stellt: Die Frankfurter Schule. Als harten ideologischen Kern nennt er Habermas' Dualismus von Arbeit und Interaktion, der »unsere besondere Aufmerksamkeit verdient« (1, S. 4). Was diese Habermaskritik in einem Aufsatz über Psychoanalyse soll und was die pauschale Verquickung von dessen Theorie mit Lewin und Parsons bezweckt, wird erst deutlich in der nachfolgenden Identifizierung der Frankfurter Schule und der »Frankfurter Psychoanalytischen Schule«. Beide werden auf Interaktionstheorie festgelegt. Wen Wulff zu der von ihm erfundenen, pauschal mit der Interaktionstheorie identifizierten »Frankfurter Psychoanalytischen Schule« rechnet, bleibt übrigens sein Geheimnis, sicher kann er aber folgendes ausmachen:

»Lorenzer zum Beispiel bezeichnet die Psychoanalyse ausdrücklich als eine ›Interaktionstherapie‹ im Sinne Habermas' und versucht ihr gerade durch diese Bestimmung eine eigenständige Funktion innerhalb der ›kritischen Theorie‹ zu sichern. Dabei reformiert er sie zu einer *symbolischen* Interaktionstheorie — und im Bereich der Therapie zu einer interaktionellen Rekonstruktion der Sprachsymbolik im Unbewußten — aus der zweifellos richtigen, aber nicht sehr originellen Erkenntnis, daß erst in der sprachlichen Symbolbildung die Regungen des Unbewußten vergesellschaftet werden können. Nicht nur im Bereich der individuellen, auch im Bereich der sozialen Pathologie werden Sprachzerstörung und Rekonstruktion somit als selbständige Ebenen des interaktionellen Erleidens und Handelns relevant. Daß Lorenzer hier ›verzichten muß‹, sich mit Lacan auseinanderzusetzen, in dessen Werken manche seiner Argumente sich in nahezu identischer Form wiederfinden lassen, ist dabei wohl nicht nur eine amüsante wissenschaftsgeschichtliche Arabeske. Dieser Verzicht hängt vielmehr wahrscheinlich, wie Lorenzer auch diskret andeutet, mit der ›Herrschaftsausübung der psychoanalytischen Orthodoxie‹ zusammen, die Häretiker wie Lacan am liebsten in ›Gedächtnislöcher‹ verstoßen möchte, ein Vorhaben, mit dem sich Lorenzer ebenfalls diskret zu identifizieren scheint.

Bestimmte Richtungen der Psychoanalyse — bzw. hinter ihr stehende sozialphilosophische Kräfte — führen also einen ganz offensichtlich ideologischen Kampf mit der politischen Ökonomie um den vorrangigen Anspruch auf Kritik an den ›bestehenden‹ gesellschaftlichen Verhältnissen.« (1, S. 5).

Ginge es darum, den von Wulff aufgehäuften Unsinn an Unterstellungen zurückzuweisen, indem man seine Behauptungen richtig stellt, ließe sich die Beschäftigung mit ihm in drei Sätzen abtun:

1. Der von uns benutzte Interaktionsbegriff ist nicht der Habermassche — eben weil die Trennung von Interaktion und Arbeit zu kriti-

sieren ist, welche Kritik zentrales Thema meines Aufsatzes «Symbol, Interaktion und Praxis« (2) — unser Kritiker zitiert diesen Aufsatz! — war. (Was Wulff noch nicht wissen konnte, ist, daß ich in meiner Untersuchung der Grundfragen primärer Sozialisation (3) in verschiedenen Problemzusammenhängen herausgearbeitet habe, wie unhaltbar die Dichotomie von Arbeit und Interaktion ist. In meiner Untersuchung der Geschichte des psychoanalytischen Gegenstandes (4) habe ich vollends verdeutlicht, daß ein aus der psychoanalytischen Praxis ableitbarer Interaktionsbegriff eben *nicht* den von Wulff unterstellten Inhalt haben kann. Das alles wird in »Symbol, Interaktion und Praxis« schon so eindeutig angekündigt — und von Habermas selbst registriert (5) —, daß es einer gezielten Verleugnungstaktik bedarf, die Verkehrung ins Gegenteil phantasierter Unterstellungen zu leisten.)

2. Wenn Wulff eine verschwiegene Ähnlichkeit meiner und Lacans Aussagen feststellt, dann hat er entweder keine Ahnung von meinem Entwurf oder vom Lacanschen und hat gewiß nicht den grundlegenden Unterschied der Begriffe bemerkt; siehe dazu alles notwendige im Kapitel IV meiner Arbeit »Über den Gegenstand der Psychoanalyse....« (4).

3. In »Symbol, Interaktion und Praxis« wurde gleichfalls expressis verbis klargestellt, daß von einem Kampf einer »kritischen Theorie des Subjekts« mit einer Kritik der politischen Ökonomie keine Rede sein kann. Ganz im Gegenteil, solche Rivalität wie auch die Unterstellung, »irrationale Herrschaft...kann...durch Sprachrekonstruktion aufgehoben werden« sind schlichte Phantasieprodukte im Widerspruch zu wort-wörtlich-eindeutigen Aussagen, von denen unser Kritiker keine Notiz genommen hat (2, S. 6).

Konnte er oder wollte er nicht? Ich denke, solche Deutung des Wulffschen Argumentationsstils ginge »moralistisch« am Kern vorbei. Worum geht es also dann? Versuchen wir Wulffs Argumentationsabsicht zu entziffern, wobei als erster Schritt (auch um den Preis langatmiger Detailerörterungen und Wiederholungen) eine genaue Darstellung der Wulffschen Argumente zu leisten ist.

Den Beginn habe ich schon notiert; der Feind wird eingestellt und — einmal gestellt — so schnell nicht losgelassen: Auch die nächsten Abschnitte gelten dem Kampf gegen das, was Wulff als »Frankfurter Psychoanalytische Schule« erfand. Nun aber gerichtet gegen Klaus Horn. Ein Exkurs zur Gruppendynamik dient dazu, die — von *Horn* vor allem geäußerten — Bedenken gegen diesen selbst zu lenken und Horns Auffassung umzustilisieren ins Gegenteil: Horn als Gruppendynamiker. Auch dabei gründet Wulff im Vorübergehen einen Verein: Die »kritischen Gruppendynamiker« (was in aller Welt mag das wohl sein?). Gleich führt er auch einen gänzlich neuen Begriff ein, nämlich die »interaktionsdynamische Veranstaltung«, wobei auch da die unterstellte »Dichotomie von Interaktion und Arbeit« zitiert und die Vokabel »Interaktion« mit allerlei obsoleten Begriffen unter der Hand liiert wird. Dieses Geschäft macht gut die Hälfte des Wulffschen Aufsatzes aus.

Auf der 10. Seite hält unser Kritiker inne, um nun zusammenzufassen und den Gegner und seine perfide Ideologie — die Interaktionstheorie — voll zu denunzieren. Kleine Umstülpungen der Wahrheit ins Gegenteil (so die nochmals vorgebrachte Identifizierung von Gruppendynamik und Interaktionstheorie als Laster unsererseits) runden das Bild ab. Hören wir Wulff:

»Die linken Spielarten der Psychoanalyse wurden an den Anfang dieser Überlegungen über ihre herrschaftswissenschaftliche Funktion gestellt, weil in sie von manchen linken Gruppen besonders viele Hoffnungen investiert worden sind. Gerade diese Spielarten haben — wohl mehr ungewollt als gewollt — die Psychoanalyse in den Dienst einer idealistischen Interaktionstheorie gestellt, die auch eine ideologische Funktion ausübt: die Zurückführung sozialer Konflikte, die nur im konkreten Zusammenhang mit der gesellschaftlichen Produktion faßbar werden, auf eine abstrakte Addition von objektiv technologischen Notwendigkeiten und abstrakten gruppendynamischen Prozessen als ›Interaktionen‹. Gerade durch diese Festlegung der psychischen Vorgänge auf Interaktionen und der Psychologie auf Interaktionskritik wird ihre Indienstnahme für unmittelbare politische Arbeit und damit für den gesellschaftlichen Fortschritt blockiert.« (1, S. 10).

Kein Zweifel, eine (nicht etwa erst von Wulff als politisch folgenschwer und verhängnisvoll ausgewiesene) Aufspaltung in »technologische Notwendigkeit« einerseits und »gruppendynamische Prozesse« andererseits spiegelt eine Dichotomie von Interaktion und Arbeit wieder. Jedoch, der Zusammenhang mit unserem Interaktionsverständnis besteht ausschließlich in der kraftvollen Imagination unseres Kritikers.

Wenn Wulff in der Folge auf die Problematik des psychoanalytischen Realitätsbegriffes eingeht und dabei allerlei Autoren zitiert (ich werde noch darauf zurückkommen) so geschieht auch dies, um nun von einer anderen Seite her erneut den Interaktionsbegriff in seiner ideologischen Gefährlichkeit zu »durchleuchten«:

»Es liegt also, glaube ich, auch am vorzeitlichen Realitätsbegriff der orthodoxen Psychoanalyse, daß es kaum möglich ist, so etwas wie ›Interaktion‹ im Zusammenhang mit der gegenwärtigen ökonomischen Wirklichkeit, den Produktionsverhältnissen nämlich, zu sehen und daraus ihre jeweilige politische Funktion zu bestimmen.« (1, S. 13)

Die Wulffsche Kritik ist hier bei einem vollen Salto mortale angelangt: Nachdem lange genug die Dichotomie von Arbeit und Interaktion unterstellt wurde, läßt sich der Schluß weiter treiben: Die Interaktionstheorie erweist sich als unfähig, die Bedeutung der Produktionsverhältnisse für die Analyse des menschlichen Erlebens und seiner Störungen zu erkennen. Der Begriff läuft auf eine »Eskamotierung der Wirklichkeit« hinaus und legitimiert die »konterrevolutionäre Praxis« der Psychoanalyse theoretisch. Dazu bringt Wulff Beispiele bei, in denen wiederum die Auftrennung von »Arbeit und Interaktion« dreist unterstellt wird, um die »herrschaftsstützende« Funktion von Psychoanalyse (und insbesondere einer den Begriff Interaktion handhabenden) hervorzukehren an Beispielen, deren Zusammenhang mit der Psychoanalyse auszuweisen Wulff nicht einmal *versucht* (1. S. 16f.).

Wulff fällt sein endgültiges Urteil: »Für unser Beispiel heißt das aber, daß mit der Psychoanalyse, wie sie nicht nur von Slote verstanden wird, ein besonderer Zuständigkeitsbereich für die Konflikte und Leiden geschaffen wird, derjenige der ›Interaktion‹; dadurch wird es nicht nur möglich, die wirklichen Ursachen dieser Konflikte und Leiden wissenschaftstheoretisch und institutionell auszublenden, sondern auch, nun vom subjektiven, menschlichen Faktor unbelastet, Techniken zu deren Verewigung zu entwickeln: z. B. die Technik des elektronischen Schlachtfeldes oder der Entlaubung in Indochina.« (1, S. 17)

Ich nehme an, es ist genügend klar geworden, mit welcher Berechtigung die Wulffsche Beschäftigung mit unserem Interaktionsbegriff als der »rote Faden« seiner Psychoanalysekritik verfolgt wird: Wieviel ideologische Verderbtheit in der Psychoanalyse schon immer zum Vorschein kam, im Interaktionsbegriff wird sie — so Wulff — auf ihren schlechten Begriff gebracht. Die diesem Begriff zugrunde liegende psychoanalytische Praxis läßt sich mit Herrschaftspraktiken bis zur Entlaubungskampagne auf einen Nenner stellen. Einem zynischen Autor könnte solche Zentralstellung des Interaktionsbegriffs zu einiger narzißtischer Befriedigung gereichen.

I. 2

Die Darstellung der Wulffschen Kritik am Interaktionsbegriff wäre freilich unvollständig, würden nicht noch zwei weitere Facettierungen berücksichtigt:

Unser Interaktionsbegriff erwiese sich — folgte man Wulff — als ein idealistischer: Wulff schreibt von mir:

> »Dabei reformiert er sie (die Psychoanalyse, A. L.) zu einer *symbolischen* Interaktionstheorie — und im Bereich der Therapie zu einer interaktionellen Rekonstruktion der Sprachsymbolik im Unbewußten — aus der zweifellos richtigen, aber nicht sehr originellen Erkenntnis, daß erst in der sprachlichen Symbolbildung die Regungen des Unbewußten vergesellschaftet werden können.« (1, S. 5)

Kurz gesagt: Die von mir vermiedene Gleichsetzung von Interaktion und Sprache wird von Wulff »als zweifellos richtig ...« vollzogen. Interaktionsstrukturen werden so als Sprachfiguren identifiziert. Daß eben dieses naive »zweifellos richtig...« eine eindeutig idealistische Position Wulffs aufdeckt, ist eklatant. Das (wie zu vermuten ist, von Lacan herkommende) Verständnis von Vergesellschaftung leitet nämlich die Praxisstrukturen aus Sprachstrukturen, nicht aber umgekehrt die Sprachfiguren aus dem Zusammenhang von Praxis ab. Wulff hat da frischfröhlich die gegensätzliche Lacansche Position in meine Darstellung hineingelesen.

Offensichtlich ungeübt in der Methode kritischer Analyse (die nie weiter gehen darf in den Behauptungen als das Material es gestattet) hat Wulff meine Untersuchung der Sprachprozesse im Rahmen der praktizierten psychoanalytischen Individualtherapie flugs zur anthropologischen Darstellung des Verhältnisses von Interaktionsstrukturen und Sprachfiguren umstilisiert, was freilich nicht möglich ist sofern man den Text auch nur einigermaßen genau liest. Schon allein die zentral gestellte Explikation des Begriffs »szenisches Verstehen« und die damit korrespondierende Hauptthese einer »Aufspaltung der Sprachspiele« verdeutlicht ausführlich, daß der Analytiker stets über sprachliche Verständigung, also über den Bereich der »symbolischen Interaktionsformen« auf nicht-mehr-sprachliche *und* nicht-sprachliche Interaktionsstrukturen hinausgreifen muß. Im Vorgang der »funktionellen Regression« und der nachfolgenden Progression war gezeigt worden *wie* dies geschieht. Schon in meiner Kritik des psychoanalytischen Symbolbegriffs (7) hatte ich mit der These der »Desymbolisierung« präzisiert, was Verdrängung als Exkommunikation aus Sprache bedeutet: Symbolische Interaktionsformen werden auf das Niveau des schon bei Tieren vorkommenden Reiz-Reaktionszirkels zurückgestoßen — womit sich für einen halbwegs sorgfältigen Leser da schon der (in meiner Schrift »Zur Begründung einer materialistischen Sozialisationstheorie« (3) in allen Einzelheiten aufgeführte) Schluß eröffnet, die Einübung in Interaktionsformen als eine vorsprachlich-praktische Dialektik zu sehen. Offenbar besteht für Wulff gegen diese »materialistische« Grundlegung des Sozialisationsprozesses eine »idealistische« Sperre, die er ja auch deutlich macht, indem er an Stelle meines Konzeptes eine Mischung von Habermas und Lacan serviert.

Der entscheidende Grund der Wulffschen Leseschwäche aber ist: Wulff benötigt für seinen nächsten Schluß unbedingt einen sprachidealistischen Interaktionsbegriff (seinen eigenen, wie deutlich wurde), um zu einem Schlag gegen den Strohmann ausholen zu können. Für die Wulffsche Einschätzung der psychoanalytisch-interaktionstheoretischen Verworfenheit ist nämlich die Auflösung der Differenz von Interaktionsstrukturen und Sprache in eine »interaktionelle Rekonstruktion der Sprachsymbole im Unbewußten« argumentationsstrategisch unerläßlich. Denn: Nur bei einem derart unterstellten sprachidealistischen Verständnis von Psychoanalyse wird plausibel, was Wulff annimmt (ich muß der Verständlichkeit halber den ganzen Abschnitt einfügen.)

»Und diese Herrschaftsverhältnisse konkretisieren sich jetzt ihrerseits nicht mehr in der gesellschaftlichen Produktion — in den Produktionsverhältnissen und ihren machtpolitischen Folgen —, sondern in der Sprache als dem vorrangigen gesellschaftlichen Feld der individuellen Interaktion. ›Irrationale‹ Herrschaft — so lautet die Konsequenz — kann durch Sprachzerstörung etabliert und durch Sprachrekonstruktion aufgehoben werden. Damit ist Herrschaft allerdings nicht als staatlich-administrative oder ideologische Herrschaft im Dienste der Verfügung über die Produktionsmittel, sondern als psychologische Beherrschbarkeit und die Befreiung von ihr als psychologische Befreiung, als *Freisprechen* von sprachlosem oder klischiertem Herrschaftsdruck definiert.« (1, S. 5f.)

Man sieht, der Unsinn hat Methode: Durch eine Umwandlung meines Interaktionsbegriffes in einen sprachidealistisch bornierten (dessen strukturalistische Variante Lacan bietet) kann Wulff unserem Psychoanalyseverständnis die Omnipotenzillusion eines »Freisprechens«

als pseudo-revolutionären Akt anhängen und konvergierend dazu noch zwei weitere ideologische Figuren andichten:

1. Einen »abstrakten Herrschaftsbegriff«, der Leiden von aktueller Geschichte abhängt. Wie kühn Wulff auch hier meine Darstellung auf den Kopf stellt, macht ein auch nur flüchtiger Blick auf *meine* Kritik an solcher Abstraktion erkennbar (die Kritik steht in der von meinem Beanstander selbst zitierten Arbeit, 2). Man darf vermuten, daß unser Kritiker sich diese Kritik zu eigen machte, sie aber eilends zur Unterstellung umwandte.

2. Auf der Basis dieser Unterstellung kann Wulff aus der Interaktionstheorie eine Theorie der psychoanalytischen »Eskamotierung der Wirklichkeit« machen. Nun ist der psychoanalytische Realitätsbegriff (und nicht nur dieser) gewiß problematisch — wenn auch nicht auf so naive Weise wie Wulff meint (s. dazu Leithäusers Aufsatz in diesem Buch). Das fabelhafteste an Wulffs Taschenspielertrick aber ist: Gerade gegen die Mystifikation des psychoanalytischen Realitätsbegriffs richtet sich die kritische Intention, in deren Rahmen die Deutung der Psychoanalyse als Interaktionstheorie gehört. Schon in »Symbol, Interaktion und Praxis« (2, S. 33) heißt es unmißverständlich

> »Es geht um die bisher zwar immer wieder probierte, aber nie ernstlich durchgeführte Einbeziehung der ökonomischen Analyse als der Perspektive, von der her sich das Problem stellt: *die Deformierung der Subjekte unter dem Zwang der Produktionsverhältnisse.*«

Und im gleichen Aufsatz steht in aller Ausführlichkeit:

> »Der Hinweis auf die Auseinandersetzung mit ›innerer Natur‹ darf nicht dazu führen, Psychoanalyse als Kritik symmetrisch im Gegensatz zur Kritik politisch-ökonomischer Bedingungen zu sehen. Eine solche Zweiteilung in differente Richtungen (Auseinandersetzung mit innerer Natur versus Auseinandersetzung mit äußerer Natur) verfiele zumindest der Gefahr eben der schlechten Aufteilung in Biologismus auf der einen und Ökonomismus auf der anderen Seite; sie geriete in jene Disjunktion, die der Praxisbegriff umfassen soll durch Vermittlung der biologischen und der gesellschaftlichen Bedingungen menschlicher Selbstdarstellung.
> ... Psychoanalytische Kritik hat wohl einen anderen Gegenstand als politischökonomische Analyse; sie kann aber ebensowenig absehen von der historisch konkreten Verzerrung menschlicher Produktion. Insofern Reich diesen Fixpunkt zugunsten einer Sexualökonomie aufgab, stellte er nicht nur den Marxismus, sondern auch die originäre psychoanalytische Konfliktlehre auf den Kopf.« (2, S. 54)

Wie man sieht, wird schon an den wenigen Zitaten die Wulffsche Verdrehungstaktik augenfällig. Um sie vollends deutlich zu machen, möchte ich aber doch die wichtigsten Grundgedanken meines Ansatzes in aller Kürze formulieren:

1. Eine Aufhebung subjektivistischer Bornierung der Psychoanalyse kann nur geschehen wenn sie sich als »Kritik des Subjekts« versteht. Dazu muß sie sich in die auf Marx zurückgehende historisch-materialistische Perspektive stellen. Nicht indem sie umstandslos in eine ihres kritischen Impulses beraubte, dogmatisch fixierte Gesellschaftstheorie eingebaut wird, oder — gleichfalls umstandslos — deren Begriffe usurpiert, um eine Analyse der objektiven Lage abzulösen, sondern indem sie ihre eigene psychologistische Verengung in einer Auseinandersetzung mit dem Marxismus dialektisch abarbeitet.

2. Eine »Kritik des Subjekts« tritt niemals an die Stelle einer Kritik der politisch-ökonomischen Situation. Kritik »des Subjekts« ist auf eine Kritik der geschichtlichen Lage angewiesen, will sie nicht auf einen dogmatischen abgeblendeten Subjektivismus zurückfallen. Um den Zusammenhang in kurzer Formulierung zu erläutern: »Kritik des Subjekts« setzt an sinnlich erfahrbarem Leiden an. Dieses hat sie zu problematisieren als lebensgeschichtlich gewordenes und d. h. immer: als ein von gesellschaftlichen Widersprüchen bedingtes. In ihrem eigenen Prozeß der Bewußtmachung der Genese des sinnlich erfahrbaren Leidens kann sie konkret niemals zu den wirklichen Ursachen vordringen (sie könnte allenfalls einen abstrakten Zusammenhang annehmen), wohl aber kann sie die Struktur »bestimmter verzerrter Interaktionsformen« präzisieren. Diese »bestimmten Interaktionsformen« muß sie in Beziehung setzen zu den »Verkehrsformen«, die eine Kritik der Produktionsverhältnisse in umgekehrter Perspektive (nämlich ansetzend in kritischer Erfassung der objektiven Daten des Produktionsprozesses) ermittelte. Dabei geht es nicht um eine schlicht-abstrakte Identifizierung von Interaktionsformen und Verkehrsformen, sondern um einen ständig in Gang zu haltenden Vermittlungsprozeß. Eine nicht-dogmatisch erstarrte »kritische Theorie des Subjekts« fordert eine Kritik der politischen Ökonomie heraus, die ihrerseits ihren kritischen Stachel nicht in bequemer Dogmatisierung abgestumpft hat.

Von alledem nimmt Wulff keine Notiz. Er muß seinem Strohmann das Gegenteil unterstellen. Nur so kann er zur Krönung seiner glanzvollen Schlüsse kommen: Vorzuzeigen wie ein solcher (von ihm!) pervertierter Interaktionsbegriff *praktisch* gefährlich wird im Dienst einer herrschaftsfungiblen Harmonisierung von Leidenserfahrung, wie die Psychoanalyse — immer nach Wulff — versucht, »die wirklichen Ursachen und Leiden wissenschaftstheoretisch und institutionell auszublenden« (1, S. 17).

Der Kreis ist geschlossen: Eine Interaktionstheorie, die auf der Dichotomie von »Arbeit und Interaktion« gründet, die Wirklichkeit der Produktionsverhältnisse »eskamotiert«, die als sprachidealistisches Verfahren diese Eskamotierung vervollständigt, indem sie Leiden auf Sprachfiguren zurückführt und die Interaktion als das unhistorisch-formale Spiel von Rollen ansieht, hat sich nicht nur gegen jedes geschichtsmaterialistische Verständnis immunisiert, sondern verfällt, derart gesellschaftsblind, zwingend der Verfügung bestehender Herrschaftsstabilisierung. Ihre Gefährlichkeit wird allenfalls neutralisiert durch ihre Wirkungslosigkeit als idealistisches Brimborium — wie Wulff denn auch schlußfolgert.

Ginge es um einen Wettbewerb »geschlossenen Argumentierens«, man könnte Wulff einen Preis nicht vorenthalten — wenngleich die Prämierung durch die großzügige »Packnadelarbeit«, mit der die Bestandsaufnahme der Psychoanalyseproblematik mit wissenschaftstheoretischen, ideologiekritischen Bemerkungen und sogar mit ökonomischen Analyseresultaten auf 21 Druckseiten zusammengeheftet ist, beeinträchtigt würde —. Immerhin, an der Geschlossenheit ist nichts auszusetzen. Nur: Die Prämissen der Wulffschen Schlüsse sind samt und sonders falsch. In allen wichtigen Punkten hat unser Kritiker den Sachverhalt nicht nur verzerrt, sondern gezielt auf den Kopf gestellt. Um das Kunstwerk dieser »Verkehrung ins Gegenteil« ins rechte Licht zu rücken, seien nochmals die wichtigsten Purzelbäume zusammengefaßt: Weder stimmt die von Seite 4 bis zum Schluß immer wieder beschwörend wiederholte Behauptung, unser Interaktionsbegriff sei der Habermassche und baue auf der Dichotomie von Arbeit und Interaktion auf, noch auch ist bei mir von einer sprachtheoretischen Rekonstruktion im Unbewußten die Rede. Weder werden, meiner Auffassung nach, die Regungen des Unbewußten erst in sprachlichen Symbolprozessen vergesellschaftet, noch auch läuft die aus einer Kritik der Psychoanalyse erwachsene kritische Theorie des Subjekts auf eine Reformierung der Psychoanalyse hinaus. Weder konkurriert eine Kritik des Subjekts mit einer Analyse der politisch-ökonomischen Verhältnisse, noch zielt sie auf eine »Revision« der Marxschen Gesellschaftstheorie. Im Gegenteil, sie weist jenen Revisionismus ab, für den Wulffs Aufsatz paradigmatisch ist. Ich werde darauf noch eingehen.

Kommen wir zum Schluß der Auseinandersetzung mit dem Wulffschen Argumentations-Gebäude. Keine der Voraussetzungen seiner Denunziation der Interaktionstheorie als Paradigma der »Psychoanalyse als Herrschaftsinstrument« stimmt. Seine Unterstellungen sind allesamt »Verkehrungen ins Gegenteil«; sind das Musterstück einer »projizierenden Aufrichtung eines Strohmannes«.

Immerhin ist eines bemerkenswert. Wenn Wulff als zentrale theoretische Figur der von ihm verteufelten Psychoanalyse einer Interaktionstheorie herausstellt, die bisher nur in Umrissen publiziert vorliegt, dann hat er offenbar einen Gegner erkannt, den er als Angreifer empfindet und der ihn parallel zu seiner Polemik zu einer eigentümlichen »Identifikation mit dem Aggressor« nötigt. Nicht nur finden sich deutliche Übereinstimmungen verschiedener seiner Postulate mit den unseren. Dies besagt noch nichts, sofern diese sich zwingend ergeben, sobald man in eine, und sei es noch so oberflächliche, Erörterung des Verhältnisses von Psychoanalyse und Marxismus eintritt. An mindestens zwei Stellen aber wird die Übernahme unserer Auffassung unverkennbar augenfällig: So wenn Wulff (verborgen in einer kritischen Wendung) schreibt:

»Es liegt also, glaube ich, auch am vorzeitlichen Realitätsbegriff der orthodoxen Psychoanalyse, daß es kaum möglich ist, so etwas wie ›Interaktion‹ im Zusammenhang mit der gegenwärtigen ökonomischen Wirklichkeit, den Produktionsverhältnissen nämlich, zu sehen und daraus ihre jeweilige politische Funktion zu bestimmen.« (1, S. 13)

Das, was nach »so etwas wie« folgt, ist eine präzise Abschrift unseres — zumal in Symbol, Interaktion und Praxis — ausgewiesenen Programms. Wulff unterstreicht also die »Richtigkeit« dieses Programms, sucht es zugleich aber mit allen Mitteln zu denunzieren und d.h. abzuwehren. Weshalb diese Abwehr? Ich werde im dritten Abschnitt darauf zurückkommen.

Grotesker noch die zweite Stelle, an der Wulff eine Deutung politischer Prozesse mit eben *dem* Begriffsinstrumentarium versucht, das er meiner Interpretation des Verdrängungsvorgangs und der Verdrängungsfolgen entnimmt. »Die Rede — auch die kritische Reflexion —

verliert dann ihren Bezug zur veränderten Handlung, und die Handlung wird zu einem sprachlosen oder klischéebeladenen Aktionismus.« (1, S. 14f)
Niemandem, der Sprachzerstörung und Rekonstruktion gelesen hat, wird die Herkunft dieser Deutungsfigur unklar sein. Freilich, Wulff fügt eine Neuerung hinzu: Er schreibt Klischee mit Akzent.

II. 1

Wenn wir die Psychoanalysekritik Wulffs unsererseits kritisch wenden, so werden wir uns freilich nicht einer so wilden Kombinatorik bedienen dürfen, wie sie Wulff an den Mann zu bringen sucht, indem er falsch dargestellte psychoanalytische Konzepte mit der Entlaubungskampagne des US-Imperialismus zusammen bringt. Wir werden bei der Bewegung auf unser Ziel zu vielmehr Stufen einer Analyse organisieren und aufzeigen müssen: Die Argumentationskritik ist formal wie inhaltlich als Symptomgefüge einer verzerrten Interaktionsstruktur aufzuweisen in der Absicht, deren Deutung als objektive Verkehrsform einer umschreibbaren Gruppierung vorzubereiten.

Unsere analytischen Kategorien werden in folgender Weise vom dargebotenen Material — dem Wulffschen Aufsatz — bestimmt: Wulff präsentiert ihn mit dem Anspruch einer »Kritik« im Marxschen Sinne. Er ist an diesem Anspruch zu messen. Begnügen wir uns, als Meßskala nur die Merkmale zu benutzen, die das vorangestellte Marxsche Zitat expliziert, so ergibt sich daraus zweierlei:

1. Kritik ist als hermeneutischer Prozeß zu verstehen (6). Das zu Kritisierende ist auf einen Begriff zu bringen, der innerhalb einer Diskussion (die den zu Kritisierenden einbeziehen kann, aber nicht muß) den Mitgliedern dieser Diskussion zu *vermitteln* ist. Hermeneutisch ist der kritische Beitrag zur Diskussion deshalb zu nennen, weil die Schraube des Unproblematisch-verständigt-seins in der Diskussion weitergedreht werden soll. Der Prozeß der Bewußtseinserweiterung ist zu leisten gegen bislang bestehende Beschränkung.

Solcher hermeneutische Prozeß impliziert zwingend eine dialektische Auseinandersetzung mit dem zu kritisierenden und auf-den-Begriff-zu-bringenden Text. Angenommen, es bestünde ein Zusammenhang zwischen der Interaktionstheorie und der Entlaubungskampagne des US-Imperialismus, so ist solcher Zusammenhang nicht zu behaupten, sondern zu begreifen. Wie gründlich solches Begreifen sein mag, Voraussetzung auch des bescheidensten Begriffs jedenfalls ist die richtige Erfassung und d. h. die »richtige« Darstellung des Kritisierten.

Mit dieser Feststellung soll selbstverständlich nicht die banale Alltagsweisheit, daß jede Aussage so viel wert ist wie ihre Richtigkeit, angesprochen werden. Es geht um Grundsätzlicheres. Die Richtigkeit der Darstellung ist bei der kritischen Aussage (im Unterschied zur traditionell-wissenschaftlichen und alltäglichen) dem Verfahren nicht mehr oder minder äußerlich, sondern verkehrt den illokutiven Charakter der Aussage unmittelbar. Eine kritische Aussage gibt sich als Behauptung im Zuge einer Auseinandersetzung mit einem angegebenen Konzept aus. Als derart ausgewiesene Diskussionsweise kann die Aussage aber nicht im Inhalt leichtfertig offenlassen, was sie in der Form — eben als Behauptung — schon vorgibt zu sein. Eine Aussage, die sich als Kritik eines begrifflichen Sachverhaltes vorstellt ohne es zu sein (weil sie das zu Kritisierende selbst erfunden hat) bleibt nicht innerhalb der vorgespielten Interaktion unter dem angegebenen Kommunikationsniveau, sondern destruiert dieses selbst in der Weise, die Ehlich und Martens für die Lüge beschrieben haben: »Die Lüge ist ein eigenes kommunikatives Muster, das für sein Gelingen gerade die Suspension von wesentlichen Bedingungen eines sonst funktionierenden Kommunikationsmusters auf seiten des einen Interaktanten erfordert, während sie für den anderen Interaktanten in Anspruch genommen werden.« (8)

So wie die Lüge nicht nur im Gegensatz zur wahren Aussage steht, sondern als »eigenes kommunikatives Muster« Interaktion im angegebenen Sinne verzerrt, so kontrastiert eine verfehlte Kritik nicht nur der zutreffenden kritischen Darstellung inhaltlich, sondern stellt *Kritik selbst* unbemerkt auf den Kopf, eben indem sie den illokutiven Charakter der Aussage umdreht. Wie im Falle der Lüge wird damit Interaktion systematisch deformiert. Gewalt wird nicht nur dem Kritisierten angetan, sondern auch der Diskussion bzw. den an der Diskussion Teilnehmenden. Dies soll kurz aufgegliedert werden:

1. An die Stelle der im Aussagecharakter als »kritischer» Aussage vorgespielten Auseinandersetzung mit dem Kritisierten tritt das Gegenteil

einer Kritik, nämlich eine »erfundene Behauptung«. Die Dialektik ist aufgelöst, anstelle einer kritischen Aufarbeitung tritt die dogmatische Produktion eines unterstellten Sachverhalts. Statt von einer falsch begriffenen Praxis zur richtigen Theorie dieser Praxis fortzuschreiten, wird idealistisch eine »Realität« zusammengestellt und nach dem Muster eines falschen Begriffs zurechtgeschnitten.

2. Weil zugleich aber ein kritisches Theorie-Praxis-Verhältnis behauptet wird, wendet sich die Spitze der »Feinderklärung« nicht nach außen gegen den Kritisierten, sondern zersetzt selbstdestruktiv die kritische Diskussion. Weder wirkliche noch imaginierte Gegner werden ja damit tatsächlich »angegriffen« — beidemale wird — bei einem kritischen Unternehmen im Marxschen Sinne, bei dem es allemal um Klassenkampf geht — klassenkämpferisches Potential selbstdestruktiv gewendet. Kritik wird durch dogmatische Affirmierung an undurchschaubare Blendungen gebrochen; kritische Diskussion wird unvermerkt in traditionellen Dogmatismus verkehrt. Die Tarnung der dogmatischen Behauptung als kritische besiegelt das Täuschungsmanöver.

Haben wir bisher die *Lüge* und die in kritischem Gestus auftretende *dogmatische Behauptung* objektiv als Deformationsphänomene von Kommunikationsstrukturen bestimmt, so gilt es, den *Unterschied* in einigen Linien wenigstens anzureißen: Während die als wahre Behauptung vorgetragene Lüge einer rationalen — der Selbstreflexion zugänglichen — Argumentationsstrategie zugehört (wie irrational immer die Motivation sein mag), bietet sich der Sachverhalt bei der beschriebenen dogmatischen Behauptung umgekehrt dar: Eine dogmatische Behauptung gehört immer in den Bereich irrationaler Kommunikationsfiguren. Das soll heißen: an die Stelle der eine rationale Argumentation kennzeichnenden Argumentationsfiguren treten die schon in der Traumanalyse bekanntgewordenen Darstellungsmechanismen einer Primärorganisation. Die Kommunikationsstrukturen selbst haben »Symptomcharakter«, sind Darstellungsfiguren auf dem Niveau der Primärorganisation und verweisen auf objektiv verzerrte Interaktionsformen.

Halten wir ein zu einer grundsätzlichen Zwischenbemerkung. Einer individualistisch-lebensgeschichtlich verfahrenden Psychoanalyse dient die Feststellung der Symptomatik »mit primärprozeßhaften«

Kommunikationsstrukturen bekanntlich zur genetischen Reduktion auf subjektive Bildungsstörungen. Solche Reduktion (über die an anderer Stelle zu diskutieren ist) soll hier ausdrücklich vermieden werden. Vielmehr geht es hier einzig darum, die Kommunikationssymptomatik als Ausdruck eines Syndroms systematisch verzerrter Interaktion festzuhalten. Die weiterführende Frage nach den *Bedingungen* dieses Syndroms muß — dem nicht subjektivistischen Rahmen einer kritischen Theorie des Subjektes entsprechend — ins Bezugsystem einer Analyse der objektiven Verhältnisse transportiert werden. Klaus Horn bietet in seinem Aufsatz dazu einen Beitrag. Hier wollen wir uns ausschließlich auf die Analyse der Interaktionsstruktur beschränken. Gerade weil wir nicht zu psychologistischen Reduktionen weitereilen wollen, müssen wir die *Zwischenschicht einer Strukturanalyse* verzerrter Interaktionsformen als Bestandsaufnahme einer Kritik des Subjekts präzisieren, um einer Analyse der aus objektiver Analyse zu gewinnenden Verkehrsformen die rechte Anschlußebene zu bereiten.

Die Präzisierung dieser Anschlußebene erlaubt zugleich auch ein weiteres: Eine — hier gleichfalls nur im Ansatz zu leistende — ideologiekritische Analyse des Inhalts der untersuchten Argumentation muß innerhalb der Kritik des subjektiven Faktors mit den Interaktionsformen vermittelt werden, soll Ideologiekritik nicht ihrerseits objektivistisch von den sinnlich greifbaren konkreten Äußerungen abgehängt werden und sollen nicht »Inhalt« und »Form« unzulässig auseinanderdividiert werden.

Soviel zum Grundsätzlichen. Gehen wir jetzt daran, die im Wulffschen Aufsatz anscheinende Kommunikationssymptomatik zu registrieren.

II. 2

Einige Merkmale einer »irrationalen Argumentationsstrategie« haben wir in der Sachdiskussion des Teils I schon dingfest machen können. Es sind dies die projektive Verzerrung des »kritisierten« Standpunktes in der Totalform einer »Verkehrung ins Gegenteil« und ein damit betriebener Aufbau eines Strohmannes, der es erlaubt, den Gegner abwertend auszuschalten. Ich möchte die verfolgte Taktik nun detaillieren:

Der — wie sich zeigen wird — in sich konsistente Aufbau der Inkriminierungstechnik setzt ein mit einer »Banalisierung« der gegnerischen Konzepte. Der Gehalt des Reicheschen Buches z. B. wird auf die Annahme reduziert, »irrationale Herrschaft über die Individuen« werde in der gegenwärtigen Phase des Klassenkampfes »als perfide Planung der Herrschenden« betrieben. Was immer bei Reiche zu solcher Deutung ermuntert haben mag, offensichtlich wird die Reichesche Publikation gezielt unter das Niveau der Grundeinsichten der Frankfurter Schule, die ja ausdrücklich den unbewußten Funktionszusammenhang der Herrschaftspraxis hervorkehrte, herabgesetzt. Wenn es in der Folge heißt: »Damit schien der Psychoanalyse eine weitere Aufgabe auf gesamtgesellschaftlicher Ebene zuzuwachsen: den Mechanismus solcher psychologischer Manipulation aufzuklären und zu denunzieren«, so wird eben *die* Ebene, auf der in der Frankfurter Schule Psychoanalyse politisch wurde, nämlich in der Frage nach der unbewußten Mechanik in der Faschismus- und Vorurteilsproblematik negiert. Gerade an diesem Punkt wird der Psychoanalyse die von ihr bekämpfte bewußtseinspsychologische Naivität unterschoben. Das ist eine »*Verkehrung ins Gegenteil*«, die offen das Ziel verfolgt, einen fruchtbaren Ansatzpunkt einer politischen Psychologie zu vertuschen und diese selbst als jene Naivität zu diskreditieren, gegen die sie einzusetzen ist.

Wulff notiert im historischen Rückblick auf die Freudomarxisten und in einer subtilen Vermischung von Vergangenheit und Gegenwart (aus »geführt wurde« wird unter der Hand ein »so bahnt sich ... an«) folgendes:

> »so bahnt sich bei den Freudomarxisten und kritischen Theoretikern eine Tendenz zur Aufteilung des Wissens über gesellschaftliche Prozesse in Politökonomie und Sexpol, Marxismus und Psychoanalyse an, der von marxistischer Seite, aber auch von der orthodoxen Psychoanalyse gleichermaßen heftig widersprochen wurde.« (1, S. 4)

Hier wird die Verkehrung ins Gegenteil subtil. Richtig ist nämlich, daß Wilhelm Reich erst unter dem Druck der marxistischen Kritik Thalheimers — gegen Bernfeld — auf die Zweiteilung auswich. Nicht nur aber wird nun die Abfolge vertauscht, nicht nur wird verschwiegen, daß reinliche Trennungsvorschläge von Marxismus und Psychoanalyse gerade von Thalheimer angeregt wurden, sondern es wird hier alles »umgedreht«. Nicht die Trennung, sondern der Versuch einer

Verbindung geriet unter das beschriebene Feuer von beiden Seiten!

So vorbereitet, versucht Wulff alle weiteren und neueren Vermittlungsversuche als das faule Gegenteil einer kritischen Auseinandersetzung, nämlich als »Kompromißformeln« abzuwehren, wobei er jenen, schon genannten kühnen Zusammenhang herstellt: Der Habermassche Dualismus von Arbeit und Interaktion wird plötzlich in die Psychoanalyse-Marxismus-Diskussion eingerückt, wo sie überhaupt nichts zu suchen hat — wie auch dem oberflächlichsten Kenner des Habermasschen Entwurfs klar sein muß. Diese Geschichtsklitterung muß zitiert werden; ist sie ja zugleich die unscheinbare Weichenstellung für die weitere Polemik:

> »Eine Reihe von Kompromißformeln sind aus dieser Auseinandersetzung hervorgegangen: Die letzte, die unsere besondere Aufmerksamkeit verdient, ist Habermas' Dualismus von Arbeit und Interaktion, der damit nicht nur zwei verschiedene wissenschaftlichen Zugangswege, sondern auch zwei eigenständige gesellschaftliche Handlungsbereiche unterscheidet.« (1, S. 4)

Nach dieser vierfach gefestigten Abwertung der psychoanalytischen Auseinandersetzung mit dem Marxismus wird unser Kritiker persönlich. Bei der Umstilisierung meiner Interaktionstheorie zur Sprachtheorie im Sinne Lacans vermerkt er:

> »Daß Lorenzer hier ›verzichten muß‹, sich mit Lacan auseinanderzusetzen, in dessen Werken manche seiner Argumente sich in nahezu identischer Form wiederfinden lassen, ist dabei wohl nicht nur eine amüsante wissenschaftsgeschichtliche Arabeske. Dieser Verzicht hängt vielmehr wahrscheinlich, wie Lorenzer auch diskret andeutet, mit der ›Herrschaftsausübung der psychoanalytischen Orthodoxie‹ zusammen, die Häretiker wie Lacan am liebsten in ›Gedächtnislöcher‹ verstoßen möchte, ein Vorhaben, mit dem sich Lorenzer ebenfalls diskret zu identifizieren scheint.« (1, S. 5)

Zur sachlichen Stimmigkeit dieses verschwiegenen Lacanbezugs waren in Teil II schon alle nötigen Hinweise gegeben worden. Wulff stellt aber auch die Aussagen zum »Verzicht auf Auseinandersetzung« absichtlich auf den Kopf. In Sprachzerstörung und Rekonstruktion wurden die beiden Gründe, aus denen heraus nicht auf Lacan eingegangen wurde, nämlich ausdrücklich genannt: Zum einen sollte meine Arbeit als Untersuchung der »Praxis der Psychoanalyse« ihr Material aus dem breitesten praktischen *Konsens* nehmen. Zum anderen: Weil Lacan gegenüber so grundlegende Auffassungsdifferenzen im Begriffsgebrauch bestehen, daß sie im Rahmen jenes Buches nicht beiläufig abzuhandeln waren. Daß damit weder im einen noch anderen Differenzpunkt eine pauschale Ausklammerung Lacans erfolgen sollte, ist gleichfalls vermerkt worden. Wenn Wulff diese drei Feststellungen mißversteht, wenn er die jedem Kenner der Lacanschen Arbeiten unverkennbaren Auffassungsdifferenzen zur insgeheimen Lacananeignung verfälscht und meinen Hinweis auf eine *spätere* Auseinandersetzung zur verleugnenden Verketzerung verdreht, so schlägt zumindest in diesem Punkt Wulffs projektive Verzerrung des gegnerischen Konzepts um in eine *absichtlich-bewußte* Unterstellung. Die Eindeutigkeit meines Textes, aus dem Wulff seine »diskreten Andeutungen« schöpft, belegt dies schlagend. Ich rücke die ganze Stelle im Vorwort zu »Sprachzerstörung und Rekonstruktion« ein: »Bei einem Autor wie Lacan soll begründet werden, weshalb er übergangen werden muß: Obwohl er zweifellos gerade für das vorliegende Verständnis der psychoanalytischen Operation als eines Sprachprozesses von Bedeutung ist, so läßt sich doch nicht übersehen, daß Lacan in grundlegenden Punkten (wie der Einschätzung von Es und Ich-Psychologie) eine gegenüber den anderen Analytikern (und, wie ich meine, auch gegenüber Freud) abweichende Auffassung vertritt. Die — zweifellos fruchtbare — Auseinandersetzung mit Lacan muß einer späteren Arbeit vorbehalten bleiben.« (6, S. 14f.)

Zumindest hier haben wir also eine Stelle, an der die Inkriminierungsabsicht offen ins Bewußtsein durchschlägt. In der Tat ist es eine zentrale Schaltstelle der Wulffschen »Argumentation«. Er eröffnet sich damit nämlich in einem Zug drei strategische Schachzüge, deren Folgenschwere wir durch seinen ganzen Aufsatz verfolgen können:

1. Der Gegner soll hier als wissenschaftlich unglaubwürdig entlarvt werden, seine Unredlichkeit soll in der Art seiner betrügerischen Zitierweise nachgewiesen werden. (Man erinnere sich, daß das Verschweigen benutzter Quellen so sehr als eine Grundsünde wissenschaftlicher Arbeit gilt, daß dazu in jeder Dissertation eine eidesstattliche Erklärung abverlangt wird).

Bemerkenswert ist, daß hier Wulff ganz offen ein Inkriminierungsschema benützt, das schon immer im politischen Kampf der Reaktion seinen festen Platz hatte. Um nur auf zwei Beispiele zu verweisen: Auf die »Entlarvung« falschen Zitierens in Holz' Leibnizbuch durch den »Bund Freiheit der Wissenschaft« — öffentlich breitgetreten von

Herrn Löwenthal — und auf die Brentanosche Arbeit »Wie Karl Marx zitiert«. So unterschiedlich die drei Attacken auch sind, die Absicht der Herren Löwenthal, Brentano und Wulff ist genau dieselbe: Die gegnerische Auffassung wird durch die Beseitigung der wissenschaftlichen Glaubwürdigkeit des Gegners vorab rationaler Auseinandersetzungen diskreditiert.

2. Wulff verfolgt dabei aber noch ein anderes Ziel: Der psychoanlytischen Erkenntnisbildung soll insgesamt ein deformiertes Erkenntnisinteresse unterschoben werden: Wenn psychoanalytische Argumentationen unmittelbar im Dienst der Befestigung der »Herrschaftsausübung der psychoanalytischen Orthodoxie« stehen, so versteht sichs von selbst, daß eine derart korrumpierte Wissenschaft im Dienst von Herrschaftsinteressen und deren Kampf gegen die Wahrheit steht.

3. Wenn innerpsychologische Auseinandersetzungen Ausdruck eines Herrschaftskampfes sind, ist die Sachhaltigkeit solcher Auseinandersetzungen gewiß nichtig. Aus diesem Schluß aber erwächst Wulff eine überaus fruchtbare Basis für seine weitere Polemik: Alle psychoanalytischen Schuldifferenzen sind belanglos. Als These formuliert: Alle Psychoanalytiker sind gleich. Wir werden sehen, daß eben dies das tragende Fundament der weiteren Wulffschen Angriffe ist.

Wulff verfährt bei seinem Nachweis der Psychoanalyse als Herrschaftswissenschaft nämlich strikt nach dem Mechanismus der *Verdichtung*, Nicht-zusammengehöriges wird unter dem Druck seiner unbewußt-emotionalen Argumentationstechnik auf den gleichen Nenner gebracht und d. h. als zusammengehörig ausgewiesen. Diese Verdichtung bildet die rechte Gleitschiene für einen weiteren, gleichfalls aus der Traumlehre bekannten Abwehrmechanismus, nämlich den der *Verschiebung*, Wulff verfolgt dabei das Ziel: Reaktionäre Praxis einer (von Wulff unter Psychoanalyse subsumierten) Gruppe kann unbeschadet aller grundlegenden Differenzen als die »gesellschaftliche Praxis« (S. 6) allen Gruppen, insbesondere aber jenen, die Wulff von Anfang bis zum Schluß aufs Korn nimmt, nämlich den »linken Spielarten der Psychoanalyse« angelastet werden. Ich möchte die Taktik der Verdichtung am Wulffschen Text ausführlich belegen:

1. Auf Seite 10 ruft Wulff in unmittelbarem Anschluß an seine verzerrte Kritik der Interaktionstheorie die Uralt-Deutungen von La-

forgue, Merloo, Glover und Kolnai ins Gedächtnis. Er unterschlägt nicht nur die Differenz der Grundauffassung, sondern er suggeriert in der Vokabel »ersetzt« einen inneren Zusammenhang zwischen diesen Autoren und den »linken Spielarten«.

»Diese Ideologie ersetzt eine inzwischen obsolet gewordene andere, die gesellschaftliche Konflikte auf *individuelle* unbewußte Prozesse zurückzuführen versuchte: danach erschien das Kapital als ›Funktion unbewußter Schuldgefühle‹, die Polizei als Funktion sadistischer Regungen der Polizisten (Laforgue), der Krieg als Folge individueller, unbewußter Aggressivität (Merloo, Glover). Im gleichen Zusammenhang beschrieb Kolnai den Anarchismus als Regression auf ›Brüderlichkeit‹ angesichts verdrängten Vaterhasses und verdrängter libidinöser Regungen gegenüber der Mutter, während der Kommunismus seiner Meinung nach erklärt werden muß als Produkt ›einer sozialen Regressionstendenz in Richtung der Mutter, durch den primitiven Vater hindurch, im Angriff auf die heutige, viel sublimiertere Äußerung der Vaterimago.« (1, S. 10)

Das Zitat legt nahe: Wenn die Interaktionstheorie als »Ideologie« (1, S. 10) solchen Unsinn »ersetzt«, erwächst sie offensichtlich auf dem gleichen Grund.

2. Unmittelbar danach zitiert Wulff Sullivan. Zwar erwähnt er im gleichen Aufsatz Marcuses Kritik an den »Kulturisten«, kennt also genau (genau?) die grundsätzliche Differenz dieser »psychoanalytischen Revisionisten« und ihres — Triebpsychologie wie gesellschaftliche Bedingtheit auf eine flache Milieuproblematik reduzierenden — Konzeptes der Psychoanalyse gegenüber. Dennoch rückt Wulff einen Hauptführer dieser nicht-psychoanalytischen Sozialpsychologie, eben Sullivan, in die Reihe psychoanalytischer Stimmen ein im Zitat:

»Später führte Sullivan, entsprechend seiner ich-psychologischen Angst/Sicherheit/Dichotomie, die ›Lösung von früheren Bindungen‹ bei Linken auf das Erleiden ›großer Unsicherheit‹ zurück und bescheinigte den Menschen, die sie vollziehen, sie verhielten sich ›außer im Umgang mit ihren radikalen Genossen‹ so, als hätten sie den ›psychopatischen Persönlichkeitstyp erworben‹. (1, S. 10)

Die Vermischung von Psychoanalytikern und Kulturisten wird noch befestigt indem nun plötzlich Kolnai (wie fraglich Kolnai als psychoanalytischer Autor auch sein mag) und Sullivan zusammen präsentiert werden:

»Kolnais und Sullivans Versuche, auf diese Weise die Diffamierung der Anarchisten, Kommunisten und übrigen ›Rebellen‹ zu erreichen, sind ja schon kurz erwähnt wurden« (1, S. 15).

3. Schlimmer noch treibt Wulff es im nächsten Zugriff. Er präsentiert die Auslassungen des Kulturisten Slote zu Lasten der Psychoanalyse. Dieses Zitat muß wegen der Perfidie, aus seiner Verdichtungsstrategie einen Verschiebungsgewinn zu erzielen, im vollen Wortlaut zitiert werden:

»Aktueller allerdings in dieser Hinsicht sind die Arbeiten von Walter H. Slote von der Columbia-Universität in New York. Ihm ging es darum, die Entstehung des revolutionären Bewußtseins im Auftrag einer von der US-Regierung bezahlten Forschungsfirma, Simulmathics, zu untersuchen. ›Soziale Faktoren... die aus den Menschen dort Revolutionäre machen‹ waren für Slote dabei ›ein Problem außerhalb der Zielsetzung unserer Studie‹. Seine Aufgabe war es lediglich, ›psychologische Phänomene zu bewerten‹. Damit war die Wirklichkeit für Slote, einen Psychoanalytiker Sullivanscher und Frommscher Prägung, zwar nicht in die Vorgeschichte, aber in einen anderen Zuständigkeits- und Verantwortungsbereich abgeschoben, um dessen Bearbeitung er sich selbst nicht mehr zu kümmern brauchte. Es ging ihm also nicht um die philosophische, sondern um die praktisch-institutionelle Abstrahierung von ›Interaktionsphänomen‹, die nun teils es-psychologisch, teils ich-psychologisch erklärt werden konnten. Auf diese Weise kam er zu dem ›Ergebnis‹, die ›Dreiheit von verschobenem Elternhaus, ungelösten Abhängigkeitsbedürfnissen und Geschwisterrivalität konstituiere den psychologischen Kern des Anti-Amerikanismus in Vietnam‹. Seine ›Quellen‹ sahen dabei folgendermaßen aus: die Wut eines buddhistischen Studenten über einen Stromausfall, den dieser auf Überlastung des Netzes wegen allzuvieler Klimaanlagen der US-Besatzungskräfte zurückgeführt hatte, deutete Solte aus der Tatsache, daß im Interview zuvor vom Vater des Studenten die Rede gewesen war, den dieser haßte, mit dem er nun aber — Slote zufolge — den amerikanischen Gesprächspartner identifizierte. ›Er ging soweit, buchstäblich zu sagen, kein Amerikaner dürfe sich in vietnamesischen Städten aufhalten, sie sollten an die Front und zwischendurch in isolierte Enklaven. So entwickelte er seine Anklage, bis sie jeden Schein der Logik verloren hatte.« (1, S. 15)

4. Nachdem Wulff jedes Augenmaß verloren hat und seine Leser gewiß genügend verwirrt hat mit seiner Verdichtungstaktik, kann er dazu übergehen, psychiatrische Auslassungen der Psychoanalyse zuzurechnen. Man lese zunächst die Stelle:

»Man könnte meinen, ein derartiger Unfug bedürfe keines weiteren Kommentars und es handle sich hier um eine vereinzelte Entgleisung. Derartige wissenschaftliche Verblendungen sind aber häufiger, als man glaubt. ›Auf einer Tagung, die kürzlich von einer amerikanischen Stiftung veranstaltet wurde..., wurden — ›streng vertraulich‹ — psychiatrische Portraits der gegenwärtigen chinesischen Führer herumgereicht, die diese als Paranoiker beschrieben. Auf diese Weise wurde ›wissenschaftlich‹ demonstriert, daß man von einem Paranoiker nur Furchtbares und Bedrohliches zu erwarten habe. Hier und da fiel die Bemerkung, daß die

Anwesenheit von US-Truppen rund um China nicht gerade als ein Freundschaftsbeweis der Amerikaner gegenüber dem chinesischen Volk gelten könne. Das wurde jedoch als Propaganda zurückgewiesen.« (1, S. 15f.)

Wenn man feststellen muß, daß Wulff die bei Pirella genannte Quelle verschweigt, und wenn man diese Quelle als das »Journal of Psychiatry« (seit wann ist die Psychiatrie — Wulffs eigenes Metier! — mit der Psychoanalyse identisch?) ermittelt, dann haben wir hier wiederum eine Stelle vor uns, an der die unbewußte Argumentationstaktik in die bewußte Diffamierung umschlägt. Die »Verdichtungsarbeit« ist so weit fortgeschritten, daß Wulff das *Vorurteilsgefüge* für tragfähig genug halten kann, unbedenklich seine Unterstellungen vor aller Augen aufzubauen und zu präsentieren.

In der Tat ist hier der Verdichtungsprozeß im Dienste der Vorurteilsbildung auf jenem Höhepunkt angekommen, an dem Wulff glaubt, die Früchte dieser Verdichtung in einer kühnen Verschiebung einheimsen zu können: Unmittelbar nach dem Musterbeispiel psychiatrischer Volksverdummung kann Wulff die angehäufte Abneigung der Leser umleiten auf einen »Psyche«-Autor, auf Pohlen: (1, S. 16)

»Auch psychiatrische bzw. psychoanalytische Deutungen der Studentenbewegungen ähnlichen wissenschaftlichen Niveaus wurden verschiedentlich gegeben, z. B. von M. Pohlen in der *Psyche*«.

Den ganzen Gewinn seiner Verdichtungs- und Verschiebungstaktik aber sucht Wulff einzuholen, indem er nun zu einem vollen Schlag gegen die von ihm — man muß wohl nach alledem sagen — »gehaßte« Interaktionstheorie ausholt. Der Schlag unter die Gürtellinie rationaler Argumentation soll die Interaktionstheorie als Kernideologie US-imperialistischer Praktiken denunzieren:

»Solche pragmatischen Verselbständigungen von Sach-, Wissens- und Handlungsbereichen (man könnte hier auch sagen: von ›Arbeit‹) — dem Krieg und den Polizeitechniken — und ›Interaktion‹ — den ›Gefühlen‹ der von Slote verhörten Gefangenen und Rebellen — haben die USA in Vietnam zur Perfektion entwickelt. Dies geht u. a. auch aus den Protokollen der Internationalen Kommission zur Untersuchung der US-Kriegsverbrechen in Oslo (20. bis 24. 6. 1971) deutlich hervor. So kann zum Beispiel S. Huntington die Ausbombung und Zwangsevakuierung der vietnamesischen Landbevölkerung als fortschrittsträchtige ›Urbanisierung‹ analysieren, so kann ein ›Phoenix‹-Agent, der Verdächtigenlisten zusammenstellt, sich der Illusion hingeben, die Polizei werde Schuldige und Unschuldige voneinander trennen und nicht einfach alle ermorden, so kann der folternde Verhöroffizier meinen, er bekomme überhaupt nur Schuldige vorgeführt. Ein Pilot kann sich einbilden, seine ›Koordinaten‹ seien wirklich geprüfte militärische Ziele, der Beobachter, der sie als verdächtig ausgemacht hat, der Divisionsstab werde schon zu klären wissen, was sich dort verbirgt. Dies sind zwar Beispiele aus einem ganz anderen Bereich. Man könnte versuchen, diese Vorgänge unter dem Stichwort Arbeitsteilung zu fassen. Jedoch nicht die Arbeitsteilung als solche, sondern die ›technologische‹ Isolierung jedes einzelnen Wissens- und Handlungsbereiches aus seinem gesellschaftlichen und politischen Zusammenhang in völlig geschiedene Verantwortungs- und Zuständigkeitsbereiche von Arbeitstechniken erfüllt hier die ideologische Funktion einer technologisch-bürokratischen Verdrängungshilfe. Genauer gesagt: die psychologische Operation der Verdrängung wird durch die Bestimmung der Arbeit als eines Spektrums von nur fachbezogenen Arbeitstechniken, des Krieges als einer Summe von spezialistisch bearbeiteten Kriegstechniken auf der einen Seite, der Gefühle, Leidenschaften und Affekte, die dabei entstehen, als ›Interaktion‹ auf der anderen überflüssig; sie ist in das System der spätkapitalistischen Organisation sozusagen schon hineininstitutionalisiert.« (1, S. 16f.)

Die irrationalen Mechanismen der Verdichtung und Verschiebung haben ihr Werk getan bis zu einer fatalen Begriffsverzerrung, für die es nur einen Vergleich gibt: Wulff hat seine »Psychoanalysekritik« als Polemik gegen die Versuche, Psychoanalyse in der Dimension einer Sozialwissenschaft zu entfalten, bis zu jenem »Argumentationsniveau« getrieben, auf dem sich üblicherweise die reaktionäre Gleichsetzung von Sozialismus und Faschismus zu tummeln pflegt. So wie da mit konkretistischen Übereinstimmungen in Verleugnung der Kontextdifferenz und des gänzlich anderen Begriffsrahmens gearbeitet wird, so wie da irrationale Projektionen bis zur Verkehrung ins Gegenteil mit Verdichtungen und Verschiebungen als Scheinargumentation aufgebaut werden, geht auch Wulff vor. Das Ganze läuft beidemal — in der antikommunistischen Kampagne wie in Wulffs Psychoanalysekritik — auf die Ausbildung eines geschlossenen Vorurteils hinaus, das an die Stelle einer rationalen Auseinandersetzung gerückt wird.

»Vorurteilsbildung« aber hat stets eine Gruppenfunktion, signalisiert ein partikularisiertes Gruppeninteresse, das sich gegen rationale politische Prozesse durchsetzen will. Welches Interesse steckt hinter dem bei Wulff zum Vorschein kommenden Vorurteil? Aus der Ersetzung »dialektischer Argumentation« durch eine Vorurteilsbildung (mit irrationaler Abgrenzung der eigenen Gruppenidentität und Kanalisierung aggressiven Unbehagens auf einen Gegner) kann ein Interesse schon namhaft gemacht werden: *Dogmatische Affirmierung des eigenen Standpunkts.* Was »Dogmatismus« inhaltlich hier bedeutet, soll im nächsten Abschnitt erörtert werden.

III

Im ersten Abschnitt haben wir den Inhalt des Wulffschen Aufsatzes untersucht und dabei eine gezielte Pervertierung von »Kritik« in Stoßrichtung auf das, was Wulff die »linken Spielarten von Psychoanalyse« genannt hat, gefunden. Diesen Befund bestätigte uns die Analyse seiner »Argumentationstaktik«. Die als Vorurteilsbildung zu identifizierende, formal irrationale Strategie hat nicht nur ihren Ansatz und wichtige Gelenkstellen in der verzerrten Auseinandersetzung, sondern führt auch in gezielter »Feinderklärung« darauf zurück.

Diese Feststellungen finden eine interessante Ergänzung in einem Aggressionsgefälle. Wulff nimmt die folgende Differenzierung vor:

Von jenen »linken Spielarten von Psychoanalyse«, die mit »konterrevolutionärer Praxis« unmittelbar identifiziert werden, grenzt Wulff Gruppendynamiker und Institutionsberater ab, demgegenüber er einen auffallend veränderten Ton anschlägt:

»Daß linke Institutionsberater dabei proklamieren, es gehe vor allem um Unterstützung von Gruppen in ›strukturell ungünstiger Lage‹ — etwa Assistenten, Pfleger im Krankenhaus, Schüler oder Studenten —, die versuchen, Veränderungen durch einen Machtkampf ›von unten‹ zu initiieren, ist zweifellos begrüßenswert. Es sollte diese Berater aber nicht von der Frage entbinden, wer dafür bezahlt, wenn sie Wert darauf legen, ihre eigene Rolle dabei durchsichtig zu machen. Denn der Wert größere Autonomie stimulierender, größere Sensibilität erzeugender Ergebnisse gruppendynamischer Techniken sollte nicht naiv hingenommen werden.« (1, S. 7)

In diesem Zusammenhang dürften auch die an späterer Stelle eingefügten, in ihrer abstrakten Vagheit und Unverbindlichkeit nachgerade »traktätchenhaften« Äußerungen im Ton einer wohlwollenden Ermahnung gehören:

»Dabei ist es *nützlich,* den Fortschritt einer Wissenschaft stets kritisch im Zusammenhang mit ihrer Finanzierung zu sehen, d. h. mit ihren Geldgebern, weil daraus manchmal auch ihre gesellschaftlichen Ziele deutlich werden.« (1, S. 18) (Hervorhebung von mir, A. L.)

Auffallender noch als die Veränderung im Tonfall dieser, nicht mit der inkriminierten Interaktionstheorie bzw. »kritischen Theorie des Subjekts« im Zusammenhang stehenden Gruppierung gegenüber ist der — um weitere Grade noch — gewandelte Ton jener Psychoanalyse gegenüber, die wir unter dem grobklassifizierenden Etikett »herkömmlich-individualpsychologische Methode« zusammenfassen können. Schon eingangs heißt es: Hingegen

»von der Psychoanalyse als Fachwissenschaft, als psychotherapeutische Methode, soll hier nicht weiter die Rede sein. Daß sie im therapeutischen Arsenal der Psychiatrie eine wichtige, wenn nicht sogar entscheidende Rolle spielt, kann keinem Zweifel unterliegen. Die Veränderung des Klimas und die Humaniserung des Umgangs mit psychisch Kranken in einigen psychiatrischen Institutionen ist vor allem ihr zuzuschreiben.« (1, S. 1)

Mit anderen Worten, Psychoanalyse, die allen Versuchungen, den subjektivistischen Rahmen einer Individualtherapie in sozialwissenschaftlicher Perspektive ihres Theorie-Praxis-Verhältnisses zu sprengen, widersteht und im Gehäuse einer medizinischen Disziplin verbleibt, findet Wulffs Billigung. Die im herkömmlichen medizinischen Rahmen verharrende Psychoanalyse erhält auch am Ende des Aufsatzes ihre ausdrückliche Approbation. Ja, unter diesen Umständen — in Verbindung mit dem medizinischen Gesundheits- bzw. Pathalogieverständnis — wird sogar der für Wulff sonst obsolete Begriff »Interaktion« tolerabel. So schreibt Wulff von denjenigen,

»deren Leiden an der Mechanik der Ausbeutung schließlich doch — in welcher Form auch immer — die Bewußtseinsgrenze erreicht hat und die deshalb Hilfe suchten: Bei der Psychoanalyse. Rat und Hilfe — auf der Ebene der ›Interaktion‹ und der ›Pathalogie‹ — sollte von fortschrittlichen Psychoanalytikern natürlich nicht versagt werden. Diese hätten aber — solidarisch mit ihren lohnabhänigen Klienten oder Patienten — während der ›Institutionsberatung‹ wie bei der ›Therapie‹ die Aufgabe, Konflikte und Symptome konkret mit der gesellschaftlichen Wirklichkeit verbunden zu sehen.« (1, S. 20f.)

Wie Psychoanalyse als medizinische Disziplin — ohne eine weitergetriebene Reflexion auf ihren sozialwissenschaftlichen Status — im Rahmen ihres bisherigen Kategoriensystems es vermöchte, »Konflikte und Symptome konkret mit der gesellschaftlichen Wirklichkeit verbunden zu sehen« ist freilich Wulffs Geheimnis. Allerdings aber wird mit dieser Billigung den brav im Gehäuse der gewohnten Kategorien verbleibenden Psychoanalytikern eine Auflage fürs Wohlverhalten gemacht:

»ebenso wie sie sich als Wissenschaftler gegen alle Theorien zur Wehr setzen müßten, die versuchen, den Zusammenhang menschlicher Praxis als gesellschaftlicher Produktion in verdinglichte bzw. mystifizierende Technik auf der einen und idealistische Interaktion auf der anderen Seite aufzulösen. Wer die Wirklichkeit — in welcher Form auch immer — aus dem Arbeitsfeld der Psychologie vertreibt, verrät ebenso den kritischen wie den humanistischen Anspruch, unter dem die Psychoanalyse ebenso wie jede Wissenschaft vom Menschen steht.« (1, S. 21)

Dieser Schluß des Wulffschen Artikels erledigt jeden Zweifel, wo sein Feind zu suchen ist. Nicht im Bereich der traditionellen, wohl aber dem der »kritischen Theorie«, nicht bei denen, deren Praxis sich abseits der Psychoanalyse-Marxismus-Diskussion in Bahnen bewegt, für die sich eine Reflexion auf den wissenschaftstheoretischen Status von Psychoanalyse ebenso erübrigt wie eine metatheoretische Bestimmung ihrer Praxis in einer Perspektive, die Lebensgeschichte im Zusammenhang geschichtlicher Bewegung begründet zu sehen versucht.

Dieses eigenartige Stillhalte-Angebot ist bemerkenswert. Unter einem Schleier marxistischer Gemeinplätze wird einer Psychoanalyse, die das bleibt, was sie bisher notwendig nur sein konnte, nämlich eine »bürgerliche Wissenschaft vom Subjekt« eine *Koexistenzofferte* gemacht. Lasse man sich nicht von den marxistischen Vokabeln täuschen. Wulff gibt in seiner Arbeit nicht den leisesten Anhalt — abgesehen von abstrakten Postulaten — wie auf einem anderen als dem von uns eingeschlagenen Weg eine Kritik der Psychoanalyse zu leisten wäre. Wenn wir als das richtungsweisende Paradigma einer kritisch-dialektischen Aufarbeitung einer bürgerlichen Wissenschaft Marxs Kritik der politischen Ökonomie nehmen, dann wird deutlich, daß Wulff eine derartige Transformation nicht nur verfehlt, sondern sie überhaupt nicht wünscht. Hätte Wulff die Psychoanalyse in Bausch und Bogen als Humbug, als eine der kritischen Aufarbeitungen im Marxschen Sinn gar nicht würdige Wissenschaft ausgegeben, so wäre seine Darstellung halb so entlarvend. Aber gerade seine Affirmation des bestehenden kategorialen Rahmens einerseits und seine — formal als undialektisch-dogmatische Argumentation zu kennzeichnende — Polemik gegen die Versuche, eine Kritik der Psychoanalyse zu betreiben, offenbaren, daß seine Angriffe auch *inhaltlich als dogmatisch-revisionistisch* zu begreifen sind.

Schon die Untersuchung der Wulffschen Argumentationstechnik hatte uns klarmachen können, daß sein Angriff auf die „Frankfurter Psychoanalytische Schule“ und die damit zusammenhängende Psychoanalysekritik keine »kritische« Auseinandersetzung, die notwendig dialektisch zu führen wäre, ist, sondern eine mit den Mitteln bewußter wie unbewußt verzerrender Denunziation der gegnerischen Position geführter »dogmatischer Exorzismus« (9).

Seine Koexistenzofferte gegenüber einer auf den herkömmlichen kategorialen Rahmen als Therapie sich beschränkenden Psychoanalyse aber macht inhaltlich eindeutig, wogegen der Exorzismus gerichtet ist. Die — nicht neue — Denkfigur, daß — wie Helmut Dahmer schreibt — der gesellschaftskritische Impuls der Psychoanalyse »als phantastischer Übergriff in das Reich der Gesellschaftstheorie... (verworfen)... und allenfalls der Kliniker und Therapeut Freud (mit gewissen Vorbehalten) akzeptiert wird« verrät, wogegen die Polemik sich richtet, gegen das »kritische« Moment, gegen die Beunruhigung, die eine in dieser Dimension ernst genommene Psychoanalyse »jedem Dogmatismus bereitet« (9).

Wulff geht jedoch darüber hinaus und verdeutlicht damit die insgeheime Intention: Indem er den aufs medizinische Geschäft sich beschränkenden Klinikern und Therapeuten sein Koexistenzangebot macht, wird seine Polemik auch politisch durchsichtig: Die Abqualifizierung des Ansatzes einer »Kritik der Psychoanalyse« zum »Revisionismus« verrät sich selbst als revisionistisch-anpassungsbereit. Das soll heißen: Die gezielte Wendung gegen einen, die medizinische Bornierung sprengenden Ansatz in der Psychoanalyse gibt nicht nur für die psychoanalytische Diskussion das kritische Moment preis, sondern wehrt diesen, die Methode des historischen Materialismus kennzeichnenden Impuls generell ab. Eben dies ist — inhaltlich hier ausweisbar — Dogmatismus, ist volle Anpassungsgeste ans Bestehende.

Nun sind wir in unserer Analyse der Wulffschen Argumentation verschiedentlich auch den Bewußtseinsfiguren begegnet, die solchen Rückfall in dogmatische Positionen entsprechen. Um nur nochmals das eine — naiv aufschlußreiche — Detail unter die Lupe zu nehmen: Wenn Wulff von der »zweifellos richtigen... Erkenntnis, daß erst in der sprachlichen Symbolbildung die Regungen des Unbewußten vergesellschaftet werden« spricht, so läßt dieser Standpunkt nur zwei Möglichkeiten zu:

Entweder 1.: die sprachidealistische Begründung, derzufolge Vergesellschaftung an den Sprachstrukturen hängt. Diese werden dann ahistorischtranskulturell gedacht, womit unterstellt wird, daß menschliche Handlungen, die in den Sprachsymbolen als Handlungsanweisungen gründen, ein von gesellschaftlicher Praxis entferntes Reich geistiger Figuren bilden. Diese Lösung trifft das von Lurja und Judowitsch (10) gegen Chomsky ins Feld geführte »Idealismusverdikt.«
Oder aber 2.: die Vergesellschaftung wird abhängig gesehen von Strukturen des Unbewußten, aus denen die Sprachbedeutung »erwächst«. Auch dann wird menschlicher Praxis ein Fundament unterschoben, das der vom historischen Materialismus in den Mittelpunkt gestellten »geschichtlichen Praxis« voranginge. Dies läßt sich zwar auch im Sinne eines naiven Materialismus interpretieren. Nur, die Formbestimmung der Vergesellschaftung verschöbe sich hier von der historischen materialistischen Basis auf eine Naturdialektik, die die Perspektive des historischen Materialismus in sich aufsog und vernichtete. Sozialisationstheorie — und darüberhinaus Gesellschaftstheorie — geraten so auf einen Fundamentalismus, der die Wahrheit nicht mehr im geschichtlichen Prozeß sucht, sondern abseits davon in geschichtsunabhängigen Strukturen. Dies trifft für die »idealistische« wie die »materialistische« Variante solcher »Vergesellschaftungstheorie« zu. Beide sind metaphysisch-fundamentalistisch.

Es ist nun bemerkenswert, wie genau die Wendung gegen die Methode einer kritischen Aufarbeitung der Einzelwissenschaft »Psychoanalyse« mit dem geheimen metaphysischen Fundamentalismus der Theorie bei Wulff korrespondiert. Um es gegenüberzustellen:

a) Zur Methode: Psychoanalyse soll bleiben wie sie ist, eine bloß fachwissenschaftliche Methode (1, S. 2). Sie soll nur in *dezisionistischer* Wendung von »fortschrittlichen Psychoanalytikern« so angewandt werden, daß diese die Aufgabe »solidarisch mit ihren lohnabhängigen Klienten oder Patienten — während der ›Institutionsberatung‹ wie bei der ›Therapie‹ — Konflikte und Symptome konkret mit der gesellschaftlichen Wirklichkeit verbunden zu sehen«, erfüllen würden. Das nenne ich links-verbrämten Positivismus.

Was Wulff vorschwebt, ist in der Tat eine positivistisch fixierte Psychoanalyse, die als erklärende Psychologie sich beliebig in eine dogmatisch erstarrte Gesellschaftslehre einfügen soll. Kein Zufall, daß seine marxistischen Lehrstücke abstrakte Deklamationen sind.

Kein Zufall, daß das, was Wulff präsentiert, ideologische Figuren sind. Machen wir sie namhaft: Anstelle einer Auseinandersetzung mit der gegnerischen — seine Auffassungen von subjektiven Faktoren störenden — Analyse der subjektiven Bildungsprozesse tritt eine Immunisierungstaktik, wie sie uns von der Vorurteilsbildung bekannt ist.

b) Zur Theorie: Sozialisation soll aus einem Unbewußten erwachsen, dem entweder Sprache idealistisch aufgestülpt wird oder das, abgelöst von der historischen Dialektik der Praxis des Gesamtarbeiters, aus sich Handlungsentwürfe und Sprachfiguren hervortreibt. Dies fällt hinter die positivistische Enthaltsamkeit von »Geschichte« zurück auf eine Naturmetaphysik, die sich mit dem Pragmatismus der Methode vereinen läßt in der ideologischen Abwehr der historisch-materialistischen Perspektive.

Daß der wissenschaftstheoretisch-abstinenten Transponierung der »einzelwissenschaftlichen« Methode der Psychoanalyse ein Begriffskonkretismus entspricht, ist nicht verwunderlich: Interaktion bedeutet für Wulff (bei Habermas, bei Parsons oder bei uns) jeweils das gleiche, nur weil es eben dasselbe Wort ist. Scheuen wir uns nicht, diese Denkregel zu verallgemeinern: So ist »Gesellschaftstheorie« bei Marx und bei Parsons auch dasselbe?

Nur an einer Stelle wird der Begriffskonkretismus plötzlich gelüftet: Am Ende seines Aufsatzes adaptiert sich Wulff selbst schüchtern die verpönte Vokabel »Interaktion« — in Anführungsstriche gesetzt. So einfach ist also das Geschäft der »Kritik«: statt einer kritischen Aufarbeitung der für Praxis und Theorie einer Wissenschaft bestimmenden Kategorien tun 's ein paar Ausführungsstriche.

Fassen wir unsere Analyse zusammen: Das Verderbliche an der Wulffschen Polemik ist nicht, daß Wulff eine Psychoanalysekritik unsystematisch und ohne Tiefgang anlegt, das könnte durchaus fruchtbare Anstöße für das außerordentlich notwendige Unternehmen einer »Kritik der Psychoanalyse« abgeben. Verderblich ist vielmehr, daß er diese Kritik zu verhindern trachtet, indem er anstelle einer — nur dialektisch zu bewältigenden — Diskussion mit allen Mitteln ein Diskussionsverbot, einen Exorzismus einsetzt. Im selben Maße aber, indem er »Psychoanalyse« festzuschreiben sucht, enthüllt sich seine eigene Position als dogmatisch — was nur der Inhalt zur Form ist: Dogmatismus ist innerhalb einer marxistischen Diskussion diejenige Position für die der kritische Impuls, den Marx entfaltet hat, zur traditionellen Theorieform geronnen ist.

Seien wir hier genau: Dogmatismus ist nicht das, was er im Selbstverständnis derer, die diese Fluchtburg beziehen, zu sein scheint, nämlich orthodoxe Bere'tschaft, radikal zu denken und an der Einheit von Theorie und Praxis festzuhalten, er ist vielmehr die Absicherung der Theorie gegen jene Beunruhigung, die Kritik im Marxschen Sinne hervorruft.

Hier ist offensichtlich auch der Punkt erreicht, der uns klarmachen kann, welchen Zweck die ins Auge springende Immunisierungsstrategie bei Wulff und seinesgleichen hat: Die Angst davor, die *konkreten subjektiven Strukturen — als Niederschlag der gesellschaftlich bedingten eigenen Sozialisation — in Frage zu stellen* und die Notwendigkeit eines kritisch-hermeneutischen Verfahrens zu akzeptieren. Nicht von ungefähr hält Wulff an der alten psychiatrischen Entgegensetzung von Arzt und Patient fest. Die alte bürgerliche Attitüde der Überlegenheit in den Vokabeln »Rat und Hilfe« (1, S. 21) (erwachsen auf einem mehr als verdächtigen Begriff von »Gesundheit und Krankheit«) verdeutlichen das. Hier schlägt auch alles revolutionäre Getue unmittelbar um in unverblümte Anpassungstaktik: Das Unbehagen an den gesellschaftlichen Widersprüchen ist distanziert zur »Diagnose«, die allenfalls bei *anderen* Leiden ausmacht. Das Dilemma der in gängigen »bürgerlichen« Sozialisationsprozessen um die Möglichkeit solidarischen Handelns verkürzten Intellektuellen wird greifbar: Die von Psychoanalyse in Gang gebrachte Reflexion auf *eigene* Störung, auf die beschämende Einsicht in die mit dem intellektuellen »Führungsanspruch kontrastierende Defizienz der eigenen einsozialisierten Interaktionsformen wird objektivistisch abgewehrt. Die Abwehr einer aus der Psychoanalysekritik hervorgehenden kritisch-hermeneutischen Problematisierung des subjektiven Faktors findet sich kennzeichnenderweise aber nicht nur bei den Dogmatikern. Sie ist — vom Dogmatismus bis zum unverbindlichen-theorielosen Anarchismus — offenbar das sozialisationsspezifische Merkmal intellektueller Abwehrstrategen, deren Profil Klaus Horn am Michelschen Dossier herausgearbeitet hat. Ohne meinerseits ausführlich auf dieses Material einzugehen, möchte ich doch ein Detail herausheben, weil es einen so bestechenden Parallelbeleg zur Wulffschen Taktik bildet.

In seinem Dossier stellt Michel das »Capitalinterview« eines Managers »dessen Fallbericht« unterm Titel »Psychoanalyse als Karrieretraining« gegenüber. Bemerkenswert an der Gegenüberstellung ist zweierlei:

Die im Text präsentierte Angabe der »Quelle« — »zitiert in: Alfred Lorenzer, Sprachzerstörung und Rekonstruktion . . .« (11) — erscheint in einer Weise, die jedem Leser den Eindruck vermitteln muß, der Patient sei von mir analysiert worden. Dabei weiß Michel (der mein Buch seinerzeit als Lektor zu besorgen hatte) wie jeder andere Leser dieses Buches genau, daß keines meiner Beispiele aus eigener Analyse stammt. Weshalb dieser seltsame Irreführungsversuch?

Warten wir ab, er wird noch deutlicher: Der Sitzungsbericht wurde bei mir nämlich keineswegs als Fallbericht oder gar als Verlaufsbericht vorgestellt, sondern dient zur Illustration eines bestimmten methodischen Vorgehens, nämlich der »Wie« und »wie damals Deutung«. Eine derart — zu einem bestimmten Zweck ausdrücklich-isolierte analytische Episode als Verlaufsbericht einer Analyse auszugeben ist nicht mehr bloß versuchte, sondern absichtlich in Szene gesetzte perfekte Irreführung. Diese Irreführung wiegt umso schwerer als Michel aus Gründen, die hier nicht zu erörtern sind, durchaus die ideale Möglichkeit gehabt hätte, auf den vollen und detaillierten durchgearbeiteten Verlaufsbericht des betreffenden Analytikers zurückzugreifen statt jene Episode dafür auszugeben. Nur, die Denunziation einer *kritischen Auseinandersetzung mit Psychoanalyse als gleichwohl dem* »*Karrieretraining*« *dienendes Verfahren* wäre dann entfallen. *Diese* Denunziation aber ist, wie die Übereinstimmung von Wulff und Michel zeigen, offensichtlich tragender Zweck des Unternehmens. *Nicht der Entfaltung einer Psychoanalysekritik, sondern deren Verhinderung* dient der Angriff. Die Vehemenz wie auch die irrationale Form der Angriffs legen im Falle Michel wie im Falle Wulff bloß, daß hier der »wunde Punkt« der an bürgerlichen Strukturen fixierten Intellektuellen — gleich welcher Gruppierung — liegt. Die eigenen Strukturen sollen festgehalten werden durch alle Transformationsprozesse hindurch. Die eigene Widersprüchlichkeit soll aus den *subjektiven* Anforderungen des Klassenkampfes herausgehalten werden. Die Bereitschaft, sich selbst zu problematisieren, die in der Studentenbewegung die »hedonistische Linke« ausgezeichnet hatte, soll im Nebenbei berechtigter Kritik an ihr wieder zum Verstummen gebracht werden.

Literaturhinweise

(1) *Wulff, Erich:* Psychoanalyse als Herrschaftswissenschaft, Kursbuch 29, 1972.
(2) *Lorenzer, Alfred:* Symbol, Interaktion und Praxis, in: Lorenzer, Dahmer, Horn Brede, Schwarzenberg: Psychoanalyse als Sozialwissenschaft. Suhrkamp-Verlag, Frankfurt, 1971, (es 454).
(3) *Lorenzer Alfred:* Zur Begründung einer materialistischen Sozialisationstheorie, Suhrkamp-Verlag, Frankfurt, 1972.
(4) *Lorenzer, Alfred:* Über den Gegenstand der Psychoanalyse oder: Sprache und Interaktion. Suhrkamp-Verlag, Frankfurt, 1973 (es 572).
(5) *Habermas, Jürgen:* Erkenntnis und Interesse, Suhrkamp-Taschenbuch, Frankfurt, 1973, Nachwort, S. 382.
(6) *Lorenzer, Alfred:* Sprachzerstörung und Rekonstruktion, Vorarbeiten zu einer Metatheorie der Psychoanalyse. Suhrkamp-Verlag 1970.
(7) *Lorenzer, Alfred:* Kritik des psychoanalytischen Symbolbegriffs. Suhrkamp-Verlag, Frankfurt, 1970 (es 393).
(8) *Ehlich, Konrad u. Martens, Karin:* Sprachbehandlungstheorie und double-bind. Manuskript.
(9) *Dahmer, Helmut:* Wilhelm Reich. Seine Stellung zu Freud und Marx. Psyche XXVI, 1972, S. 208.
(10) *Lurija, A. K. und Judowitsch, F. Ia:* Die Funktion der Sprache in der geistigen Entwicklung des Kindes. Düsseldorf, 1970.
(11) *Michel, Karl Markus:* Dossier: Auf der Couch (und dahinter), Kursbuch 29, 1972.

Klaus Horn

Die theoretische Abschaffung des Subjekts in Form seiner selbstzerstörerischen Wiederkehr

Schwierigkeiten linker bürgerlicher Intellektueller im organisierten Kapitalismus

> »Wenn ein oder mehrere Vorurteile eines Menschen noch nicht unsittlich machen, dies vielmehr wesentlich vom Verhältnis der Individualität zur Totalität, von den Folgen und den Motiven des Vorurteils abhängt, warum behaupten wir dann, daß das Vorurteil, abstrakt betrachtet, *immer* moralisch schlecht sei.
> *Weil jedes Vorurteil die Autonomie des Menschen behindert,* d. h. seine relative Freiheit im Hinblick auf die Wahl vermindert, indem es die reale Alternative des Individuums verzerrt und dadurch einengt.«
> Agnes Heller, Über Vorurteile, in Alltag und Geschichte, Neuwied und Berlin 1970, S. 61.

I

Anhand des von Karl Markus Michel zusammengestellten »Dossiers«, des längsten Teils der Anklageschrift gegen die Psychoanalyse im Kursbuch 29, (Berlin 1972), sollen Problemzusammenhänge gezeigt werden, die für die gegenwärtige sozialwissenschaftliche Diskussion von Belang sind, weil sie, in Marcuses Sinn, etwas über das »Veralten der Psychoanalyse« (1963) und das heißt: etwas über den Untergang der bürgerlichen Form des Subjekts aussagen. Linke bürgerliche Intellektuelle führen diesen Sachverhalt in Gestalt der Denunziation der therapeutischen Praxis einer kritischen Theorie des Subjekts vor. Ich werde versuche, diese Sprache der Diffamierung noch einmal zum Sprechen zu bringen.

Wegen der Länge notgedrungen selektiv, wird die Beweisführung des »Dossiers« gegen die Angeklagte Psychoanalyse geprüft; da es sich, wie zu zeigen sein wird, beim »Dossier« um die Unterlage zu einem Schauprozeß handelt, könnte auch eine Würdigung aller expliziten Vorwürfe keine wirklich neuen Beweisgesichtspunkte, sondern nur bereits analysierte Modi des Perhorreszierens wiederholt zum Vorschein bringen. Wie sich herausstellen wird, kann von Beweisführung im strengen Sinn überhaupt nicht die Rede sein; es geht um Denunziation. Dossiers haben diese Funktion. Einige Modi der Denunziation werden vorgeführt. Wenn es nicht um immanente Kritik, sondern um Diffamierung geht, muß es vermittels der Kritik des Dossiers möglich sein, auf die Frage nach den Gründen dieses Schauprozesses eine Antwort zu erhalten. Diese Frage stellt sich dem unweigerlich, der gewöhnt ist, in wissenschaftlichen Texten[1] eine explizite und stimmige Beweisführung zu finden und, sofern diese Erwartung enttäuscht wird, nach systematischen Gründen und Strukturen der Unstimmigkeit zu fragen. Unter der Überschrift — auf das Motto komme ich später zurück — »Auf der Couch (und dahinter)« sammelt Karl Markus Michel als »Dossier« Informationen von Patienten und Therapeuten über die Angeklagte, deren Namen mit Psychoanalyse angegeben wird; ins Feld gezogen wird allerdings — mit wichtigen weiteren Einschränkungen — nur gegen deren therapeutisch-praktische Seite. Sie soll zur Anpassungstechnik verkommen sein (S. 23), ihr wird »Mystifikation« (passim) vorgeworfen. Die Angeklagte hat eine geheime Macht, die sie »suggestiv« ausübt (passim); damit bedroht sie laut Dossier insbesondere eine Art homo scribens, indem sie den Patienten »mit den anderen ›Symptomen‹ auch (den) Antrieb zur schriftlichen Mitteilung... weganalysiert «(S. 23). Diese Einlassung der Anklageschrift gilt allerdings auch der Begründung der Dürftigkeit der Beweisführung, die sich, z. T. was Patienten betrifft, auf eigens für den Dossier-Zweck gemachte Interviews stützt, weil Analysierte offenbar in der beschriebenen Weise behext von der Couch steigen — noch viel behexter: Einige der Interviewten sprechen für die Angeklagte; dazu später.

Mystifikation, Suggestion, ja Gewalt soll im Spiel sein — der Prozeß fordert also öffentliches Interesse. Der Modus der Beweisführung und der berüchtigte gute Wille werden expliziert: »Wenn Freud und vielen seiner Nachfolger hier subjektiv Unrecht getan wird, dann in Absicht, ihrer objektiven Bedeutung gerecht zu werden« (S. 26). Das ist ein offenes Wort.

II

Die Unzahl der Irrtümer, Entstellungen und nicht sachlich abgesicherten Invektiven macht es schwierig, über die Länge der detaillierten Prüfung des Dossiers zu entscheiden. Die einen mögen dies, andere jenes einer Richtigstellung wert halten. Und doch ist diese Auseinandersetzung richtiggehend langweilig, weil dabei nichts Neues, gar keine wirkliche Kritik der Psychoanalyse herausspringt, sondern nur verschiedene Formen von Wahrnehmungsstörungen, die beim Beweissammeln aufgetreten sind, korrigiert werden müssen, um überhaupt erst einmal die Angeklagte sichtbar werden zu lassen hinter dem so unheimlich drohenden wie mächtigen, und zugleich als nichtig und lächerlich hingestellten Buhmann. Die Auseinandersetzung mit dieser Art der Beweisführung gewinnt nur Sinn, wenn der Versuch unternommen wird, einige wichtige Prinzipien, nach denen das Dossier geklittert wurde, sichtbar zu machen. Zeugen werden zitiert, die nicht in den Prozeß gegen Psychoanalyse gehören; Details werden aus dem Zusammenhang gerissen, aufgebauscht und, da sie durch ihren Kontext nicht mehr geschützt sind, uminterpretiert, auch geradezu ins Gegenteil, wenn es nur der vorgefaßten Meinung der Häscher ins Konzept paßt. Die Ankündigung, daß »Freud und vielen seiner Nachfolger hier subjektiv Unrecht getan wird, ... in der Absicht, ihrer objektiven Bedeutung gerecht zu werden«, versteht man nach eingehender Lektüre der Unterlagen des Schauprozesses so: Im Interesse einer höheren Sache kann auf besondere Sinnzusammenhänge keine Rücksicht genommen werden.

Sucht man das Prinzip, nach welchem die als Beweise zitierten Verlautbarungen zum Thema »Die Technik (Pflicht und Kür)« (S. 47ff.) gesammelt werden, kommt auf den ersten Blick der Begriff »dilettantisch« der geleisteten Arbeit am nächsten. Die jüngste namentlich gekennzeichnete Äußerung zur psychoanalytischen Technik stammt aus dem Jahre 1964. Sie ist nicht aus psychoanalytischer Feder, wie die Hälfte der zur Beweisführung herangezogenen Stellen von einem ordentlichen Gericht überhaupt nicht zugelassen würden, weil gerade in der Technik die psychotherapeutischen Schulen ihre entscheidenden theoretischen Differenzen praktizieren.[2] Nur ein Zitat aus dem Jahre 1957 und wenige Passagen (Glover 1955) aus dem einzigen Technik-*Buch* – auf welche Michel offenbar durch die Besprechung eines Nichtpsychoanalytikers aufmerksam wurde, die er zitiert, — stammen aus der Feder von Psychoanalytikern im engeren Sinne, also von Mitgliedern der Internationalen Psychoanalytischen Vereinigung. Nicht, daß der Dossierist das nicht wüßte; wie er dieses Problem abtut ist für den Duktus dieser Prozeßführung wichtig. Ich komme darauf zurück.

Der Beweissammler ist nicht nur an falsche, er ist auch an verstaubte Regale geraten: offenbar verfügt er zufällig über eine PSYCHE — Jahrgang 1954/55, der für Dossiers freilich den Vorteil hat, daß die heute auf Psychoanalyse spezialisierte Zeitschrift noch »Menschenkunde« im Untertitel führte. Die »Mystifikation« insbesondere der psychoanalytischen Situation, die für Karl Markus Michel offenbar herausspringen muß, wurde von niemandem anders als von ihm selber produziert. Man wird sagen, daß der Anspruch gegenüber einer Beweisschrift nicht so weit getrieben werden muß, daß man verlangt, eine Kritik psychoanalytischer Technik müsse anhand einiger entsprechender Standardwerke (oder wenigstens eines) abgehandelt werden: ich vertrete aber diese Ansicht, weil ich meine, daß anders jede Kritik auf den Hund kommen muß. Wenn — was ich ebenfalls für angemessen halte — die spezifische Praxis einer Wissenschaft, hier besser: die Theorie der Technik für das Ganze dieser Wissenschaft geradezustehen hat, dann endet aber auch jede Selbstbescheidung der Kritik auf Beiläufiges, Zufälliges und Mißverstandenes mit der Selbstkastration der Kritik. Bibliografische Aufgaben hätten ein Ortsgespräch gekostet. Ja noch nicht einmal: Das Verlagshaus, für welches der Autor des Dossier unter anderem arbeitet, hat in jüngster Zeit einige Bücher veröffentlicht, die seiner Aufmerksamkeit zwar nicht entgangen sind, die er aber nur beiläufig und mit dem Gestus des Kenners kokettierend erwähnt. In diesen spielt die Frage nach der psychoanalytischen Technik insofern eine zentrale Rolle, als ein Zentrales ausdrücklich von der Frage ausgeht, was denn der Psychoanalytiker macht (Lorenzer 1970).

Angesichts so vieler Fragwürdigkeiten des Anklageverfahrens, auch angesichts dieser Vermeidungsstrategie stellt sich eher die Frage nach der Möglichkeit einer systematischen Störung der Sinne, als daß man an eine Schlamperei der billigen Eintrittspreise für diesen Schauprozeß noch glauben kann.

Wo das Zentrum psychoanalytischer Praxis — die Deutung — in der Anklageschrift an der Reihe ist, wird die Akte besonders undeutlich. Ohne besonderen Unterschied wird innerhalb eines Satzes und in den berüchtigten distanzierenden Gänsefüßchen, die einen rationalen Kommentar und entprechende Praxis, wie bekannt, letzten Endes doch nicht ersparen können, von »›Kommunikation‹ zwischen Arzt und Patient (therapeutischer Prozeß als ›dialogisches Geschehen‹) und der ›Begegnung‹ zwischen Arzt und Patient (›Heeling through meeting‹), die heute das Feld beherrschen«, geschrieben und dies alles über den Leisten Psychoanalyse geschlagen — in Wahrheit ein Schuh für einen Pferdefuß, damit bei der Teufelsaustreibung wenigstens die Kostümierung stimmt. Während kommunikationswissenschaftliche Ansätze entweder aus der von Psychoanalyse beeinflußten dynamischen Psychiatrie viel, z. B. über die Differenz zwischen Beziehungs- und Inhaltsaspekt gelernt haben (Watzlawik u. a 1969) oder ein anderer solcher Ansatz den psychoanalytischen Dialog als den Reflexionsdialog par excellence begreift (Badura 1971) und auch die Psychoanalyse selber (im engeren, nicht im Michelschen Sinn) dem Begriff Dialog entgegen seiner umgangssprachlichen Verbrauchtheit in der Tat einen aufklärenden Sinn beistellen kann (Spitz 1964, 1965, 1972), ist im Dossier sowohl die unmittelbare Benachbarung von »Psychoanalyse« mit dem ausgelaug en Begriff »Begegnung« (alle Zitate S. 47f.) als auch dem, was die Encounter-Bewegung in ihrer schillernden Ein- und Vielfalt daraus gemacht hat (zur Kritik vgl. Horn [2]1973), Infamie — so ist man auf den ersten Blick versucht zu sagen, wenn man Naivität und Dilettantenwerkelei ausgeschlossen hat. Daß die bei Michel zitierten Positionen als zwischen »rein technischen Auskünften ... und mystisch-biologischen Verlautbarungen« stehend hingestellt werden, erweckt nur den Schein zureichender Information und wissenschaftlicher Redlichkeit; die Infamie bedarf der Erklärung.

Es sieht nach einer aktiv betriebenen, gezielten Entstellungs- und Vermeidungsstrategie aus, die nicht etwa im psychologisierenden Sinne als individuell lebensgeschichtlich-systematisch bedingte zu begreifen wäre, sondern als die Abwehrstrategie einer Gruppe in einer für sie prekären objektiven Situation. Alexander Mitscherlich (1970) hat die auf nebelhaften Vorstellungen über Psychoanalyse beruhende Ablehnung sowohl mit Attitüden in Zusammenhang gebracht, die in Deutschland aufgrund seiner Sozialgeschichte besonders tradiert werden — und davon kann gerade die linke Intelligenz nicht ausgenommen werden — als auch mit der gesamtgesellschaftlich geförderten Abneigung gegen Selbstreflexion. Die Abwehrstrategie könnte im Sinne der Konsistenztheorien verstanden werden: Dissonanzen, welche ins Blickfeld geraten, werden abgeblockt, indem die Wege als unbegehbar (für einen, der vor allem der *objektiven* Bedeutung von Psychoanalyse gerecht werden will) geschildert werden.

Es geht um eine Form konservativen Illusionismus. Eine Wissenschaft und Praxis, die eine Methode der Selbstreflexion repräsentiert, wird diffamiert. Die mystifizierende Darstellung[3] der psychoanalytischen Kur dient der Aufrechterhaltung einer Form der Nostalgie, besser: es ist eine Form der Nostalgie bürgerlicher linker Intellektueller, die Erinnerungen an bessere Zeiten des Subjekts sich nicht zusätzlich trüben lassen wollen durch eine Form der Selbstreflexion, die notwendig auf die gesellschaftlichen Verhältnisse zurückführt. Sie sehen ihre welthistorische Vermittlerrolle zwischen Geschichtsmetaphysik und anderen wild gewordenen Begriffen einerseits und den Unterdrückten andererseits gefährdet, welche sie aus der Vogelperspektive des Weltgeistes betreiben. Sie stellen sich nun in die Tradition jener, die das Scheitern solcher Pläne dem subjektiven Faktor und der Wissenschaft, die ihn zum Gegenstand hat, anlasten. Der wichtige Prozeß der Desillusionierung, der im gleichen Periodikum auf der objektiven Seite (Kursbuch 30, Berlin 1972) verdienstvoll vorangetrieben wird, indem man den Sozialismus als Staatsmacht zeigt, ergreift die Wissenschaft vom »subjektiven Faktor« in einer Weise, die ihr den Garaus machen möchte. Die lärmreichen Gefechte, die großenteils an einer Kulissenfront stattfinden, dienen der Verteidigung des historisch in Frage gestellten bürgerlichen Subjekts gegen die Methode, von der es nur kritisiert wird, wenn es einwilligt, gegen psychoanalytische Therapie. Das ist aber gerade der Ort, wo — ganz gegen alle Zeichen der Zeit — noch Menschen mit dem Ziel miteinander intensiv sprechen, daß einer von ihnen, der sich selber als jemand definiert hat, der von seiner Vergangenheit behindert wird, sich davon emanzipiert. Was aber zur Sprache kommt und wovon Therapie emanzipieren kann, ist gegenüber den historischen Kränkungen des Subjekts durch den fortschreitenden Prozeß der Rationalisierung der Lebenswelt vergleichsweise nichtig[4]. Die Aufklärung hinderlicher Lebenslügen verunsichert dennoch passager — und noch mehr Verunsicherung, Desillusionierung ist unerträglich. Das mag ein Moment sein, welches veranlaßt, im Kursbuch Psychoanalyse zu perhorreszieren. Natürlich kann Psychoanalyse das bürgerliche Subjekt nicht wieder in seine Rechte einsetzen, solche Ziele hat diese Therapie auch nicht im Ernst gehabt. Sie ist aber die empirische Basis für systematisierbare Erkenntnisse darüber, wie weit entfernt von jenem Richtwert die Geschichte auf der Subjektseite bereits ist. Das ist freilich ein Angriff auf politischen Illusionismus und überlieferte Ideale.

Es gibt wahrscheinlich schlechte oder faule Therapeuten (so wie es schlechte und faule Kritiker gibt), und wer wird jene verteidigen wollen, die wirklich stundenlang nichts als Schweigen oder »Hm« produzieren. Aber mit Hilfe einer Reihe höchst unterschiedlicher Splitter aus Interviews mit Patienten (S. 50f.) und auf der Basis des soeben skizzierten Technikunverständnisses — wenn auch mit der Einschränkung »scheint« — zu postulieren, daß dieses Hm, dieses »Nichts, dieses höchstens monosyllabisch phrasierte Schweigen des Analytikers (...) der wahre Motor des analytischen Prozesses zu sein (scheint)«, »das Konstituens jener ›neuen Wirklichkeit‹, von der Görres spricht« (S. 51) — dazu bedarf es einer Interpretationskunst, die sich von der postulierten mangelnden des soeben genannten Therapeuten nur dadurch unterscheidet, daß sie ihre Dürftigkeit in viele Worte, in des Michels viele Worte kleidet.

Am besten demonstriert ein Freud-Text und die Art seiner Verwendung im Dossier selber, wer da in Unterhosen und deshalb mit dem Gestus des Kaisers in neuen Kleidern einherstelzt. Es geht darum, daß Michel Freud unterstellt, dieser habe auf gesellschaftliche Unterstützung für die Psychoanalyse gehofft und deren dann erst mögliche Erfolge ganz offen und zynisch für die der empfehlenden gesellschaftlichen Autorität ausgegeben. Michel beschreibt (im Anschluß an ein Zitat aus dem 1969 in Salzburg erschienenen Buch über »Technik der psychologischen Gesprächsführung«) seine Vorstellungen von psychoanalytischer Therapie so und gliedert das Freud-Zitat in seine Phantasie ein:

»Dann betritt man den heiligen Raum, förmliche Begrüßung, alles ist sehr kühl und disitanziert, Worte werden kaum gewechselt, bevor man auf der Couch liegt, und dann liegt man dort und er/sie sitzt dahinter und macht sich oft lange Zeit nicht bemerkbar... Das äußere Ritual setzt den Rahmen für das innere; die Couch ist der Mittelpunkt dieser Sonderwelt, und sie ist schon von vornherein, durch die öffentliche Erwartungshaltung, stark ›besetzt‹ — Freud sprach 1910 von der ›Autorität‹, ja der ›Suggestion der Gesellschaft‹, die vielleicht einmal (und es ist soweit) die Patienten auf die Couch führen werde: ›unsere Erfolge werden dann Erfolge der Suggestion sein und nicht der Psychoanalyse‹ (GW VIII, S. 110f.) —, man begibt sich also gleichsam in einen Suggestionsfokus... (S. 54).«

Was Freud verabscheute: daß Menschen sich von gesellschaftlicher Autorität und nicht von einer Prüfung der Sache selber überzeugen lassen, unterstellt das Dossier als Hoffnung. Doch wie sieht diese Stelle bei Freud selber aus? In dieser im »Dossier« inkriminierten Stelle gibt Freud auf den Seiten davor — bereits 1910 — einige Details der psychoanalytischen Technik im Hinblick auf unterschiedliche Formen des Leidens, die keinen Zweifel lassen, daß sich die Arzt-Patient-Beziehung in der Psychoanalyse nicht als leidensunspezifisches Ritual bezeichnen läßt, das nur einschüchtert und infantilisiert.

Aber ich will hier keine Technik-Kontroverse vom Zaun brechen, die man mit einem Beweisklitterer in einem Schauprozeß nicht sinnvoll führen kann. Wichtiger ist zu erfahren, daß Freud die Begriffe »Suggestion« und »Autorität« nicht in so unverschämter Weise benutzte. In seiner Arbeit »Die zukünftigen Chancen der psychoanalytischen Therapie« (GW VIII, S. 103–115, hier S. 109–111) schreibt Freud — und ich bringe diese Stelle in aller Ausführlichkeit, um den hier systematisch versagenden Spürsinn und das Umfunktionieren des Sinnes ins Gegenteil mit aller Deutlichkeit hervorzuheben.

»Ich sagte, wir hätten viel zu erwarten durch den Zuwachs an Autorität, der uns im Laufe der Zeit zufallen muß. Über die Bedeutung der Autorität brauche ich Ihnen nicht viel zu sagen. Die wenigsten Kulturmenschen sind fähig, ohne Anlehnung an andere zu existieren oder auch nur ein selbständiges Urteil zu fällen. Die Autoritätssucht und innere Haltlosigkeit der Menschen können Sie sich nicht arg genug vorstellen. Die außerordentliche Vermehrung der Neurosen seit der Entkräftung der Religionen mag Ihnen einen Maßstab dafür geben. Die Verarmung des Ichs durch den großen Verdrängungsaufwand, den die Kultur von jedem Individuum fordert, mag eine der hautpsächlichsten Ursachen dieses Zustandes sein.

Diese Autorität und die enorme von ihr ausgehende Suggestion war bisher gegen uns. Alle unsere therapeutischen Erfolge sind gegen diese Suggestion erzielt worden; es ist zu verwundern, daß unter solchen Verhältnissen überhaupt Erfolge zu gewinnen waren. Ich will mich nicht so weit gehen lassen, Ihnen die Annehmlichkeiten jener Zeiten, da ich allein die Psychoanalyse vertrat, zu schildern. Ich weiß, die Kranken, denen ich die Versicherung gab, ich wüßte Ihnen dauernde Abhilfe ihres Leidens zu bringen, sahen sich in meiner bescheidenen Umgebung um, dachten an meinen geringen Ruf und Titel und betrachteten mich wie etwa einen Besitzer eines unfehlbaren Gewinnsystems an dem Orte einer Spielbank, gegen den man einwendet, wenn der Mensch das kann, so muß er selbst anders aussehen. Es war auch wirklich nicht bequem, psychische Operationen durchzuführen, während der Kollege, der die Pflicht der Assistenz gehabt hätte, sich ein besonderes Vergnügen daraus machte, ins Operationsfeld zu spucken, und die Angehörigen den Operateur bedrohten, sobald es Blut oder unruhige Bewegungen bei dem Kranken gab. Eine Operation darf doch Reaktionserscheinungen machen; in der Chirurgie sind wir längst daran gewöhnt. Man glaubte mir einfach nicht, wie man heute noch uns allen wenig glaubt; unter solchen Bedingungen mußte mancher Eingriff mißlingen. Um die Vermehrung unserer therapeutischen Chancen zu ermessen, wenn sich das allgemeine Vertrauen uns zuwendet, denken Sie an die Stellung des Frauenarztes in der Türkei und im Abendlande. Alles, was dort der Frauenarzt tun darf, ist, der Arm, dem ihm durch ein Loch in der Wand entgegengestreckt wird, den Puls zu fühlen. Einer solchen Unzulänglichkeit des Objektes entspricht auch die ärztliche Leistung; unsere Gegner im Abendlande wollen uns eine ungefähr ähnliche Verfügung über das Seelische unserer Kranken gestatten. Seitdem aber die Suggestion der Gesellschaft die kranke Frau zum Gynälkologen drängt, ist dieser der Helfer und Retter der Frau geworden. Sagen Sie nun nicht, wenn uns die Autorität der Gesellschaft zu Hilfe kommt und unsere Erfolge so sehr steigert, so wird dies nichts für die Richtigkeit unserer Voraussetzungen beweisen. Die Suggestion kann angeblich alles und unsere Erfolge werden dann Erfolge der Suggestion sein und nicht der Psychoanalyse. Die Suggestion der Gesellschaft kommt doch jetzt den Wasser-, Diät- und elektrischen Kuren bei Nervösen entgegen, ohne daß es diesen Maßnahmen gelingt, die Neurosen zu bezwingen. Es wird sich zeigen, ob die psychoanalytischen Behandlungen mehr zu leisten vermögen.

Nun muß ich aber Ihre Erwartungen allerdings wieder dämpfen. Die Gesellschaft wird sich nicht beeilen, uns Autorität einzuräumen. Sie muß sich im Widerstande gegen uns befinden, denn wir verhalten uns kritisch gegen sie; wir weisen nach, daß sie an der Verursachung der Neurosen selbst einen großen Anteil hat. Wie wir den einzelnen durch die Aufdeckung des in ihm Verdrängten zu unserem Feinde machen, so kann auch die Gesellschaft die rücksichtsloe Bloßlegung ihrer Schäden und Unzulänglichkeiten nicht mit sympathischem Entgegenkommen beantworten; weil wir Illusion zerstören, wirft man uns vor, daß wir die Ideale in Gefahr bringen.«

Auf diese Zerstörung der Illusion, die Gefährdung der Ideale werden wir weiter eingehen müssen, wenn wir fragen nach der Funktion dieses unqualifizierten Angriffs auf das, was ein Teil der linken bürgerlichen Intellektuellen für Psychoanalyse hält.

Akten, und schon gar nicht Gerichtsakten, werden nicht nach Gesichtspunkten zusammengestellt, die sich am verlorengegangenen Sinn einer Lebensgeschichte orientieren; das wäre ein neuer Zug gesellschaftlichen Lebens. Akten orientieren sich nicht am Besonderen, sondern an allgemeinen Prinzipien oder solchen, die sich dazu aufgeworfen haben. Wenn ein Archivar, der vor allem Sinn fürs Objektive haben muß, Teile von Reflexionsdialogen liest, welche der Rekonstruktion lebensgeschichtlicher Erfahrung dienen, die verschüttet wurde, dann erscheinen ihm offenbar diese Versuche nur lächerlich und absurd. Die Funktion des »Hm« — das es, wie in der Akte zu recht betont wird, nicht zu mystifizieren gilt, weder in der einen, noch in der andern Richtung — kommt in einem zitierten Therapie-Protokollausschnitt (S. 52) viermal vor; aber seine Funktion ist aus dem Bruchstück nicht zu ersehen, wie selbst der Gang einer Stunde noch wenig über das Gesamtergebnis einer Therapie aussagt. Aber auch dem in dieser Form der Selbstreflexion Ungeübten hätte auffallen können, daß das Hm zwei Seiten später im zitierten Text (Bellak/Small, 1965, S. 419) auch von der Patientin verwendet wird, und zwar in dem Moment, wo ihr mit Hilfe des Therapeuten ein Sinnzusammenhang aufgeht: In der gerade besprochenen aktuellen Situation tauchte szenisch ein Moment auf, in welchem sich die Kränkungen reproduzierten, welche die Patientin im Zusammenleben mit ihrem ersten Mann erlebt hatte. An ihrer »Hm«-Stelle begann die Patientin zu begreifen, wie sehr ihr eigenes Handeln in diesem Kontext von ihrer Vergangenheit determiniert war. Zwar bietet Psychoanalyse keine neue Praxis, aber doch dies; die Mystifikation der Gegenwart durch die unbewältigte Vergangenheit kann durchsichtig werden.

Damit die in der Umgangssprache bleibende Metaebene gegenüber der sich abspielenden Szene eingehalten werden kann, muß der Therapeut zuhören. Er braucht Atempausen, um seine freischwebende Aufmerksamkeit zu strukturieren und kann sich doch nur begrifflich distanzieren, um die Szene in der Szene selber reflektieren zu können. Der vermittels eines Zitats aus Bellak und Small zum Hm-Therapeuten Gestempelte konnte das offenbar, denn für seine Patienten ging aus der auf rund acht Seiten geschilderten Passage — die Teil einer Fünfstundentherapie ist — ein Moment an Selbsterkenntnis hervor. Das Hm des Therapeuten signalisierte offenbar, daß intensiv zugehört wurde, und man könnte meinen der Beweissammler haßt dieses Hm, weil er von seiner Funktion her das gerade nicht kann — er muß ein Dossier anlegen gegen eine kritische Theorie des subjektiven Faktors, die nicht aufklärt, sondern — nur beim »guten Trip« stört. Das scheinen jedenfalls für Karl Markus Michel zwei ganz verschiedene Dinge zu sein. Sehen wir uns an, wie eine weitere Zeugenaussage sich unter der Hand des Vernehmenden gegen das von ihm anvisierte Prozeßergebnis wendet; erinnert sei an die Anklagepunkte »Mystifikation« und »Suggestion«.

In der an das Hm-Zitat aus Bellak und Small anschließenden Passage aus dem Interview mitThomas L. (S. 53) zeigt sich zunächst die fokusierende Wirkung des Hm, die dem Angebot eines projektiven Tests gleicht: Es setzt sich gegen den Willen und die Interpretation des Schergen als aufklärendes Element eines längeren Interaktionsgefüges in der analytischen Situation durch. Ich hätte nie für möglich gehalten, daß diese in einem Schauprozeß hochgespielten zwei Buchstaben (im Original bei Bellak/Small sind es drei: Hmm) so ironisch und desillusionierend wirken können, wie das Dossier es Thomas L.

schildern läßt. Wie schon (S. 50f.) die Sätze aus dem Interview mit Wolf D. zeigten, wird der Patient in der Tat auf sich selber zurückgeworfen und mehr als dieses Bei-sich-selbst-Anlangen, bei seiner eigenen Geschichte und deren Reaktualisierung — und die Reflexion darauf kann die psychoanalytische Therapie zunächst auch nicht sein. Das ist sie allerdings in einer Weise, die den Dossieristen so beunruhigt wie den Patienten, der »echte Vibrations« der Konfrontation mit der Realität offenbar vorzieht:

»Manchmal hab ich lange Zeit gar nichts gesagt, und er hat natürlich auch nichts gesagt oder hat höchstens mal so einen Brummlaut von sich gegeben, so ein Hm oder Mm, und wenn du sonst nichts zu hören bekommst, gewinnt so ein präverbaler Laut natürlich ein ungeheures Gewicht; ich meine, du legst dann, je nach deiner Stimmung, alle möglichen Bedeutungen hinein: das klingt manchmal väterlich, dann wieder drohend oder lockend oder einfach nur brummig und gelangweilt... Und wenn du dich gerade beschissen fühlst, ist es oft wie kalter Hohn und macht dich wütend oder läßt dich in ein Loch fallen. Aber wenn du auf einem guten Trip bist, dann hast du vielleicht das Gefühl, du kommunizierst mit jemand, auch wenn du gar nichts sagst und der andre nur mal Hm macht oder so — da gibt es echte Vibrations, oder du bildest dir das jedenfalls ein, bis du dann durch ein neues Hm, auf das du nicht gefaßt warst, wieder zurückgeworfen wirst auf deine Couch...« (S. 53).

Daß die psychoanalytische Form der Empirie mehr ist als nur dieser desillusionierende Dialog — nämlich das empirische Moment einer materialistischen Theorie des Subjekts, ist — wie auch die Funktion dieser Theorie — später noch eingehend zu zeigen. Jedenfalls weiß der Mann des Dossier, wie der Prozeß ausgehen muß. Deshalb kann er den Zeugen nicht zuhören, wie der Therapeut seinen Patienten zuhören können muß, wenn er nicht in einer »apostolischen« Funktion ihnen gegenüber auftreten will, wie Michael Balint (1964) von Ärzten sagt, die immer alles schon zu wissen meinen, was der Patient als einziger ihnen erst erzählen kann. Im Dossier steht, in unwissentlicher Ahnung des Sachverhalts, deshalb ganz richtig: »Die Analytiker wissen nichts. Aber sie wissen alles besser« (S. 56) — allerdings nur, insofern sie zuhören können. Es ist auch angemessen, daß im Dossier der zweite, mittlere Satz von drei notwendigen fehlt; denn eine nicht unangemessene umgangssprachliche Beschreibung psychoanalytischer Therapie könnte lauten: »Analytiker wissen zunächst nichts (über den Patienten). In der Beziehung zu ihnen agiert der Patient sein Selbstverständnis und die Formen seiner Interaktion. (Unter einen spezifischen Aspekt) aber wissen sie dann (nicht) alles besser.« Eine methodisch geregelte und auf spezifische Interaktionsaspekte angelegte Besserwisserei wie die Psychoanalyse in der analytischen Situation, ist zwar eine bescheidene, weil eben — zunächst — nur auf dieses eine Leben bezogene Form der Aufklärung, aber sie hat entschiedene Vorzüge gegenüber beredsamer partieller Erfahrungsunfähigkeit, in der stillgestellt und auf Vorurteile zurechtgestutzt werden soll, was sich ihnen entzieht.

Die Schranken sinnvoller, auf Kritik zielender Interpretationsregeln waren bereits verlassen worden; jetzt zeigt sich noch deutlicher, daß andere gelten. Weil zu viele Zeugen vernommen werden, die zur Sache wenig aussagen können, fühlt selbst der Scherge der Anklage, daß er dazu Stellung nehmen muß. Einem Zitat, in welchem (ausdrücklich) ein Psychiater so deutet, wie mit der Psychoanalyse in Berührung kommende Laien es gerne tun, die, im szenischen Verstehen ungeübt, in jedem spitzen Gegenstand auf ihre eigenen Kosten immer nur noch einen Penis und in jedem hohlen nur noch eine Vagina sehen können, folgt dann diese Passage: »›Das war kein richtiger Analytiker‹, werden die richtigen Analytiker sagen. Zugegeben. Aber die außergewöhnlichen Fälle werfen, wie wir von Freud wissen, so ein erhellendes Licht auf die gewöhnlichen, und Freud reichten bekanntlich schon ein oder zwei Fälle, um eine Regel davon abzuleiten...« (S. 55). Diesen Demagogen muß man Dossiers zusammenstellen lassen, er beherrscht das Metier der Diffamierung, in welchem auf Dummheit spekuliert wird, die nicht nur, wie Landauer (1929) zeigte, eine psychosexuelle Genese, sondern auch, wie schon die alten Agitationsanalytiker aufwiesen (Loewenthal/Gutermann 1966), eine reaktionäre gesellschaftliche Funktion hat. Nimmt man die Analogie, die Karl Markus Michel konstruiert, ernst, dann ist für ihn dynamische Psychiatrie nur die Steigerungsform der Krankheit Psychoanalyse. Karl Kraus hatte ähnliches als Bonmot behauptet; die Anklageschrift läßt sich diesen Zeugen auch nicht entgehen.

Das dem Vorurteilsdenken eigentümliche vorrationale Einverständnis bedarf keiner Beweisführung, und auch die widersinnigste Argumentation kann deshalb als solche akzeptiert werden. Die magische Geste des »Zugegeben« macht nichts wett, weil die Voraussetzungen der Analogie ungeklärt, bloß Behauptung bleiben. Raffiniert ist, daß der Schein der Selbstreflexion erweckt und damit Einwände gegen den falschen Zeugen beschwichtigt werden sollen. Damit wird aber gerade blockiert, was sachgerecht geklärt werden müßte: Ob tatsächlich, und wenn ja, welche und warum Überreste aus dem von der klassischen Psychiatrie vollzogenen Verhältnis der Gesellschaft zu ihren »Geisteskranken« in die psychoanalytische Praxis überkommen sind.

Was jenes verdinglichte Symbolverständnis des Psychiaters, welches seiner Patientin nichts einbringt als unfruchtbare Konsternierung (ein Beispiel, das im Originaltext bei Bellak und Small selber nur Material ist und kritisiert wird, denn die Patientin berichtet in der Kurztherapie darüber), für das Verständnis und die Kritik von Psychoanalyse anders fruchtet als die Erkenntnis, daß es eben nicht um psychoanalytische Technik sich handelt, bleibt rätselhaft — wenn man nicht auf die vorrationale Ebene der Verständigung per Ressentiment als Erklärung für diesen Widersinn rekurrieren will. Das commonsense-Verständnis des Deutens möchte mit einem objektivierten Symbolkatalog arbeiten; man glaubt, mit einem solchen Bildercode sicher zu sein, daß, insofern ein Patient »Messer« sagt, er unbewußt todsicher »Penis« meint. Diese Spiele haben aber keine Beziehung zum «szenischen Verstehen« (Lorenzer, 1970) der Psychoanalyse, auch nicht gradueller Art, und deshalb läßt sich auch Freuds (und nicht nur seine) Annahme, daß die außergewöhnlichen, die Extremfälle, ein »erhellendes Licht« (was sonst für eins) auf die gewöhnlichen werfen, hier nicht sinnvoll einführen. Jener objektivistische Symbolkatalog des von der Patientin zitierten Psychiaters hat mit lebensgeschichtlich entstandener Sprachverwirrung und dem psychoanalytischen Verfahren ihrer Aufhebung so viel zu tun wie traditionelle Theorie mit kritischer.

Der Abschnitt des Dossiers über die analytische Situation (S. 35 ff.), insbesondere über die Deutung birgt (S. 55–64) viele Ebenen der Diskussion des Problems, die allerdings nicht auseinandergehalten und deshalb auch nicht miteinander vermittelt werden können. Das bereits hinsichtlich seiner Verwendung als Beweisstück gegen Psychoanalyse kritisierte Bruchstück einer Passage aus der fünfstündigen »Kurzpsychotherapie einer depressiven Patientin mit Suicidneigung. Ein wortgetreues Behandlungsprotokoll.«, (Bellak/Small, 1965, S. 327–472), zwei weitere Psychotherapeutenselbstdarstellungen und drei Patientenäußerungen beziehen sich auf die empirisch-lebensgeschichtliche Funktion der Deutung in einer spezifischen analytischen Situation; mit MacIntyre (S. 61) zeiht das Dossier das psychoanalytische Verfahren zugleich der Mystifikation und führt das Denkmodell des Zuschreibungsprozesses, der Namensgebung des Unbekannten ein; schließlich ist auch die von der Anklage bezweifelte Wirksamkeit von Psychotherapie nicht zum ersten Mal und vor allem nicht zum ersten Mal im Kontext zugleich betriebener Strukturveränderungen gesellschaftlicher Art (vgl. z. B. Lerner 1972) geprüft worden; weiter wird das analytische Verfahren als lerntheoretische Psychosynthese und Anpassungstechnik hingestellt[4a]; im Kontext des Problems »Deutung« wird auch gegen Immunisierungsstrategien argumentiert, welche wissenschaftliche Schulbildungen allgemein und womöglich die Psychoanalyse besonders deutlich entwickeln; auch die Geschichte der psychoanalytischen Technik wird erwähnt und Veränderungen, welche sich dementsprechend im Verständnis der Deutung ergeben haben; und, ohne zu wissen, wovon er redet, bringt der Aktensammler auch das wichtigste, nicht mit der Geschichte der analytischen Technik identische Thema der historischen Veränderung ihres Gegenstandes, das in dieser Metakritik besonders hervorgehoben werden soll, weil es mit der zentralen Gestörtheit der Beweisführung der Anklage im Zusammenhang steht — das Dossier ist ein monströses Durcheinander wichtiger Fragestellungen, deren Beantwortung jedoch verstellt wird.

Zunächst sind noch einige Worte angebracht zur Fülle der auf diesen neun Dossier-Seiten zusammengepferchten Probleme des psychoanalytischen Verfahrens. Wer in irgendeiner Funktion Manuskripte zu beurteilen hat, wird bisweilen in Verlegenheit gebracht, wenn mit wenigen gut gemeinten Sätzen viele wichtige Probleme zur Sprache gebracht, apodiktisch gelöst und in einen Zusammenhang gestellt werden, der die objektive Verwirrung steigert, statt an irgendeiner Stelle neues Licht auf eine Sache zu werfen. Manchmal genügt es, das im betreffenden Manuskript angelegte Problembewußtsein zu differenzieren und Vorschläge zur Reduktion der Mannigfaltigkeit der Problemstellung zu machen, welche den Autor in Teufels Küche bringen. Oft muß man aber einsehen, daß diese polymorphe Art des Argumentierens gerade nicht Liebe zum Problemlösen ist, sondern das Gegenteil: Man will in einer Manier, die auf den ersten Blick sich an die Regeln zu halten scheint — aber eben nur auf den ersten —, man will in der Maske wissenschaftlicher Redlichkeit querfeldein und reinen Tisch machen. Reinen Tisch machen heißt, übertragen auf Dossiers, welches gerade im Deutungskapitel nur so durch die Probleme torkelt: Dieses Aufhebens, das um den subjektiven Faktor, um lebensgeschichtliche Narben und die psychoanalytische Form ihrer therapeutischen Aufhebung gemacht wird, ist die ganze Sache nicht wert. Das sind nicht die wahren Probleme, das ist Mystifikation und ideologisches Zeug. Zwar gibt es viele Einschränkungen der Anschuldigungen vermittels »scheint« und anders, aber die adäquate Einschränkung hätte bei ernst zu nehmender kritischer Absicht eher darin gelegen, diesen Schein zu durchstoßen und wenige Fragen systematisch zu klären oder ein Buch, Bücher zu schreiben.

Die angeschnittenen Fragen sollen aber offenbar gar nicht durchargumentiert werden. Die polymorphe Argumentation ist einesteils gewiß auf Unkenntnis der Materie zurückzuführen. Jedoch ist sie — wie die falschen Zeugen — auch eine Strategie, die einmal Souveränität gegenüber den Problemen vortäuschen und zum anderen die Antwort erschweren soll. Denn hier liegt keine wissenschaftliche Diskussion vor, in der von unterschiedlichen Interpunktionen her, aber eben doch solidarisch im Hinblick aufs Problemlösenwollen scharf argumentiert wird, sondern es geht in diesem Schauprozeß von Anbeginn um den Schuldspruch »irrelevant«, der auf dem Wege über »Mystifikation« und ähnliches als eine Art Gnade-vor-Recht-Akt angestrebt wird — denn die Angeklagte hatte immerhin gewisse Verdienste, wie man sich erinnert. Die Verurteilung zur Irrelevanz soll erreicht werden, weil angesichts der Probleme des gesellschaftlichen Ganzen und dieser Vermittlung menschlichen Elends individuelle Gefangenschaft in Geschichte als »kümmerlich« wahrgenommen wird. Psychotherapie dreht an einer Schraube, die keine ist und sich auch nicht dreht, obgleich etwas locker ist. Der Erfolg therapeutischer Beschäftigung mit diesem Kümmerlichen wird dementsprechend geschildert: Im Fall des Fünfstundentherapieerfolges der bei Bellak und Small beschriebenen, zu Suicid neigenden Patientin wird zunächst alles behavioristisch verkürzt, ja noch nicht einmal in diesem Sinne die äußerlich beschreibbaren Veränderungen in Kleidung und in den Aktivitäten der Patientin vollständig mitgeteilt, weil das womöglich innere Veränderung signalisieren könne (vgl. dagegen Bellak/Small 1965, S. 469ff.); die Anklageschrift registriert nur — als ob das nichts wäre: »Kurz, alle brüllen, tagaus, tagein, und dann bebekommt sie plötzlich die Möglichkeit, einmal ein paar normale Worte zu wechseln, über sich zu reden mit jemandem, der ihr zuhört, auf sie eingeht: das stabilisiert sie, gibt ihr ein bißchen Selbstvertrauen und die Kraft, ihren Mann zum Kauf eines (modernen, fast unsichtbaren)

Hörgeräts zu bewegen — und schon ist alles besser. Die ›Therapie‹ war erfolgreich.

Das Beispiel steht für Millionen andre. Es deutet auf das kümmerliche Elend, das nach therapeutischer Behandlung schreit. Das noch lauter nach sozialer Veränderung schreit, wenn auch in einer individualistisch verkrümmten Sprache. Mit privater Verdrängung hat das wenig zu tun. Viel aber mit gesellschaftlicher Regression. Jene ist nur ein Symptom, das durch Suggestion behandelt werden kann. Diese ist der Krankheitsherd, der nur revolutionär ausgeräumt werden kann.« (S. 62)

Der in der Psychoanalyse verbreitete und zu kritisierende Psychologismus — ätiologisch nicht über den Rand der Familiengeschichte hinauszuschauen — schlägt hier ins Gegenteil um: Die Sphäre des Psychischen wird angesichts der Möglichkeit revolutionären Aufräumens überhaupt nicht mehr als eine Größe sui generis betrachtet. Die kritische Argumentation, daß das Subjekt heute nur noch Durchgangsstation fürs Allgemeine sei, wird hier positiv gewendet, die Bedeutung der Verminderung der lebensgeschichtlichen Kosten einer potentiellen Selbstmörderin und die entsprechende Methode als irrelevant herabgesetzt. Diese Argumentation mit dem Alexanderschwert schafft alle jene bereits eroberten Vermittlungen zwischen Gesellschaftsstruktur und dem einzelnen Fall von psychischer Erkrankung mit einem Streich ab, an dem auch Therapie ansetzen kann, und wir sind wieder bei der Konstruktion des jüngsten Gerichts, das allein von allen Sünden wirklich reinwaschen wird. Unterhalb dieses Horizontes haust das Belanglose. Das Subjekt hat sich mit dem Gang der Naturgeschichte identifiziert und nähert sich wieder einer Form des Glaubens.

Solche Verwirrstrategie sowohl polymorpher Argumentation als auch alexandrinischen Symbolhandelns macht es zwar einerseits unmöglich, alle anklingenden Irrtümer der Anklageschrift metakritisch zu diskutieren; sie hat aber auch den unbestrittenen Vorteil, daß die sich aufdrängende Notwendigkeit, nach dem systematischen Sinn der Verwirrung zu suchen, zu interessanten Einsichten führt. Um Irrtümern vorzubeugen: Nicht daß die in der Probleminflation auf verschiedenen Ebenen angeschnittenen Themen nicht diskutiert werden sollten oder könnten, so z. B. die Fragestellung, was es bedeutet, daß die Psychoanalyse keinen Begriff vom (sozialen) Handeln (des Patienten) hat, welches sie im strengen Sinn stets als »Agieren«, d. h. als von infantilen Problemen determiniert betrachten und analysieren muß. An diesem Nervpunkt könnten einige der auf den neun Aktenblättern übers Deuten angeschnittenen Fragen ansetzen, auch Fragen nach lerntheoretisch analysierbaren Effekten der analytischen Situation und ebensolche Wirkungen auf Lehranalysanden im Hinblick auf deren Immunisierung gegen eine kritische Fortentwicklung der Psychoanalyse; Fragen nach dem Umsetzungsverhältnis infantiler Probleme in infantil determiniertes Handeln Erwachsener oder, wenn man das für irrelevant hält, Fragen unterschiedlicher Strategien im Formulierungsprozeß des Unbehagens, das von jenen (als Krankheitsdruck) empfunden wird, die zum Therapeuten gehen. Auch eine systematische kommunikationstheoretische Untersuchung der analytischen Situation wäre zu begrüßen — aber eben eine systematische. Kann denn Karl Markus Michel im Ernst meinen, daß dieses »Kümmerliche« alles mit einer Veränderung des Allgemeinen aufgehoben werden kann, wie er ständig durchblicken läßt — das Durchblickenlassen ist überhaupt seine entschiedene Stärke.

Sofern es der Anklage, wie aus dem Modus ihrer Beweisführung hervorgeht, nicht eigentlich um Psychoanalyse zu tun ist, müssen wir ihr metakritisch folgen. Nur ein solcher Versuch macht eine Auseinandersetzung mit dieser Verwirrtheit überhaupt sinnvoll: man muß versuchen, sie auf den Begriff zu bringen. Halten wir fest, daß sie die in der objektiven Tendenz unserer Gesellschaft liegende Zerstörung des bürgerlichen Subjekts mitmacht, indem sie das tatsächlich Verkümmernde und die objektive kritische Theorie davon (ohne sie wirklich zur Sprache zu bringen) sowie deren empirische Basis, die Therapie, denunziert. Am Beispiel des Beispiels, das für Millionen andere stehen soll, wird klar, daß eine abstrakte Hoffnung auf das Allheilmittel Revolution an die Stelle konkreter Kritik und Praxis treten soll. Primäre Sozialisation, ihre verschiedenen defizitären Folgen und die Vergesellschaftbarkeit von Psychopathologie, auch in Form sozialer Bewegungen — also die gesellschaftliche, an die verschiedenen Agenturen delegierte Bearbeitung und Verwertung je »eigner Natur« (Marx) — der ›subjektive Faktor‹ überhaupt — ist mit einem Handstreich zum kümmerlichen Problem erklärt. Progressive Ansätze zu Strategien gesellschaftlicher Veränderung, die den ›subjektiven Faktor‹ gerade wieder entdeckt haben, geraten in den Augen der Anklageschrift ins Abseits. In der Theorie werden die Subjekte und der Gedanke der Befreiung einander wieder fremder, statt daß diese in der Tat größer gewordene Spannung begrifflich durchgestanden wird.

Nicht daß etwa das Übergewicht des Objektiven geleugnet werden kann; im Gegenteil. Zur Debatte steht hier aber die zynische positive Wendung des kritischen Gedankens, bei der im Gefolge des Fehlens einer analog zur Tauschwertkritik durchgeführten Gebrauchswertanalyse im historischen Materialismus Revolution notwendig entweder zur Mechanik wird, auf deren Ablauf man wartet, oder zur Sache, welche eine Avantgarde gegen kleinbürgerliche Gemüter organisieren muß. Das leidende Subjekt als potentieller Motor von Revolution ist theoretisch abgeschrieben. Zwischen gesellschaftlicher Veränderung und seinem »kümmerlichen« Leidenszustand gibt es keine Vermittlung mehr. Alles wird bloß zum objektiven Problem erklärt.

Es ist noch zu fragen, warum denn die Dialektik von Individuum und Gesellschaft theoretisch aufgegeben wird. Wir werden sehen, daß sich darin nicht nur das Fehlen einer kritischen Theorie des Subjekts im historischen Materialismus bemerkbar macht, sondern gerade diese Theorie der Entmytologisierung des ›subjektiven Faktors‹ denjenigen, welche die kritisch-theoretische Tradition weitertragen, besondere Schwierigkeiten bereitet, weil sie verschiedene Lebenslügen gerade jener in Frage stellt, die gegenüber dem organisierten Kapitalismus kritische begriffliche Distanz zu bewahren suchen. In diesem Sinne soll später versucht werden, diesen irrationalen Angriff auf das, was als Psychoanalyse hingestellt wird, damit man deren Kritik vermeiden kann, als Angriff auf den Boten zu verstehen, dem man die Zunge herausschneidet, weil er schlechte Botschaft bringt. Diese schlechte Botschaft ist aber nicht so sehr eine, die unmittelbar mit der psychoanalytischen Praxis zu tun hat. Zwar wird ein Moment dieser Botschaft zuerst dort sichtbar — insofern ist die Anklageschrift nicht ganz im Irrtum —, und zwar als vielfache Grenze dessen, was in der analytischen Therapie im emanzipatorischen Sinn des Verfahrens zur Sprache kommen kann: Sofern es eine praktikable Methode der Befreiung gibt, ist deren Praxisfeld äußerst beschränkt — auf »Kümmerliches«. Der schwieriger zu verarbeitende Teil der schlimmen Botschaft ist aber ein anderer; er wird im Dossier vernachlässigt; man schlägt den Sack und meint den Esel: Aufgrund der therapeutischen Erfahrungen können theoretische Aussagen über die historische Form von Subjektivität gemacht werden, die im Dossier auf der Ebene von

Therapie und der Frage der Pathogenese nur als systematische Fragen einer objektivistisch verfahrenden Psychotherapie erscheinen, etwa derart: »Grob gesagt: war ›es‹ die Mutter oder der Vater?« (S. 56). Eben dieses Problem erweist sich zugleich als historisches — nicht nur als lebengeschichtliches, sondern auch als eine der Folgen des Standes der Produktivkräfte, der gesellschaftlichen Arbeit der Menschen an »eigner Natur« (Marx).

Wenn alles außer revolutionärer Veränderung »kümmerlich« ist, dann ist auch der Prozeß der Namensfindung für das Unbehagen in der Kultur, sofern er sich nur auf die gesellschaftlich vermittelte Familiengeschichte und nicht unmittelbar auf die Gattungsgeschichte bezieht, so ist eben psychoanalytische Therapie des Teufels, weil sie sich systematisch ein falsches Bild macht. Zwar ist an entsprechenden Stellen vieles in Frageform gehalten: ». . . *läge* (Hervorhebung von mir, K. H.) es nicht nahe, die Psychoanalyse insgesamt als Suggestionssystem zu interpretieren, das den Teufel (Psychoneurosen) durch den Beelzebub (psychoanalytische Therapie) austreibt (S. 58)?« — aber die Masse der Vorwürfe und der destruktive Tenor des Pamphlets verwischen solche Einschränkungen. Das Dossier beklagt den hermeneutischen Zirkel, in welchen es selber das psychoanalytische Verfahren verbannt hat, worin dieses aber, wie noch zu zeigen ist, nicht steht. Anders als die objektivistischen, wieder zur Utopie abwandernden Revolutionsschreiber hat nämlich Psychoanalyse in ihrer Therapie eine besondere Form der Empirie; auf diesem Wege erfährt sie von der Veränderung der Formen des Leidens im gesellschaftlichen Prozeß der Bearbeitung menschlicher Natur und ändert infolge dieser Erfahrung technisch und inhaltlich das Namensfindungsverfahren für das Unbehagen; auf die Narzißmusproblematik, an der sich das zeigen läßt, wird später eingegangen. Diesen unbestreitbaren Vorteil gegenüber Revolutionstheoretikern, die die objektive Seite des Unbehagens formulieren und von allen anderen abstrahieren, hat Psychoanalyse, weil sie der Tendenz nach nur an der Beseitigung der Differenz zwischen der psychopathologischen und der ideologischen Sprache zugunsten der Angleichung an die ideologische arbeitet und mit der ideologischen einen vorgegebenen Rahmen hat, der selber nur ideologiekritisch untersucht und vermittels gesellschaftlicher Praxis verändert werden kann. Diesen Vorteil bezahlt Psychoanalyse als Therapie in der Tat aufgrund dieses Verhältnisses mit ihrer Zweitrangigkeit. Aber sie ist, kritisch weiterentwickelt zur kritischen Theorie des Subjekts, gerade für das gesellschaftliche Moment der Kritik nicht irrelevant, gerade weil sie die historisch je relevante Zurichtung des subjektiven Faktors und die Form seiner Vergesellschaftung kritisieren kann. Nur auf diesem Wege ist die Mythologisierung dessen zu verhindern, was im Dossier mit »revolutionär« beschworen wird. »Das normale Unglück, das die unglückliche Normalität ist (S. 63)«, kann psychoanalytische Therapie in der Tat nicht auflösen und beansprucht das auch nicht. Wenn sich dennoch ein Patient »wie in das gelobte Land« geführt fühlt (S. 63), dann ist das nicht einem immanenten ideologischen bias der psychoanalytischen Therapie anzurechnen, sondern seiner Befreiung aus einer schwerwiegenden lebensgeschichtlichen Verstrickung — aber wir wissen ja: das Subjekt und seine Lebensgeschichte sind das Kümmerliche. Es geht um die Dimension der Gattungsgeschichte. Nur dort bestimmt die Vergangenheit die Gegenwart.

Was die Einsicht in jene infantile Determination seiner Interaktionsformen, von denen er sich lebenspraktisch behindert fühlt, dem Patienten einbringt, ist von der psychischen Ebene her allein nicht zu beantworten. Die Unfähigkeit zu libidinösen Objektbeziehungen und die Versachlichung menschlichen Umgangs — Krankheitsformen, die sich nicht unabhängig von gesellschaftlich gültigen Formen von Arbeit und Interaktion beurteilen lassen — können ebenso Gegenstand analytischer Kritik sein — und dann kann Psychoanalyse als »Karriere-Training« (S. 64ff.) dienen, wie sie andererseits — »Warum macht Kollege B. Analyse« (S. 144ff.) — dazu dient, die Fähigkeit zur politisierenden Arbeit zu verbessern. Die Gewalt gesellschaftlicher Objektivität sorgt für soziofunktionale Verwertung von Krankheit und Geheilten, wenn deren Struktur sich eignet.

Den zweiten Fall entnehme ich nicht dem Dossier, sondern der im Kursbuch anschließenden Arbeit von Horst Przytulla (S. 102ff.), in der eruiert werden soll, »was Psychoanalyse nicht nur zur privaten, sondern politischen Emanzipation beizutragen vermag« (S. 103). Ich kann jenen Fall im Rahmen der Dossier-Kritik anführen, weil eine strukturelle Ähnlichkeit der Argumentation vorliegt, was das Interesse an Psychoanalyse betrifft; soviel zeigt schon das Zitat. Und bei wie Karl Markus Michel es vielen seiner Zeugen gelingt, gegen seine oder auch die gemeinsam vorgefaßte Meinung ein Moment der Wahrheit durchscheinen zu lassen — erinnert sei an den Patienten auf »Trip« mit »Vibrationen« —, so auch der Schriftsetzer. Er versucht allerdings vergeblich, seinem Interviewer Horst Przytulla zu verdeutlichen, daß die Analyse ihn überhaupt erst befähigt hat, mit seinen Kollegen zu sprechen, und das heißt auch: politische Gespräche zu führen, differenzierter wahrzunehmen als nur »›Schwarz-Weiß‹« (S. 115). Auch im spöttisch sein sollenden Gespräch Michels mit Thomas L. (S. 89ff.) wird sichtbar, was bereits eine Psychotherapie, über deren Modus leider zu wenig gesagt wird, ausrichten kann: Der Patient hat intime (emotionale und sexuelle) Kontakte aufnehmen können, er hat »irgendwie« die Wirklichkeit gefunden und braucht nun »keinen Schamanen und Guru mehr« — womit der Analytiker gemeint ist (S. 96). Ich halte des Interview mit Thomas L. für eine der wirklich interessanten Passagen im Dossier, weil es eine ganze Reihe zentraler Probleme beiläufig zur Sprache bringt, die erörtert werden müßten. Die Erfahrung der Sinnlichkeit der Menschen, die Thomas L. in der Analyse machte, nachdem Menschen für ihn vorher nur Träger von Ideen waren, ist eine zentrale Kritik an der misanthropischen Vorstellung von Revolution, die einem aus dem Dossier entgegenmodert[5].

Die Frage des Transfers des therapeutischen Resultats: der Erweiterung der Erfahrungsfähigkeit auf die gesellschaftliche Ebene ist im Sinne allgemein gültiger Regeln zu beantworten: Das je geltende höhere System bestimmt wesentlich, in welchem Wirkungszusammenhang die Verwertung der Momente des je niedrigeren Systems erfolgt. Das gilt für das Verständnis von Biologischem zu Psychologischem ebenso wie für die Beziehungen zwischen Psyche und Gesellschaft. Natürlich ist die Frage nach einer politisierenden Therapie von großer Wichtigkeit; zumindest von gleichem Gewicht wie die nach neurosedeterminierter Politik, die so unrealistisch werden muß, wie die politisch naive Therapie bleibt. »Eine (materialistisch begründete) Psychoanalyse« kann der »kapitalistischen Gesellschaft insgesamt den Kampf« (S. 99) nicht unmittelbar ansagen und schon gar nicht in ihrer therapeutischen Praxis. Aber was sie dort über das Verhältnis von Subjekt und Gesellschaft aus der Perspektive des Subjekts erfährt, kann sie als politische Psychologie formulieren.

III

Der Ausgang des Schauprozesses muß gesichert werden, und dazu sind alle Mittel der Demagogie recht. Der Preis ist Erfahrungsunfähigkeit, obgleich man merkt, daß Karl Markus Michel mit seinen ungelenken Fragen wirklich zu gern gewußt hätte, was in seinen Analysen »eigentlich« passiert. Auf einige Modi des Denunzierens soll etwas detaillierter aufmerksam gemacht werden, damit die Gewalt des sich selbst nicht gewärtigen Interesses deutlich wird, mit welcher eine Reihe von Sachverhalten kritisiert werden in einer Weise, die ihre wirkliche Kritik verhindert. Auch hier kann nur selektiv vorgegangen werden, da es nicht in erster Linie um qualitative Analyse von Propaganda geht. Die polymorphe Argumentationsweise als zentrale Strategie, die Einvernahme falscher Zeugen und einige Formen der Wahrnehmungsstörung hatten wir ja bereits besprochen. Diese Modi der Diffamierung sind wichtig, weil sie die einzige Form sind, in der die Anklageschrift gegen Psychoanalyse sich mit Positionen auseinandersetzt, die mit ganz anderem Recht, auf ganz anderer Basis den Anspruch einer Psychoanalysekritik erheben. Diese Modi sind psychosoziale Techniken symbolischer Interaktion, nicht im engeren Sinne der psychoanalytischen Abwehrlehre zu verstehen.

Eines der alten und von Karl Markus Michel gekonnt adaptierten Verfahren der Denunziation ist die *Diffamierung durch räumliche Nähe zum Bösen.* An zwei systematisch wichtigen Stellen wird — in den Abschnitten über die technischen Seiten des psychoanalytischen Verfahrens — Psychoanalyse quer zu ihrem Selbstverständnis ohne zureichende Beweisführung in geschickter Weise (oft in Frageform) mit »Suggestion« identifiziert. Das geschieht, wie erwähnt, einerseits in Anlehnung an Literatur bzw. Zitate, die nicht als psychoanalytisch gelten können und ist zugleich nur möglich unter Vermeidung einer Auseinandersetzung mit fortgeschrittenen Positionen, die im Dossier auf Seite 61 als »Frankfurter Auffassung« nach anderen beiläufigen Erwähnungen (auch Seite 24 und 27), und zwar insofern falsch auftaucht[6], als die Analyse, die Aufhebung der privatsprachlichen Störung[7] einer Einübung in »die gesellschaftliche Kommunikation« gleichgesetzt wird. Ich hatte auf diese unzutreffende lerntheoretische Interpretation des analytischen Verfahrens bereits hingewiesen, in der das Psycho*analytische*, die Stufe der Kritik der Sprachzerstörung, unterschlagen und angedeutet wird, daß die Neueinübung wesentlich dem Patienten, seiner Spontaneität und deren aktuellen gesellschaftlichen Grenzen überlassen bleibt. Daß an dieser Stelle bei Michel die Lorenzersche Position erwähnt wird, ist allerdings zunächst nur für Eingeweihte zu entziffern. Perfide ist, daß »Sprachzerstörung und Rekonstruktion«, eben diese Position, explizit erst dort scheinsystematisch erwähnt wird, wo zwei als Kapitalisten Identifizierte mit Lorenzers theoretischer Position locker in Zusammenhang gebracht werden können. »Fortschritte« der Psychoanalyse« (S. 63) werden dann als der eigentliche Rückschritt, das Überlaufen in die Stellung des Feindes, interpretierbar — man beachte die zynische Funktion des Begriffs Fortschritt im Hinblick auf die theoretische Position der »Sprachzerstörung«, deren Erwähnung die längere Darstellung jener Managermassage deshalb einleiten kann, weil der von Michel zitierte Fallbericht bei Lorenzer (1972) zitiert wird: »... die Psychoanalyse macht Fortschritte. Ihre derzeit schönsten Erfolge liegen auf dem Gebiet der Managerseelenmassage.« (S. 63). Auf diese Weise wird die theoretisch fortgeschrittene Position, die sich mit der Logik des psychoanalytischen Verfahrens beschäftigt, und mit der Karl Markus Michel sich in den entscheidenden »technischen« Kapiteln des Dossiers nicht auseinandersetzt (ohne daß sich der Indiziensammler einer direkten Lüge schuldig macht), mit einer bloß soziofunktional wirksamen Technik identifiziert. Bruchstücke aus einem »Capital«-Interview mit einem analysierten Marketingberater werden in einer »Montage« konfrontiert mit Teilen aus einem Fallbericht, die, wie gesagt, bei Lorenzer (1970, S. 121 ff.) eine Rolle spielen. Dort dient der Auszug aus dem Fallbericht allerdings der Demonstration des szenischen Verstehens: »Das Wesentliche der Szene ist ... nicht ihre physische, sondern ihre psychische Realität: die Aktualisierung der Triebimpulse und Triebobjekte (mit allen damit verflochtenen psychischen Vorgängen) in einer Objektbeziehung«. Davon ist im Dossier, in welchem so viel über die psychoanalytische Situation gefaselt wird, nicht die Rede, sondern nur von der gesellschaftlichen Verwertung der Ergebnisse der Analyse, die im genannten Fall wegen Kontaktschwierigkeiten begonnen wurde; das Interesse an der räumlichen Nähe von Psychoanalyse zum Bösen überwiegt gegenüber der Notwendigkeit, Problemlösungen wirklich voranzutreiben. Die zwei Seiten der Medaille, das Psychische und das Gesellschaftliche, die praktisch und theoretisch in jedem Fall relevant sind, werden von Michel nicht auf ihr jeweiliges Verhältnis zueinander untersucht, sondern er sieht nur die Vorstellung vom Primat des Gesellschaftlichen gegenüber dem Psychischen, die kapitalistische Verwertbarkeit von Psychoanalyse im Sinne einer Anpassungstechnik in diesem Fall bestätigt. Daß der Analytiker in seiner Funktion nichts gegen die Form des sekundären Krankheitsgewinns seines Patienten tun kann, weil unsere Gesellschaft so organisiert ist, daß sie narzißtische Charaktere in bestimmten Funktionen geradezu braucht, wird hier dem Analytiker bzw. der Psychoanalyse angelastet, deren Schwäche doch ständig hervorgehoben wird.

Zu diesem Topos der Diffamierungstechnik »räumliche Nähe zum Bösen« gehören auch Passagen der »Voreiligen Nachbemerkungen: Eine neue Magie?« (S. 96ff.), wo wichtige Fragestellungen — z. B. Indikationsstellung zur und Stellenwert der Gruppentherapie sowie das Problem, ob und wie Psychoanalyse zur Erzeugung von Solidarität beitragen könne, wieder nur angetippt werden, nachdem C. G. Jungs »›Horoskopberechnungen, um dem psychologischen Wahrheitsgehalt auf die Spur zu kommen‹« (S. 96), erst einmal das Klima geschaffen haben, welches ein Schauprozeß braucht. Von diesem Niveau aus lassen sich dann ohne Schaden für das Gesamtergebnis der Beweisführung entlastende Momente zur Sprache bringen. Doch selbst diese Entlastungen dienen noch der Demonstration der Nähe zur Gegenaufklärung: »Nun, um wirklich eine Magie zu sein, ist die Psychoanalyse einfach nicht effektiv genug .... Die ca. 500 niedergelassenen Psychotherapeuten Westdeutschlands reichen bei weitem nicht hin, um dieser Gesellschaft Schamanendienste zu leisten. Überdies sind Versuche, Psychoanalyse und Schamanismus unter einen Hut zu bringen, nicht ganz überzeugend, trotz aller ins Auge stechenden Parallelen« (S. 97). Es ist beklagenswert, daß die evidente tiefe Ambivalenz jene angemessene Informationsaufnahme nicht zugelassen hat, welche notwendig gewesen wäre, um die Spannung zwischen der Nähe zur Astrologie einerseits und der Frage nach der Möglichkeit eines psychoanalytischen Beitrags zu politischer Solidarität andererseits, rationaler zu strukturieren.

Die Strategie, Psychoanalyse vermittels räumlicher Nähe zum Bösen zu diffamieren, wird insbesondere gegen die nur vorsichtig und randläufig erwähnte »Frankfurter Position« angewandt. Um diese beiläufig zu erledigen, kommt dieses Verfahren auch zu seinem Höhepunkt. Zum bei Lorenzer (1970) zitierten Managerfall wird — eingedenk der Grundannahme, daß es ohnehin nur um die Waren und nicht um die Symptome gehen kann — beiläufig kommentiert: »(Zu den ›Erfindungen‹, die in die Zeit der Analyse fallen, gehören solche Delikatessen, wie faltbares Klosettpapier, desinfizierende Sprays, selbstklebende Monatsbinden etc. — was Symptome wären, wenn es nicht Patente wären)« (S. 67). Der Scherge kassiert die Sphäre der individuellen Bedeutung der Ware theoretisch; auch seine Argumentationsweise könnte dann eine bloß objektive Bedeutung haben. Doch gerade die Form der Diffamierung signalisiert als Affekt das, was nicht existent sein soll.

Im Hinblick auf die Sache unerheblich, aber als Technik der Denunziation durch räumliche Nähe zum Bösen interessant ist, daß zwar nicht behauptet wird, es handle sich beim zitierten um einen Fall von Lorenzer selber, daß aber auch nicht darauf verwiesen wird, daß dem nicht so ist. Mit dieser Technik der implizierten Erledigung ist ein selber gar nicht diskutierter Fortschritt der Psychoanalyse: ihre Verknüpfung mit Sprachtheorie und ihre paradigmatische Entfaltung als systematisch-kritische Hermeneutik auf selbstklebende Monatsbinden heruntergebracht. Die fünf Seiten über »Der Erfolg« (S. 63ff.) (der psychoanalytischen Therapie) werden wesentlich auf diese Weise bestritten. Das ist eine reife demagogische Leistung.

Mit Demagogie beginnt das Dossier — mit dem Motto. Seine Verwendung zeigt die *denunziatorische Kunst des faire allusion,* den im gesamten Dossier praktizierten Trick des Andeutens, wobei die Ergänzung des bloß Angedeuteten der Einbildungskraft der Leser oder Zuhörer überlassen bleibt. Das Motto »Es darf nicht unerwähnt bleiben, daß Freud niemals analysiert wurde« (S. 23), wird hier via Autorität eines psychoanalytischen Sozialpsychologen aus Frankreich eingeführt. Bei Gérard Mendel (1968, S. 58f.) bedeutet dieser Satz, daß spezifische Aspekte Freuds aggressiver und libidinöser Wünsche ihm selber nicht bewußt geworden sind und daß diese Tatsache auch theoretisch sichtbar wurde insofern, als die Umkehrung der ödipalen, die Laiossituation: die Angst des Vaters, vom Sohn kastriert zu werden, bei Freud nicht formuliert ist.[8] Das im Dossier verbreitete Klima und eine Reihe expliziter Äußerungen, so der Rückgriff auf das bekannte Diktum von Karl Kraus, daß die Psychoanalyse die Krankheit sei, die heilen zu können sie vorgäbe, fordern, vor allem auch eingedenk der allgemeinen Vorurteilsbereitschaft gegenüber der Psychoanalyse, zu ganz anderen Konnotationen heraus, als Mendels Text sie je zulassen könnte. Ja auf Vorurteile wird spekuliert, sonst hat dieses Motto über einem solchen Pamphlet keinen Sinn: »Freud war wahrscheinlich doch ein schwer gestörter Mann, der sich aus Angst, daß das herauskäme, seiner eigenen (zwar ohnehin nur für ihn und seine Anhänger funktionierenden, aber immerhin) Methode nie ausgesetzt hat. Und das merkt man ihr praktisch und theoretisch auf Schritt und Tritt an.« Michels Dossier ist ein Lehrstück zum Kennenlernen diffamierender Propaganda; in dieser Hinsicht ist es lesenswert.

Ein weiterer Modus der Denunziation ist das *Messen an einem wie auch immer erhöhten Anspruch.* Der Angeklagten wird jede Chance genommen. Diese Denkfigur kehrt ständig wieder. So wird richtig beklagt, daß Psychoanalyse das »normale Unglück«, das die »unglückliche Normalität ist«, nicht auflösen »kann« (S. 63), und dafür wird sie gleichzeitig beschimpft: »Psychoanalyse kann mit dieser Gesellschaft ›versöhnen‹, aber sie kann sie nicht ›heilen‹. Sie will es auch nicht (S. 27).« Dieser letzte Satz, obgleich eingestandenermaßen an die falsche Adresse gerichtet, wird dennoch hingeschrieben, als ob es primär um bösen Willen ginge; hier wird zugleich mit Anspielung gearbeitet und die Weiterführung des Arguments dem Leser auf dem Wege des projektiven Tests überlassen. Die Symptome, die Libidoökonomie, um die Psychoanalyse sich therapeutisch kümmern und deren Beziehung zu den Waren als den Symptomen der gesellschaftlichen Entfremdung sie theoretisch erhellen kann — schon insofern sie auch »kritische Theorie« ist[9], sind das Irrelevante; an die Marktökonomie, an die »Patente«, die das Eigentliche sind, reicht Psychoanalyse nicht — also was soll's überhaupt.

Aber warum eröffnet man denn überhaupt einen Prozeß gegen diese Methode der Suggestion, der Mystifikation? *Die Psychoanalyse ist unheimlich und stark,* so ideologisch man sie auch einzuschätzen hat. Sie schleicht sich ein und hat einem, ehe man sich's versieht, beim Wickel. Die schlechte Gesellschaft hat sich auf ihre Seite geschlagen. Dieser Modus der Diffamierung ist zugleich besonders interessant, weil er über Wahrnehmungsstrukturen ins Bild setzt, die notwendig sind, wenn Unterlagen für Schauprozesse zusammengestellt werden sollen. Das Beispiel der depressiven Suicidpatientin »steht für Millionen andere« (S. 62), die der Psychoanalyse bereits in die Hände gefallen sind. Diese Methode kann, wenn sie will, einer Art Homo scribens offenbar einfach die Feder aus der Hand nehmen; denn Analysierte schweigen sich aus: »Sollte der Anspruch der psychoanalytischen Behandlung, gestörte Kommunikation zu reparieren, entweder so glänzend gelungen sein, daß mit den anderen Symptomen auch der Antrieb zur schriftlichen Mitteilung — als ›neurotische‹ Abweichung von der ›normalen‹ Kommunikation — weganalysiert wurde oder aber so gründlich verfehlt sein, daß selbst dieser (unter ›Neurotikern‹

doch gar nicht so seltene) Antrieb auf der Strecke blieb (S. 23)?« Vor allem ist, natürlich nicht ohne Karl Kraus zu zitieren, Psychoanalyse — die einerseits »nur die allgemeine Scheiße zutage fördert (S. 23)«, und insofern immerhin präzise Diagnostik sein muß (aber diese Scheiße eben nicht als allgemeine, sondern nur als besondere formuliert) — eine iatrogene Krankheit: »Genauer: die psychoanalytische Praxis sorgt heute dafür, daß diejenigen, die sich behandeln lassen wollen, die Symptome zeitigen, die sie allererst für den analytischen Prozeß motivieren (d. h. konditionieren). Das ganze nennt sich ›Leidensdruck‹ wer ihn nicht hat, kann nicht erlöst werden, also gilt es ihn zu verstärken). Ein anderer Name wäre ›Hiob-Syndrom‹ (S. 41).« Der böse, starke Feind steckt hinter jeder Maske, Freud ist der wahre Pawlow und hext Probleme an — obgleich — zu schweigen vom Interview mit Thomas L. — eine Patientin fürs Dossier zu Protokoll gibt (S. 36), daß die Analytikerin ihr reales Problem beim Namen nennen konnte, allerdings ohne daß die Patientin wußte, wie sie darauf gekommen ist. *Das* erregte den Zorn, und die Anklageschrift möchte den Eindruck erwecken, daß die kränkende Inkompetenz hinsichtlich spezifischer Momente eigener Lebenspraxis Resultat der Methode sei, die zu ihrer Überwindung geschaffen wurde.

Diese falsche Eindruck steigt im emotionalen Wert in dem Maße, wie man Anhänger der Meinung ist, beim Therapiemachen und Politikmachen handle es sich um einander ausschließende Alternativen, Therapie entpolitisiere. Mehr als die Rekonstruktion der ursprünglichen Szene, deren Gewalt die Erinnerung daran zerstörte; mehr als der Versuch, diese Herrschaft gesellschaftlich vermittelter Familienvergangenheit über gegenwärtige Interaktionsformen aufzuheben, kann Psychoanalyse in therapeutischer Absicht nicht sein. Mit Sartre (Dossier, S. 34), der in »Les mots« seine diesbezügliche Naivität demonstrierte, indem er eindrucksvoll sein Verhältnis zum Großvater schildert und behauptet, kein Über-Ich zu haben, verwechseln manche der interviewten Patienten und vor allem Karl Markus Michel die analytische Situation, in der die infantil erlittene Gewalt lediglich symbolisch rekonstruiert und zunächst reflexiv aufgehoben wird, mit der realen Gewalt der infantilen Szene selber. Der berechtigte Zorn über vergangene Erniedrigungen verschiebt sich auf jene Wissenschaft, welche diese zur Sprache bringt, um sie bewußt zu machen und aufzuheben. Vermutlich aufgrund des Prinzips dieser Verwechslung kann Michel die reale Gewaltanwendung des Sartreschen

»Narren mit dem Tonband« (S. 27ff.) gegenüber einem höchstwahrscheinlich inkompetenten Therapeuten auch für »psychoanalysierte Psychoanalyse« halten.

Im Gegensatz zur Anklageschrift, in welcher ein generelles Herrschaftsgefälle vom Analytiker zum Patienten postuliert wird; ihre Beziehung ausschließlich als Subjekt-Objekt-Relation hingestellt ist; der Analytiker als einer der letzten irrationalen Herrscher erscheint, sieht die psychoanalytische Therapie bei eingehender Betrachtung eher wie Aktionsforschung aus, in welcher es ausdrücklich um Subjekt-Subjekt-Beziehungen geht. Interessant ist in diesem Zusammenhang, daß in einer kritischen Untersuchung der Wirkung von Psychotherapie bei Unterprivilegierten von einer Reihe mit dem therapeutischen Erfolg korrelierter Therapeutenmerkmale — Erfahrung, Einfühlungsvermögen, Erwartungen hinsichtlich des therapeutischen Erfolgs, demokratische Einstellung — nur letztere mit dem Erfolg hoch korrelierte, ohne daß man das im einzelnen zu erklären vermochte (Lerner 1972, S. 138ff.).

Klar ist für den Gerichtsdiener, der das Dossier klitterte, daß die mächtige Psychoanalyse Anpassungstechnik ist, obgleich das nicht systematisch, sondern wesentlich am Beispiel der »Managerseelenmassage« gezeigt wird, dem andere, wie gezeigt, entgegenstehen. Man hat in der Tat zureichend Grund zur Annahme, daß die Frage, wovon (und wie) psychoanalytische Therapie emanzipiert und woran sie anpaßt, keineswegs ausdiskutiert ist. Mit der Frage nach dem Transfer der Ergebnisse der lebensgeschichtlichen Selbstreflexion in die politische Sphäre der Öffentlichkeit hatte ich dieses Problem angeschnitten. Es wäre zu prüfen, ob die Kritik privatsprachlicher Interaktionsinterpretationen wirklich und in welchem Ausmaß an die ideologische Sprache angepaßt und was eine mögliche Rückkoppelung für die normale Befangenheit in der ideologischen Umgangssprache bedeutet. Auch ist das Problem offen, ob nicht ein spezifisches Maß (und welches) an Unangepaßtheit, allerdings wahrscheinlich *reflektierbarer Unangepaßtheit* — darauf muß noch eingegangen werden — zu innovatorischer Praxis gehört. Aber diese höchst brennenden Probleme standen im Dossier ja wirklich nicht zur Diskussion, weil das mit großspurigem Herumhuschen auf gängigen Allgemeinplätzen nicht zu machen ist.

Diese Hinweise auf einige Topoi der Diffamierung, die sich, auch aufgrund der polymorphen Argumentationsweise, gar nicht streng voneinander trennen lassen, genügen, um charakteristische Differenzen zu rationaler Beweisführung sichtbar zu machen. Bevor ich versuche, bereits angedeutete Hypothesen über Gründe für diesen Schauprozeß etwas systematischer zu skizzieren, soll noch eine weitere sonderliche Beschränkung des Dossiers zur Sprache gebracht werden, deren Erörterung die Formulierung jener Hypothese vorbereitet. Es handelt sich um die Beschränkung der Anklageschrift auf die therapeutische Seite der Psychoanalyse oder dessen, was dafür einstehen muß. Diese Vermeidungsstrategie gegenüber psychoanalytischer Theorie und ihren Weiterentwicklungen muß einen Grund haben.

IV

Vom Analytiker wird im Dossier gesagt, daß er seine Theorie habe über die Veränderungen, die die Therapie beim Patienten bewirke: »(Doch die steht auf einem anderen Blatt und hier nicht zur Diskussion)« (S. 25). Hätte sie mit zur Diskussion gestanden, wären — mit anderen Worten — Theorie und Praxis der Psychoanalyse in der Beweisführung der Anklage nicht derart getrennt worden, daß in erster Linie nur vom Diffamierungsinteresse zurechtgestutzte Aspekte der Theorie der Technik andeutend Erwähnung finden, dann hätten der sich auf diese Weise selber beschränkenden Kritik einige Lichter aufgehen müssen. Stattdessen wird psychoanalytische Therapie pauschal als eine suggestive Technik; die Symptome, welche sie behandelt, werden als iatrogene hingestellt. Wenn dem so wäre, dann könnte die Theorie der Technik, ja womöglich sogar die Metapsychologie bestenfalls ein verdinglichtes, von jeder Erfahrung abgeschnittenes »Wahnsystem« sein, wie schlußendlich vermittels einer wirklich abstrusen Briefstelle von Jung aus dem Jahre 1911[10] auf dem Wege der Diffamierung durch räumliche Nähe zum Bösen nahegelegt wird (S. 96). Dann ist natürlich auch der Ansatz einer kritischen Hermeneutik des Subjekts, weil ohne empirischen Bezug, Humbug, und die Anklageschrift hat ihn völlig zu recht vernachlässigt — bis auf die Stellen, die sich zur Denunziation eignen. Für die Anklage steht im wesentlichen fest, daß die psychoanalytische Therapie ein Zirkelunternehmen ist, das, weil es keine Revolution bewirkt, nichts ist als Betrug am Patienten: »Er (der Psychoanalytiker, K. H.) hat auch die Praxis fest in der Hand, die heute kaum noch Quelle der Theorie, vielmehr deren Erfüllungsgehilfe ist: der Patient wird nach allen Regeln der Kunst ›behandelt‹, und heraus kommt, was in ihn hineingesteckt wurde — nicht nur der die Theorie bestätigende Traum, sondern (im Glücksfall!) eben auch die Illusion, ein autonomes, von Zwängen befreites Ich zu haben (S. 25.)«[11]

Nun hat aber gerade in den letzten Jahren Psychoanalyse innovatorische Impulse bekommen, die man der Erfahrungsfähigkeit der Therapeuten wird zugutehalten müssen. Diesen angeblichen Dienern der Mystifikation wurde von ihren Patienten vermittelt, daß die klassischen Psychoneurosen, insbesondere die Hysterien, an denen die Psychoanalyse entwickelt wurde, zurücktreten zugunsten von Störungen, die entwicklungspsychologisch früher liegen; die zweifellos interessanteste Gruppe ist die der narzißtischen Störungen. Bellak schrieb bereits 1967:

»Ich glaube, daß sich zunehmend eine Charakterstruktur entwickeln wird, die wir als eine Charakterstörung zu betrachten pflegen. Sie ist durch oberflächliche und passagere Objektbeziehungen mit geringer subjektiver Gefühlsbeteiligung gekennzeichnet« (S. 215). »Diese Charakterveränderungen sind der Ausdruck von Änderungen der Identifizierungsprozesse in einer Welt, die zunehmend durch rapide Mobilität der sozioökonomischen, technologischen und geographischen Bezugsschemen für Identifizierungen charakterisiert wird.« (S. 217).

Das Buch, nach dem ich diese Sätze zitiere, Argelanders Fallstudie über einen narzißtischen Charakter (1972) ist dem Schergen der Anklage bekannt gewesen; er hat nichts damit anfangen können oder wollen.[12] Was man als Veränderung der Formen des Scheiterns der gesellschaftlichen Bearbeitung »eigner Natur« verstehen kann, ist auch von anderen Psychoanalytikern in Erfahrung gebracht worden; die Auseinandersetzungen über die theoretische Fassung dieser neuen Phänomene und die notwendig neue Behandlungstechnik ist in vollem Gange (vgl. z. B. Calogeras/Schupper 1972, Kohut 1971, 1973) und kann nur dem scheinbar unbekannt bleiben, der Unterlagen für einen Schauprozeß zusammenstellen muß. Überlegungen zur »Vaterlosen Gesellschaft« (Mitscherlich 1963) hatten solche Veränderungen bereits signalisiert.

Und ebenso wie diese relativ junge Diskussion den engen Zusammenhang von Theorie und Praxis gegen das Vorurteil des Dossiers demonstriert, ist auch in einem anderen Punkt mehr bekannt, als Karl Markus Michel für seine Tiraden steriler Diffamierung gebrauchen konnte. Der Begriff der Ich-Einschränkung, den Anna Freud einführte — und dessen sozialwissenschaftliche Relevanz sich entwikkeln läßt (vgl. Horn ^{2}1973, S. 63ff.) — zeigt ebenso wie die für eine kritische Theorie des Subjekts zur Sprache zu bringende Tatsache, daß heute in der Psychoanalyse nicht mehr nur vom Konflikt, sondern auch vom Defekt gesprochen wird, (vgl. Horn, a. a. O.)[13], daß entgegen der Michelschen Erfahrungsfähigkeit zwar einerseits die Vorstellung vom bürgerlichen Subjekt in der Psychoanalyse durchaus aufgehoben ist, andererseits aber doch seine historische Zerstörung realisiert wird.

Im eingangs dieses Kapitels wiedergegebenen Zitat aus dem Dossier »... Illusion, ein autonomes, von Zwängen befreites Ich...« will Michel im Rahmen seiner Diffamierungstechnik der Unterstellung falscher Ansprüche einmal suggerieren, daß »autonom« idealistisch gemeint sei und zum anderen, daß die Zwänge, von denen Psychoanalyse therapeutisch meint befreien zu können, doch nur unerkannte, falsch benannte, in Wirklichkeit gesellschaftliche seien. Die Gefahr ihrerseits idealistischer Sackgassen liegt vielmehr dort, wo die Menschen *nicht* als zugleich biologische und gesellschaftliche Wesen in Theorien eingehen und die Widerständigkeit ihrer Natur nicht auch aus dieser Biologisches und Gesellschaftliches vermittelnden Perspektive materialistischer Sozialisationstheorie (und entsprechenden Vermittlungsschritte zu den Ebenen gesellschaftlicher Struktur) formulierbar ist. Da Karl Markus Michel das Historische des Gegenstandes und in den Begriffen einer kritischen Theorie des Subjekts die begriffliche Form dieser Historizität nicht in sein Gesichtsfeld läßt, weil für ihn die subjektive Sphäre die kümmerliche, die irrelevante ist, gewissermaßen unterhalb von Geschichte bleibt, kommt ihm auch nicht in den Unsinn, daß seine Fragestellungen nach der richtigen Ätiologie und den angemessen Modi therapeutischer Behandlung, die er doch sicher nicht ungezielt so dümmlich zusammenfaßt: »Grob gesagt: War ›es‹ die Mutter oder der Vater (S. 56)?«, notwendig falsch sein müssen, wenn er sowohl die lebengeschichtliche als auch die historische Spezifität auszuklammern trachtet und diese Frage nur als systematische sieht.

Die psychoanalytische Weise empirischen Forschens — und das ist diese Weise der Therapie zugleich — zeigt wie keine andere Wissenschaft sowohl die jeweils gesellschaftlich produzierten Formen von Subjektivität als auch deren gesellschaftspezifische und persönliche

Konflikte und Defekte. Die Kluft zwischen dem theoretischen und dem praktisch-therapeutischen Vermögen des Psychoanalyse wird, gemessen am bürgerlichen Begriff vom Individuum, größer und — wiederum bezogen auf diesen Begriff — die aus ihren theoretisch formulierten Erfahrungen ableitbaren Forderungen drängen immer mehr auf die Ebene prophylaktischer, politischer Argumente. »Das Veralten der Psychoanalyse«, bzw. einiger ihrer Grundannahmen wirft in der Tat neues Licht auf die Politik der fortgeschrittenen Industriegesellschaft, wie Marcuse (1963) konstatierte. Und Psychoanalyse wird der Veränderung ihres Gegenstandes: menschlicher Formen der Interaktion und ihrem Niederschlag in den Subjekten, so lange auf auf der Spur bleiben können, wie die Form ihrer Therapie dem Patienten Gelegenheit bietet, in einer geschützten Situation — der analytischen — Interaktionen symbolisch zu praktizieren, von denen er selber — weil sie sich ihm als zweite Natur aufdrängen — keinen zureichenden Begriff hat und die der Analytiker, weil er in sie hineingezogen ist und zu denen er doch Distanz gewinnen kann, zugleich umgangs- und metasprachlich zu formulieren versucht. Daß diese Defizite — weil sie auf die Unmittelbarkeit der Interaktion bezogen sein müssen, also zunächst »psychologisch« formuliert sind — erst bei theoretischer Betrachtung aus der Perspektive des Subjekts auch Licht auf die Gesellschaftsstruktur werfen, ist nicht der Psychoanalyse anzulasten. Es ist eine Folge der Tatsache, daß Psychisches und Gesellschaftliches nicht ineinander aufgehen.

Wie es sich in einem Schauprozeß gehört, ist eine rechtfertigende Erklärung beigefügt, weil offenbar selbst der Mann, der die Beweisklitterung übernommen hat, das Gefühl teilt, einiges liege im argen. Deshalb die Versicherung, daß alles nur zum Besten der Angeklagten und der Allgemeinheit geschehen sei: »Gegen naheliegende Mißverständnisse: Das Gesagte und das Folgende (Protokolle, Zitate, Kommentare) wenden sich nicht gegen die Psychoanalyse schlechthin oder gegen Freud im besonderen. Ohne Freuds Entdeckungen wären viele Fragen, die hier gestellt werden, vielleicht gar nicht möglich: Fragen, die weniger einer speziellen Technik als einer gesellschaftlichen Praxis gelten. Wenn Freud und vielen seiner Nachfolger hier subjektiv Unrecht getan wird, dann in der Absicht, ihrer objektiven Bedeutung gerecht zu werden ... (S. 26).« Als ob das Spezifische der psychoanalytischen Technik nicht ein zentraler Aspekt ihrer gesellschaftlichen Praxis wäre. Solches stereotype Ersuchen um Generalpardon — man denunziert und diffamiert ja schließlich nur im Interesse der Betroffenen selber — will ich nicht als Zynismus interpretieren. Das bedarf freilich einer Begründung.

V

Ein bürgerlicher Intellektueller sitzt an seinem Schreibtisch, die Zeitläufe haben ihn misanthropisch werden lassen. Er muß, weil er ja das Bürgerlich-Prometheische noch verinnerlicht hat, von seiner Lebenspraxis noch erwarten, also vom Schreiben, daß sie zur Veränderung der Welt beitrage. Er beginnt sich zu schämen angesichts der Differenz zwischen seinen schönen Begriffen und der schlechten Realität. Wie geht er mit diesen Problemen um? Zunächst einmal im Rahmen der Praxis, die ihm seine Rolle gewährt, theoretisch also, als homo scribens.

Seine Theorie muß schwierigere Probleme bewältigen als die historisch ältere Tauschwertanalyse, die er ohne ausgeführte Theorie des revolutionären Bewußtseins und ohne Aussicht auf realisierbare revolutionäre Praxis übernommen hat. Das bringt ihn nicht nur in theoretische Schwierigkeiten, sondern auch in persönliche. Die hartnäckige, ja sich vergrößernde Distanz zwischen Theorie und Praxis ist gerade für eine explizit politisch-praxisbezogene Theorie prekär, denn der Theoretiker muß die Spannung der Begriffe als um so schwieriger empfinden, je weniger er sie fruchtbar in gesellschaftsverändernde Praxis einbringen kann.

Eine Möglichkeit, solche Dissonanzen im Griff zu halten, ist die Differenzierung, die Weiterentwicklung der Theorie und die Veränderung praktischer Strategien ihrer Realisierung. Die kritische Reflexion aller Momente der gesellschaftlichen Situation ist aufrechtzuerhalten und der Versuch zu machen, praktische Konsequenzen, auch solche für die Theorie, aus Erfahrungen zu ziehen und das Auseinandertreten von Theorie und Praxis zu begreifen. Unter dem Druck der größer gewordenen Distanz zwischen Theorie und Praxis wäre also zu fragen, welche Schwächen die überkommene Theorie hat, warum sie den Massen offenbar nicht ihre eigene Melodie vorsingt, sondern eine fremde, und die Verhältnisse nicht in Bewegung kommen.

In dieser Diskussion um den gesellschaftlichen Stellenwert von Psychoanalyse soll die Lösung des Problems nicht gesucht werden in der Feindseligkeit einer objektivistischen Revolutionstheorie gegenüber dem »subjektiven Faktor«, der sich ihrem Einfluß entzieht und nur gewaltsam in revolutionäre Praxis einbezogen werden kann (vgl. Horn 1971). Hier soll vielmehr die Frage diskutiert werden, warum dieses Problem im Dossier nicht diskutiert wird. Mit dieser Problemstellung soll der Sinn des wirkliche Kritik von Psychoanalyse abwehrenden polymorphen Argumentierens, soll der mögliche Grund dieses regressiven und konservativen Angriffs auf Psychoanalyse diskutiert werden.

Es gibt — außer der allerdings schwer in Gelassenheit möglichen Reflexion der neuen Situation des politischen Subjekts — Modi der Verkürzung der theoretischen und praktischen Lösungswege, also Pseudolösungen, die sich notwendig in Formen der Erbitterung äußern, denen man nur gerecht wird, wenn man sie als Maßstab für ein objektiv verursachtes Leiden interpretiert. Hans Magnus Enzensberger, der Herausgeber des Kursbuchs, wird versuchen, uns auf die Sprünge zu helfen bei der Beantwortung dieser Frage, warum linke Intellektuelle heute in blindwütiger Jagd auf den »subjektiven Faktor« in Gestalt seiner kritischen Theorie derartig mit Wahrnehmungs-, Kombinations- und Interpretationsstörungen behaftet sein können und mit demagogisch vergifteter Feder an der Sache — der Kritik von Psychoanalyse — vorbeischreiben. Über einen Auftritt von Enzensberger in Japan, wo sein im Kursbuch 20 veröffentlichter »Baukasten zu einer Theorie der Medien« auf einem über zwei Abende verteilten Symposion diskutiert wurde, schrieb Siegfried Schaarschmidt am 7. März 1973 in der Frankfurter Allgemeinen Zeitung:

»So geriet die Diskussion überraschend schnell an den Punkt, an dem Enzensberger ›wesentliche Mentalitätsunterschiede‹ meinte konstatieren zu sollen. Das war, nachdem der Lyriker und Theatermann Shuji Terayama Enzensbergers Argumente damit in sich zusammenfallen ließ, daß er sehr ruhig und sachlich feststellte, ›eine Klassifikation in breite Masse und Bourgeoisie ist heute völlig überholt; betrachtet man nur das Äußere, nur die gesellschaftliche Seite des Menschen, werden damit die individuellen Probleme, die Probleme des menschlichen Inneren, in und mit dem man faktisch und körperlich Leiden empfindet, nicht gelöst... Und grundsätzlich: es kann eine Grenze überhaupt nicht gezogen werden, die das Innere des Menschen von seinem Äußeren trennt.‹ Der Avantgardist Terayama, und das ist er zweifellos, erntete Beifall; der Avantgardist Enzensberger mußte sich auf seine Entgegnung, er habe keine individuellen Probleme, sondern nur die Probleme seiner Klasse, ein verständnisloses Kopfschütteln gefallen lassen. Seine Schlußbemerkung nach dem ersten Abend, hier habe er, der Optimist, mit vier

Pessimisten diskutiert, blieb eine etwas kurzgeschlossene Weisheit; ...hier saß ein Utopist...«[14]

Als Utopist gilt, wer Hoffnungen auf eine bessere Welt nicht zur realisieren sucht, indem er die bestehende kritisiert und ändert, sondern indem er sich einfachheits- bzw. schwierigkeitshalber Gedanken macht — ohne zureichende Analyse der vorliegenden Realität, wohlgemerkt —, wie ganz anders menschliche Verhältnisse doch aussehen könnten. Der Weg von der schlechten Realität zur Realisierung des phantastischen Zustands (durchaus im doppelten Sinn des Wortes) ist beim Utopisten natürlich schwierig, so er nicht lieber Gott spielen kann, was nicht heißen soll, daß diejenigen Kritiker, die altmodisch beklagenswerte Verhältnisse vermittels immanenter Kritik aufheben wollen, es wesentlich leichter hätten. Sie sind allerdings näher an den Widerständen der Realität.

Vielleicht reizt gerade das den Utopisten nicht besonders. Ich hatte eingangs dieses Abschnittes auf die objektiv peinliche Lage linker Intellektueller hingewiesen. Die Scham und womöglich auch sozialisationsvermittelte Schuldgefühle können nun zu einer Art mimetischer Anpassung an den von ihnen selber beklagten subjektlosen Zustand führen. Hans Magnus Enzensberger fühlt sich tatsächlich schon in jener allgemeinen Scheiße völlig aufgelöst, die nach Karl Markus Michel auch Psychoanalyse zutage fördert: er ist, seinem Selbstverständnis nach, nur noch Klassensubjekt. Dieser interessante Depersonalisationsvorgang, die Auflösung von Hans Magnus Enzensberger ins Allgemeine seiner (welcher?) Klasse soll helfen, die niedere Sphäre persönlicher Existenz und ihrer Probleme zu überwinden, die mit dem empirischen Subjekt verknüpft ist und die schon der Mann des Dossiers, und darin hat er ja recht, kümmerlich gefunden hatte. Die Einsicht und daraus entspringende praktische Notwendigkeit, Subjektivität nur vermittels der Veränderung objektiver Bedingungen realisieren zu können, schlägt — weil auch die, sozialistischen Staaten keinen Anlaß zur Hoffnung geben, daß diese Interessen dort besser als hierzulande aufgehoben wären (vgl. Kursbuch 30) — um eine Art Totstellreflex. Weil die narzißtische Kränkung durch die historische Entwicklung als zu groß empfunden wird, als daß sie mit begrifflicher Distanz ertragen werden könnte, schlägt, was begrifflich nicht mehr weiter differenziert und mit neuer historischer Erfahrung vermittelt wird, ins Beziehungsmoment um. Der bürgerlichen Hypostasierung von Individualität folgt hier eine merkwürdige linke Variante deren bloßer Negation. Die objektive Schwierigkeit, im Kontext einer auf entscheidende gesellschaftliche Veränderungen zielende Diskussion noch »ich« zu sagen, wäre zu konfrontieren mit der augenblicklichen autobiographischen Welle in der bundesrepublikanischen Literatur. Der Tagebuchroman der ehemaligen Arbeiterin Karin Struck, »Klassenliebe« (Frankfurt/Main 1972), über ihre Beziehungen zu einem »Linksintellektuellen« muß Auskunft geben können über die Situation von Innovatoren, die sich dem nicht eingliedern lassen, was man heute im allgemeinen als Fortschritt begreift, dem szientifisch organisierten der Herrschaft über äußere und innere Natur. Freilich wird der Versuch, dieses »Schicksal zu sabotieren« (Sonnemann) angesichts der Allmacht dieser gesellschaftlichen Tendenz gelegentlich mit antirationalem Affekt bezahlt, im vorliegenden Fall mit dem Angriff auf die Selbstreflexion. Doch die Neigung, das bürgerliche Ich als eine verlorene Position aufzugeben, geht weiter. So zeigen sich in der zeitgenössischen, zu Recht vorangetriebenen Psychiatriekritik Momente der Überschätzung der Rationalität des Irrationalen (Kursbuch 28), und wichtige Autoren dieses Gebietes verlieren an Differenziertheit (Cooper 1971) und neigen zu fernöstlichen Religionen, welche die Spannung Individuum-Gesellschaft anders konzipiert haben als die jüdisch-christliche Tradition: »If I could turn you on, if I could drive you out of your wretched mind, if I could tell you I would let you know« (Laing 1968, S. 138). Es gibt die verschiedensten Positionen dieser »antirepressiven Entsublimierung« (Horn ²1973, S. 88). Wer noch Scham über die Zustände der Welt empfinden kann und den praktischen Bezug nicht scheut, setzt sich offenbar schwer zu bewältigenden Spannungen aus. Die fortschreitende Rationalisierung der Lebensprozesse, welche das Klassenverhältnis übergreift, ist ein mörderisches Klima für die Entwicklung unverkürzter kritisch-theoretischer Positionen und deren Praxis (vgl. Horkheimer/Adorno 1947).

Die begriffliche Überwindung des objektiven Zustands der genannten Kümmerlichkeit vermittels der Identifizierung mit dem Kollektiv einer Klasse gibt dem linken bürgerlichen Intellektuellen in seinem Kopf wieder etwas von seiner Größe zurück, die ihm die reale Entwicklung des Gehäuses der Hörigkeit nimmt. Vor allem aber werden die als Scham und Schuld bekannten, persönlich empfundenen Spannungen zwischen dem kümmerlichen Istzustand und sowohl dem, was sein könnte, als auch jenem, was sein sollte, auf diese regressive Weise offenbar in zweierlei Form gemildert. Zunächst kann einer, der sich ins Allgemeine aufgelöst hat, schwerlich noch als Besonderer, als einzelner zur Rechenschaft gezogen werden, weder von seinem eigenen Über-Ich und Ich-Ideal (meint er), noch von äußeren Instanzen (meint er). Seine Revolutionsarbeit ist zur objektiven Sache geworden. Deshalb muß er die Differenz zwischen seiner guten Theorie und deren praktischer Ohnmacht nicht mehr allein mit sich ausmachen, aber sie ist auch nicht bearbeitbar in einer politisch konzipierten Kooperation mit Freunden oder konkreten, größeren politischen Gruppierungen, in welchen sich ein klares Interesse an Revolution artikuliert und dementsprechend gehandelt wird. Vielmehr versucht er, die objektiven Probleme via Identifizierung mit einer Klasse, einer theoretischen, praktisch erst herzustellenden Größe zu bearbeiten, was die psychosoziale Lage nicht erleichtert (vgl. Rosenwald 1972, insbes. S. 430ff.). Seine Identifizierung, seine Auflösung im Kollektiv schafft nur eine abstrakte Form der Solidarität, die die Sinnlichkeit des Subjekts und die damit verbundenen Probleme theoretisch abschafft. Man könnte das eine narzißtische Abwehr nennen, wenn es sich ausschließlich um eine private Problemebene handelte, was, wie das Dossier richtig zeigt, nicht der Fall sein kann.

Es scheint in der Tat Menschen zu geben, die Marx-Zitate nur lesen, statt diese zugleich weiterzudenken: »In der bürgerlichen Gesellschaft ist das Kapital selbständig und persönlich, während das tätige Individuum unselbständig und unpersönlich ist (1848, S. 111).« Der unmittelbar vorangehende Gedanke: »In der bürgerlichen Gesellschaft herrscht also die Vergangenheit über die Gegenwart, in der kommunistischen die Gegenwart über die Vergangenheit«, hat die durch Psychoanalyse hinzugewonnene zu kritisierende Dimension: die Herrschaft lebensgeschichtlicher Vergangenheit über die aktuelle Lebenspraxis, bei den Michels und Enzensbergers, bereits wieder hinter sich gelassen, ohne hindurchgegangen zu sein. Deshalb kann man sich ungeniert, geradezu kleinkindhaft ungeniert geben, wenn man als objektiver Geist einer Klasse auf Psychoanalyse und deren Vertreter schimpft, Vertreter einer Wissenschaft, die die Selbstreflexion, den Bezug zur Materialität des eigenen Körpers, die Bindung des Geistes an diesen zur Sprache bringen muß, eine Wissenschaft, die die Sozialisationsbearbeitung »eigner Natur« und die entstehenden Defizite nicht einfach verschwinden lassen kann, sondern im Gegenteil:

darauf verweisen muß. Enzensberger (1972) schreibt zur Abwehr dessen eine »*Anstiftung zum Unfrieden*«, die nicht umsonst als Kindervers gerät:

»Herr Hitscherlich, Herr Hitscherlich,
ich will dir mal was sagen:
Ich mag dich nicht, ich mag dich nicht,
Ich kann dich nicht vertragen.

Dein Drumherum ist mir zu dumm
du ziehst an meinem Stecker,
Dein Psychotherapeutikum
das geht mir auf den Wecker.

Warum, warum, das weiß ich nicht,
du brauchst mich gar nicht fragen.
Ich mag dich nicht Herr Hitscherlich,
du gehst mir auf den Magen«.

Solche militant-infantile Abwehr der Selbstreflexion ist der Preis für die gefühlsmäßige Vereinbarkeit von theoretischem Hochflug und objektiv verursachter praktischer Irrelevanz. Das verleugnete Ich, seine Reste kehrten wieder. Die eschatologisch-chiliastische Verachtung für die Kümmerlichkeit subjektiven Leidens gestattet einer objektiv innerlich geschundenen Minorität zwar die Hemmungslosigkeit, mit der sie gegen die Aufforderung zur Selbstreflexion reagiert; doch ist dieser Affekt nur ein Maß unbewältigten Leidens. Auch Unangepaßtheit bedarf, wenn sie politisch werden will, der Reflexion. Eine misanthropische Revolution wäre ein Unding.

Das Ungenierte des idiosynkratischen Ausdrucks verblüfft. Mußte bereits der in der japanischen Debatte von Enzensberger benutzte Begriff „Mentalität“ befremden, weil er zum Blockieren eines aufklärungsbedürftigen Menschenverhalts benutzt wird, so fragt man sich, warum Enzensberger sich der Gefahr aussetzt, auf Horkheimers und Adornos Äußerungen zur Idiosynkrasie verwiesen zu werden. Die Erklärung, daß man jemanden nicht leiden könne, und das Insistieren darauf, daß es dafür auch keine Erklärung gäbe, ist in der »Dialektik der Aufklärung« als »die alte Antwort aller Antisemiten« (1947, S. 212) charakterisiert worden. Adorno präzisiert diese Stellungnahme zur

Idiosynkrasie in einem Gespräch mit Peter von Haselberg (1965). Zwar wird das Recht zur Idiosynkrasie zugestanden, aber doch verlangt, daß solche Reaktionen einer theoretischen Sublimierung zugänglich sein müßten.[15] Diese Auflage einer durch die Sache hindurchgehenden kritischen Anstrengung will Enzensberger nicht mehr erfüllen, weil er das subjektive Moment, ohne dessen sich selbst kontrollierende, ständig gegenwärtige Spontaneität die Begriffe absterben, meint ausgelöscht zu haben, statt es zu äußerster Anstrengung zu bringen[16]. Doch es gibt offenbar bereits zu viel Kontrolle und dagegen setzen sich anarchistische Momente durch. Natürlich ist Enzensberger kein Antisemit, er ist Antifaschist. In seinem Bild des Bösen, dessen Fragen er mit einer psychosomatischen Reaktion am Magen antizipiert, vermischen sich deshalb offenbar Züge Hitlers mit denen Mitscherlichs, ein politischer Nonsens, der nur noch psychologisch erklärbar ist aus der offenbaren Unmöglichkeit, den enormen objektiven Schwierigkeiten, denen linke Innovatoren ausgesetzt sind, zureichend begrifflich standzuhalten.

Das im Dossier und von Enzensberger vertretene Alternativdenken: Politikmachen *oder* Selbstreflexion, welches nicht imstande ist, diese beiden Dimensionen als Momente eines in sich widersprüchlichen einheitlichen Prozesses zu begreifen, stellt die Dialektik von Subjekt und Gesellschaft — freilich nur begrifflich — still mit dem Ergebnis, daß die revolutionären Begriffe in den Himmel der Gedanken einzugehen drohen, den schon Heine den Engeln und den Spatzen zu überlassen vorschlug. Einer Revolution ist zwar sicherlich gleichgültig, woher sie ihre Energien bezieht. Wenn aber die Revolutionäre von einer Methode der Selbstreflexion, zu der kein Mensch sie zwingen kann, so enorme Angst bekommen können, bringen sie einen auf den Gedanken, daß sie (Bürgerlich? —) Idiosynkratisches hinüberretten, daß sie Konterbande hinüberschmuggeln wollen — in ihren alltäglichen Interaktionen, in ihrem Selbstverständnis der Rolle des ›subjektiven Faktors‹ in der Geschichte. Solche Blöcke wären freilich nicht ohne Einfluß auf die Praxis und die strukturellen Ergebnisse einer Revolution. Auch mangelnde Selbstreflexion und gerade die läßt sich zu Formen von Heteronomie vergesellschaften, die das Ideologische noch einmal vers ellen und brechen.

Den Gedanken an Revolution können manche linken Intellektuellen mit bürgerlicher Vergangenheit offenbar nur erhalten, indem sie ihn spalten: in einen abstrakten, gedankenspielerischen, politisch gemeinten Teil von Prinzipien und Begriffen, der für die Mehrheit wenig attraktiv ist und deshalb wenig realen Erfolg bringt; er gerät zu deklamatorisch, als daß die Hohlheit nicht durchdröhnte; dort wesen Ideale fort — und in einen persönlichen Teil, der, weil er als kümmerlich empfunden wird, entpersönlicht nur ertragen werden kann. Man kann die Widersprüche dieser kapitalistischen Welt nur noch auf sich nehmen, indem man einige Vermittlungen ausläßt. Abstrakte Menschlichkeit und konkrete Diffamierung und Denunziation können so nebeneinander existieren, weil der substantielle Ort der Reflexion gestrichen wurde zugunsten einer abstrakten Klassenexistenz. Die kosmologische, die biologische und die politökonomische Kränkung der Menscheit sind um den Preis der Verleugnung der psychologischen von diesen Intellektuellen verwunden. Letztere ist für sie ein besonderes Problem, weil sie das objektiv immer schwieriger Werdende: das Verhältnis ihrer Begriffe zur Praxis in eine psychische Zerstörung ihrer kritisch gemeinten Theorie zur Utopie umschlagen lassen, einem Nirgendwo, wo es »eigne Natur« und die gesellschaftlichen Formen ihrer Bearbeitung nicht mehr als Störfaktor gibt. Als Störfaktor? Als Element des Widerspruchs, das nicht in den gesellschaftlichen Formen seiner Bearbeitung aufgeht; als existentieller Ort der Formulierung von Widersprüchen und Ausgangspunkt von Praxis! Die Befreiung der Menschen allein aus der »allgemeinen Scheiße« berücksichtigt nicht, daß das Besondere zwar notwendig am Allgemeinen teilhat, aber diesem gegenüber sich partiell verselbständigt und Eigendynamik entwickelt. Die besprochenen idiosynkratischen Reaktionen linker bürgerlicher Intellektueller demonstrieren das in peinlicher Weise. Sie machen die objektive Tendenz des Umfunktionierens von Subjektivität mit und reagieren auf die von psychoanalytischer Seite leistbare Desillusionierung, auf eine mögliche Zerstörung zu überprüfender Ideale, empfindlich.

Der hier kritisierte Schauprozeß gegen den »subjektiven Faktor« und seine Wissenschaft wird noch nicht einmal aus dem Glashaus geführt: »Die Sprache, das Privileg der Intellektuellen, ist zu ihrer Welt geworden und diese zum Ghetto ... Man steht am Anfang, wie nicht einmal Marx am Anfang stand. Oder ist es das Ende?« — Karl Markus Michel (1965, 1966, S. 171, S. 181; 1967) hatte in den Anfängen des »Kursbuch« die gesellschaftliche Zerstörung, das Ende der Intelligenz, sich selber eingeschlossen, konstatiert — und doch ihr Überleben offen gelassen.

»In einer Zeit, da Eroberungszüge tamerlanschen Ausmaßes vom Büro aus geplant und abgewickelt werden, da andererseits die technologische Entwicklung bis ins dritte Jahrtausend hinein vorausberechnet wird, aber der Gedanke an eine rational geplante soziale Revolution verpönt ist, weil sich das Bewußtsein der morgen Lebenden nicht vorausberechnen lasse, wird es dem Bewußtsein der heute Lebenden nur dann gelingen, sich in die Geschichte einzuschreiben, wenn es seine Zukunft will und seine Zukunft konzipiert. Das Material liegt auf dem Weg.

Dort liegt aber auch — und häuft sich immer mehr — das Gegenmaterial, Ausdruck aller Widerstände gegen eine vernünftige Praxis. Wenn es nicht zugleich zum Widerstand für die Theorie wird, an dem sie sich stößt und stark macht, wird die Theorie utopisch bleiben und als solche dem Bestehenden integriert werden, zusammen mit pazifistischen Slogans, Protestsongs, ›Sex-Revolutionen‹ und ähnlichen arbeitsteiligen Manifestationen intellektueller Aphasie« (1967, S. 225f.).

Es besteht unsererseits kein Grund, über den Jahre später demonstrierten nachlassenden Widerstand der Theorie als Symptom für den gesellschaftlichen Fortschritt der Entmythologisierung des bürgerlichen Subjekts zu höhnen; im Gegenteil. Die residuale Form seiner Selbstbehauptung versetzt in Schrecken.

Anmerkungen

1 Daß wissenschaftliche Texte nicht unpolitisch sein können, wird als bekannt vorausgesetzt.

2 Das kann hier nicht systematisch entwickelt werden. Der generelle Unterschied zwischen dem klassischen psychoanalytischen Kur und den aus ihr abgeleiteten Verfahren einerseits und anderen Formen der Psychotherapie ist der, daß Psychoanalyse ihren eigenen Begriff ernst nimmt. Sie betreibt lediglich die Analyse der vom Patienten selber in Szene gesetzten Herrschaftsverhältnisse lebensgeschichtlicher Vergangenheit über die Gegenwart und geht davon aus, daß auf der Basis dieses Erkenntnisprozesses (vgl. *Lorenzer* 1970) die Subjekte selber neue Interaktionsformen finden. Sie leistet keinerlei gezielte Hilfestellung in dieser Hinsicht außer eben ihrer spezifischen metatheoretischen Begleitung der szenischen Arrangements, die der Patient anbietet. Man muß es als erzbürgerlich ansehen, daß angenommen wird, auf der Basis dieser Kritik könne der Analysand sich frei entwickeln.

3 Es soll keineswegs geleugnet, sondern es muß ausdrücklich darauf hingewiesen werden, daß die Psychoanalyse aus einer Reihe von Gründen womöglich größere Differenzen zwischen ihrer Praxis und deren Selbstverständnis aufzuweisen hat als andere Wissenschaften. Das wäre zu zeigen und vor allem zu ändern, und eben dies hätte ein Verdienst des Dossiers sein können. Lorenzers Darstellung dessen, was der Psychoanalytiker tut, hätte Ausgangspunkt sein können, z. B. für die Erörterung der äußerst wichtigen Frage, wie Agieren und Interpretieren sich zu politischem Handeln verhalten. Stattdessen wird mit der Psychoanalyse so ähnlich verfahren, als ob man an der FAZ-Lamenteuse Heddy Neumeister und einigen Rundbriefen des BDI die Position des Liberalismus zureichend kritisieren könne.

4 Vgl. *Horn* i. D.

4a Vgl. Anmerkung 6.

5 Einfachheitshalber bringe ich den Text des Interviews hier vollständig als Beleg für die Fragwürdigkeit einerseits psychoanalytischer, andererseits Tabus linker bürgerlicher Intellektueller, die sich aus der therapeutischen Reflexion heraus in diesem Fall offenbar in eine neue, lebenspraktische, politische Synthese auflösen konnten.

»Warum wollen die Psychoanalytiker eigentlich nicht, daß man mit anderen, mit seinen Freunden, seinen Bezugspersonen über die Erfahrung der Analyse spricht? Es ist wohl irgendwie ein Zauber — du begibst dich da in eine Abhängigkeit zum Arzt, und der meint natürlich, deine ganze soziale Verhaltensweise ist falsch, und darum sollst du sie nach außen hin erstmal verbergen, und das, was dich eigentlich bewegt, deine ganzen Komplexe, deine Hoffnungen und was du dir so ersehnst und was du glaubst, daß bei dir faul ist, das sollst du ausschließlich mit diesem Mann bereden. Man muß schon darauf eingehen — es ist, so hab ich das erlebt, erstmal eine ganz gewaltige Erfahrung, die man da macht. Es ist ja doch so, daß man das in der Gesellschaft gar nicht darf. Man hat doch Angst, wenn man sich irgendwie gehenläßt, anvertraut, dann ist man sofort geliefert.

›*Du meinst, in der Analyse findet dann die — eigentliche — Kommunikation exklusiv statt, während man sich nach außen hin möglichst zurückhält?*‹

So war es jedenfalls anfangs bei mir. Im Büro hätte ich natürlich keine Lust gehabt zu erzählen, daß ich eine Psychotherapie mache. Aber meine Freunde waren meistens Studenten, politisch engagiert, und außerdem war in diesen Kreisen sehr viel von Psychoanalyse die Rede. Reich, Orgasmus und so. Und viele gingen in die Analyse, und die meisten wollten gerne und versprachen sich Wunderdinge, ich übrigens auch. Das war damals die rationalste irrationale Erklärung für alle gesellschaftlichen Dinge und für die privaten hang-ups auch. Und es tut ja auch gut, wenn man nicht sich selbst, sondern seiner Mutter und schließlich der Gesellschaft die Schuld geben kann, wenn es einem nicht gut geht, wenn man Kontaktschwierigkeiten hat, wenn man den Frauen nachläuft und vor ihnen davonläuft, weil man geil ist und trotzdem Mösenangst hat... Jedenfalls in meiner Bezugsgruppe war damals, noch vor der antiautoritären Revolte, viel von diesen Dingen die Rede. Aber ich sage dir, je mehr man sich diese Dinge zu erklären versucht, desto mehr verstrickt man sich hinein. Der Dr. W., bei dem ich dann in Behandlung war, das lief von 1967 bis 69, der hat mir rundheraus verboten, psychologische Bücher zu lesen oder mich über solche Dinge zu unterhalten. Anfangs habe ich mich auch strikt daran gehalten. Mein Erlebnis war nur so, daß ich dadurch, daß ich mit dem Analytiker verbündet war, eine kolossale Macht über mich und damit auch über die jeweilige Situation hatte, die gerade lief. Ich meine, es war eigentlich wie ein heimlicher Bund, wie ein Freimaurergefühl oder so. Ich hatte da so eine sensationelle Erfahrung von Wirklichkeit. Vorher waren Leute für mich irgendwie Träger von Meinungen und Ideen, zu denen man sich stellen muß, die wollen, daß man ihre Meinung anerkennt oder ihnen widerspricht. Und jetzt, wo ich mich einfach zurückhielt, weil ich ja wußte, daß ich die wichtigsten Dinge nur in der Analyse berede, da kamen mir die Leute so wirklich, sinnlich, körperlich vor. Sie haben sich mir genähert, und das war wie ein Hit, das war echt neu. Das hatte ich so, seit ich ein kleines Kind war, nicht mehr erlebt, daß einfach die Leute so wirklich sind, so fleischlich da, nicht wie ein Foto von einer Idee, sondern etwas zum Anfassen. Ich glaube, ich hatte mich einfach 25 Jahre lang bluffen lassen. Ich hatte gelernt als Kind, daß ich, wenn ich klug bin, Liebe kriege, und ich hab immer versucht, immer klüger zu werden, damit ich immer mehr Liebe kriege, aber das hat nicht funktioniert. Und jetzt hat der Dr. W. mir gesagt, ich soll wenigstens nicht versuchen zu beweisen, daß ich klug bin, und da hab ich plötzlich auf was anderes achtgegeben und hab mich einfach verhalten — ach ja, ungefähr so: man denkt doch immer unbewußt, ist das richtig, was du eben tust? Und jetzt dachte ich, ach egal, auch wenn du jetzt danebenhaust, wenn du es so bringst, daß die anderen dich auslachen oder ablehnen, egal, irgendwie ist alles nur ein Geschehnis, an dem ich wahrnehmen kann, so und so hast du dich halt verhalten. Die moralische Verantwortung, ich meine, ob das gut oder schlecht ist, wie ich mich verhalte, diese ganze Dimension galt nun nicht mehr so im zwischenmenschlichen Leben. Der W., der hat mir diese Verantwortung irgendwie abgenommen, und so ist es bis heute geblieben. Diese Verantwortungsgeschichte, die habe ich als ein enormes Terrorinstrument von gefühlsarmen Leuten durchschaut. Allerdings, ich meine jetzt nicht Dinge, die unmittelbare Folgen für andere haben, sondern Dinge, die nur Folgen für mich haben. Also mein persönliches Verhalten, in dem sich die meisten Menschen soviel Zwang antun.

›Du bist also gleichsam in den W. eingestiegen wie in einen starken Wagen und hast dann den starken Mann gespielt?‹
Nein, nicht den starken Mann, sondern den lebendigen Mann, ich meine, einen der keine Angst mehr vor Gefühlen hat, der auch dieses Angst- und Flirtspiel, das so unter den Männern läuft, nicht mehr oder nur bedingt mitspielt, keine Angst hat, mal hinzulangen, auf Konflikte einzugehen, — nicht dieses Spiel nach den Spielregeln. Der Dr. W., der ging auch mit, der hat sich nicht abgeschlossen, auch wenn ich dicke Dinger gegen ihn losgelassen habe, dann hat er ganz normal reagiert, wie ein Mensch, nicht wie ein Wächter seiner eigenen Würde. Von dem ging eine starke körperliche Sicherheit aus, er war freundlich und beinah zeremoniös sicher, eben ein starker alter Mann, wie wenn du spazieren gehst und triffst einen weisen Mann, und der sagt dir irgendwas auf den Kopf zu, ganz gleichgültig, es macht ihm nicht viel aus, und gerade da kapierst du es... So eine Therapie ist ja eine ziemlich künstliche Situation, und es kann nicht viel für die Wirklichkeit herauskommen, außer daß man eines lernt: daß man einfach aus sich rausgehen soll, nicht sinnieren, weil man zu feig ist, einen Satz zu machen, sondern sich selbst einfach ausprobieren, aussetzen. Ich meine, was du auch tust, solange du es bist, der es tut, und du nicht unbewußt als jemand anderes handelst — als der kleine Mann in dir, als dein Vater oder deine Mutter oder werweiß — solange ist alles gut, dann bist du's ja. Das immerhin habe ich gelernt... Und an diesem Punkt habe ich dann auch angefangen, es den Leuten zu erzählen, meinen Bezugspersonen, oder wie du's nennen willst. Ich meine die Leute, die mir irgendwie trotzdem noch wichtiger waren als mein Analytiker, auf die ich mehr gehört hätte. Ich glaubte damals, aus der Erfahrung mit den Genossen von der Politikbewegung, soweit ich direkten, d. h. irgendwie erotischen Kontakt mit ihnen hatte, daß ich mich da nicht heimlich hintenrum von einem Schamanen oder Guru gesundstoßen lassen kann, während andere, mit denen du z. B. ins Bett gehst oder dich auf der Straße verhauen läßt von den Bullen, mit ihren eigenen Sorgen fertigwerden müssen und dir davon erzählen. Da hab ich halt auch erzählt, daß ich eine Analyse mache, und hab ihnen so meine Erfahrungen erzählt, fünf, sechs Leute vielleicht, die ich als meine ›Gruppe‹ angesehen habe. Natürlich habe ich das auch Dr. W. gesagt, und irgendwie war ihm das nicht recht, hatte ich das Gefühl, denn er sah mich einfach in einer Subkultur und meinte, ich ließe mich zu sehr von dieser Subkultur beeinflussen.
›War das echt Sorge um dich oder Eifersucht?‹
Naja, er meinte eben, ich würde von diesen Leuten — ferngesteuert —, und irgendwie hatte er damit schon recht. Aber ich bin logischerweise immer mehr dahin geraten, daß ich mich mit diesen Leuten, den Genossen, identifiziert habe und das für richtig und notwendig hielt.
›Identifiziert auch gegen ihn? Ich meine, war die politische Bewegung für dich eine Fortsetzung der Kur mit anderen Mitteln, oder war sie eine Alternative zur Analyse?‹
Beides, aber es gab da natürlich schon eine Konkurrenz zwischen den beiden Therapieformen, wenn ich mal so sagen darf. Ich meine, in der Studentenbewegung waren wir doch alle irgendwie in derselben Lage: wir haben gedacht, daß wir ein neues Verhaltensmodell finden wollen, eine neue Offenheit untereinander, eine neue Spontaneität, und da war es doch wichtig, daß da nicht einer falsch spielte und sich fernsteuern ließ...

›*... — fernsteuern — diesmal von der Analyse?*‹
Ja, oder auch von einer anderen Institution, das greift ja alles ineinander, und die Fäden laufen dann im Individuum zusammen, das merkt man gar nicht, daß man da dran hängt. Man ist ja wer, ein Einzelner, eine verteidigte Burg. Man denkt, daß muß alles so sein. Und dann geht man in die Analyse und da sitzt einer, der ist interessiert daran, daß man eine gewisse Flexibilität erlernt, aber nur, um möglichst in der Gesellschaft zu funktionieren, denn erstens sieht er dann sein Geld, und zweitens ist es wohl so, er kann sich nichts anderes vorstellen als ein bestimmtes Menschenbild. Aber der Mensch hat viele Möglichkeiten, das zumindest haben wir in der antiautoritären Bewegung gelernt und praktiziert... Wieso eigentlich wissen die Analytiker, wie ich mich verhalten soll, was für mich gesund ist? Woher nehmen die das? Die wollen ja auch Schwule heilen und Leute, denen das Büro plötzlich stinkt. Ich glaube, die haben so ein statistisches Normalbild vom Menschen in unserer Gesellschaft, und das sitzt unbewußt in ihnen wie in jedem von uns, und dann versuchen sie dir auf die Sprünge zu helfen, daß du die Erwartungen, die an dich gestellt werden, besser erfüllen kannst. Aber ist das Glück?
›*Hat der Dr. W. auch versucht, dir beruflich auf die Sprünge zu helfen? Steigerung der Leistungsfähigkeit und so?*‹
Natürlich sollst du die Konfliktbewältigung, die du auf der Couch einübst, dann in deiner Alltags- und Arbeitswelt auch anwenden. Du sollst, und das hat mir auch der W. immer wieder suggeriert, deinen Chef als Vater akzeptieren und möglichst einmal an seine Stelle treten, also Karriere machen, also das ganze Spiel mitspielen. Aber ich hab so ziemlich das Gegenteil davon getan...
›*Bewußt oder spontan?*‹
Beides. Das heißt, immer wenn ich darüber nachdachte und meinte, es zu wissen, dann bin ich auf einen Irrweg geraten; ich hab dann angefangen mich gehemmt zu verhalten, und mich hinterher über mein Verhalten geärgert, und das hat wieder so gewirkt, daß ich mich bei der Arbeit unerhört zwingen mußte, während es sonst, wenn ich mir nicht viel überlegte, ganz leicht ging. Ich habe dann meine politischen Umtriebe auch in der Arbeitsszene gemacht, und logisch bin ich dann auch rausgeflogen. Denn das war natürlich viel konflikthafter dort, weil es nicht in dem mit dicken Teppichen ausgelegten Behandlungszimmer stattfand, da gab es handfeste Auseinandersetzungen. Ich hab zwar nie geglaubt, ich mache die Weltrevolution, aber nachdem die auf meine politischen Sachen schlecht zu sprechen waren, habe ich mich verpflichtet gefühlt, das in aller Offenheit zu machen und auch zu agitieren. Diese Offenheit hat mich natürlich psychisch enorm befriedigt. Diese Konflikte, meine ich, die sind ja real, nicht nur psychisch, nicht nur Projektionen, wie die Analyse uns einreden will, und es ist nur gut, wenn man da nicht der Leidende ist, sondern kräftig mitmischt. Auch wenn man in einem solchen Konflikt mal der Dumme ist, wovor einen ja die Analyse irgendwie bewahren will, denn sie will einen doch immer ›gesund‹ halten, so wie sie es versteht, also wenn man da mal der Dumme ist, dann hat das in der Wirklichkeit auch einen Zweck. Denn wie gesagt, es ist ja der objektive Zustand, um den ich mich höchstens herumlügen kann... Ich stelle mir immer vor, wenn das ganze Volk, Millionen Menschen aufhören würden zu versuchen, ›Herr‹ und ›Dame‹ zu spielen, wie man das schon in der Kinderstube beigebracht bekommt, und wenn man nicht zu verheimlichen braucht,

daß man neurotisch ist, sondern das ausleben kann, dann würden die wenigen, die sich diesen Zustand, so wie er ist, zunutze machen und die anderen in Unreife halten, es ganz schön mit der Angst kriegen — denn wir sind ja, wenn wir lebendig bleiben wollen, irgendwie etwas regrediert und unreif: in einer Gesellschaft, wo der rechnende Kapitalist, die Seele als Kleinunternehmer, das Ideal ist.

›*Mir scheint, du hast die Psychoanalyse unterlaufen, indem du, statt deine Konflikte durchzuarbeiten und zu integrieren, diese Konflikte — ausagiert —, d. h. ausgetragen hast als gesellschaftliche Konflikte.*‹

Ja, genau. Ich finde, man muß die Seele auf den Marktplatz stellen. Wenn ich kein ›Geheimnis‹ mehr habe, dann brauche ich niemand mehr zu suchen, dem ichs vielleicht anvertrauen kann oder darf oder nicht darf, dann bin ich einfach ich und bin offen für spontane Kontakte und solidarische Beziehungen...

›... *Was die Psychoanalyse wohl — Regression — nennen würde, bestenfalls — Regression im Dienste des Ich* —‹

Das ist ja der Schwindel, den ich ablehne: irgendwo im privaten Bereich regrediert man, ob bei der Freundin oder auf der Couch, und dann spielt man draußen den starken Max und hält die vernünftige Fassade aufrecht. Ich mein, die Psychoanalyse profitiert irgendwie von dem Zustand, daß das Individuum eine Festung, ein künstlich abgegrenzter Bereich ist. Mir ist das völlig klar: damit er mehr leistet, wird der Einzelne bei uns künstlich isoliert, da entsteht ein Leidensdruck, der muß raus in Form von Arbeit oder Aggression oder Beherrschung von anderen, und dann landest du entweder, wenn du arm bist, am Strick oder in der Abgestumpftheit und Gleichgültigkeit, oder du bist einen Moment lang stark und wehrst dich, dann kommst du in den Knast oder in die Anstalt, je nachdem, oder du bist gebildet und hast Geld, denn gehst du in die Analyse und läßt dir dort für teuer Geld das geben, was dir doch eigentlich von Haus aus zusteht: menschlichen, verständnisvollen, unverstellten Kontakt... So ein Kontakt, falls du ihn kriegst, beeinflußt dich auch rückwirkend, und das ist dann die ›Heilung‹. Daß einer bei uns heute fünf bis zehn Jahre braucht, um so ein nicht boshaftes, nicht ironisches, nicht aggressives Eingehen auf den anderen zu erlernen, und daß er dann 50 bis 70 Mark die Stunde dafür nehmen kann, das wirft doch ein Licht auf unseren Zustand, wie selten das ist.

›*Wie war das nun in deiner Beziehung zum Analytiker, gab es da diesen Kontakt, die ›positive Übertragung‹, und war dazu ein Analytiker notwendig, oder hätte das mit irgendeiner anderen Person auch gehen können?*‹

Natürlich, mit jedem, mit dem man sich solidarisch fühlt. Dies ist allerdings der Punkt — ich glaube, es ist gar nicht leicht, das zu erkennen, Solidarität. Was heißt das? Wie ich so ein isoliertes Individuum war, da konnte ich dieses Vertrauen nicht ohne weiteres aufbringen — sonst hätte ich wohl keinen Analytiker gebraucht. Aus Büchern und so wußte ich natürlich, daß die Psychoanalyse das Top-Efficiency unserer Kultur ist, daher hat der Dr. W. mich in diese Übertragungssituation, wie man es nennt, hineintricksen können. Denn irgendwie habe ich mich anfangs an ihn ausgeliefert. So wie ich damals war und dachte, konnte ich das nur einem Spezialisten gegenüber tun. Überhaupt, vielleicht funktioniert die Psychoanalyse nur, weil sie teuer ist. Denn du kommst dir ja als etwas ganz Besonderes, was Kostbares vor. Du bist ein Problem, und da läßt du nur den Fachmann ran. Je teurer dein Glück dich zu stehen kommt, desto mehr muß wohl dran sein. Da ist der hohe Preis für die Stunde geradezu ein Wertmaßstab für die Persönlichkeit. Aber schau es mal ganz real an: diese Kommunikation, das mit den freien Assoziationen und der positiven Übertragung, das funktioniert doch nur, weil ich will, daß es funktioniert. Wenn ich unverschämt, ja im wahren Sinn des Wortes: un-verschämt genug bin, mich irgendwem zu öffnen, allerdings müßten es mehrere sein, nicht nur einer, nicht nur die Freundin oder die Frau, damit ich eine ›Kontrollerfahrung‹ habe und vergleichen kann, wie ich mich dann jeweils fühle, dann müßte es auch gehen. Ich meine, dann müßte ich dieselbe Sicherheit gewinnen, mein Leben so zu arrangieren, daß das Glück drin ist. Denn das nimmt die ja auch der Analytiker nicht ab.

›Hast du in der Analyse nun das sog. ›tiefe‹ Material ausgebreitet oder eher aktuelle Konflikte, man könnte sagen: Deckkonflikte, z. B. aus der Arbeitsszene?‹

Überwiegend letzteres. Was halt so grade mich bewegt hat. Die Kindheit, das war mir nicht so direkt zugänglich. Ich meine, wenn ich meine laufenden Konflikte beredet habe, in denen ja alles drinsteckte, da habe ich Emotionen gehabt, und von da aus hat sich manchmal sowas wie ein Schacht in die Tiefe aufgetan, daß es mich überwältigt hat, bis zu Tränen, manchmal auch vor Glück, wie ein Aha-Erlebnis. Aber wenn ich gleich mit der Kindheit anfing, da blieb ich meist kalt und unbeteiligt, das konnte ich so erzählen, als ginge es einen anderen an — als würde ich mich mit dem Analytiker gegen meine Kindheit verbünden. Vielleicht war das eine Folge der Aufgeklärtheit, daß ich ja schon wußte, daß alles aus der Kindheit kommt.

›Wie hat er das gedeutet, wenn du ihm solche aktuellen Geschichten erzählt hast?‹

Er hat es gar nicht gedeutet. Er hat sich ehrlich Mühe gegeben, das zu verstehen. Aber mein System war ein flüchtiges System. Kaum sagte ich, so ist es, und er versuchte mich festzulegen — da war ich schon wieder eine Kurve weiter. Er war irgendwie wie ein Felsen, und ich war wie ein Vogel, der umherflattert und versucht zu landen. Das drückt es vielleicht aus. Und einmal, da war es ihm zuviel. Da sprang er wütend auf und schrie Scheiße! und sagte, jetzt reicht es ihm, ich erzähle Geschichten und Geschichten und verstecke mich dahinter. Ich sagte ja, er hat oft positiv reagiert — da hab ich was draus gelernt. Nichts Verbales oder Erklärbares — mehr etwas, was die Einstellung, die Sicherheit betrifft. Es hat mich irgendwie rausgeholt aus einer Sackgasse. Andererseits war da dauernd der Konflikt — er wollte mich vom linken Milieu isolieren, weil natürlich auch meine Projektionen dahin liefen, d. h. ich habe mir sehr viel von diesen Aktivitäten versprochen und ihn davon überzeugen wollen, daß das gut und richtig ist, was wir damals Politik nannten. Ich glaube, diese Spannung, unter der ich damals dauernd stand, die braucht man, um so einsame Aktionen machen zu können wie einen Stein werfen, oder um sich von 5000 Bullen verhauen zu lassen wie Ostern bei Springer. Denn wenn du's vernünftig betrachten willst, dann kannst du natürlich von solchen Dingen nur die Finger lassen. Wenn aber diese Spannung, dieser diffuse Haß dafür, daß du leiden mußt, vorhanden ist, dann wird das alles ganz sinnvoll. Du kämpfst dann für ein lebendiges Leben voller sinnvoller Beziehungen — das ist kein Beziehungswahn, auch keine Paranoia, denn es wird ja tatsächlich verfolgt, und wenn das viele nicht merken, dann spricht das nicht gegen die Wenigen, sondern eher gegen die Vielen.

›Und ist die Analyse zu einem Abschluß gekommen, war sie — erfolgreich —?‹
Ich weiß nicht, ich glaube, ›erfolgreich‹ ist sowas nur, wenn der Betreffende dann in eine für ihn vorbereitete Situation hineinfällt. Wenn der vom Schamanen Behandelte also selbst zum Schamanen wird. Oder wenn ein Angestellter mit der Struktur seiner Arbeitswelt versöhnt wird und dann in einer Umwelt arbeitet, die für ihn gleichzeitig eine Art analytische Situation ist, weil er in den bestehenden Konflikten erlernt hat, seine Bedürfnisse, Machtbedürfnisse, Abhängigkeitbedürfnisse usw. erfolgreich auszuagieren. In diesem Sinn habe ich keinen erfolgreichen Analyseabschluß. Aber an einem bestimmten Punkt bin ich aus dieser geheimbundartigen Situation hinausgetreten und habe sehr intime Kontakte mit anderen Menschen aufnehmen können — und da brauchte ich auch die Analyse nicht mehr. Vielleicht ist die Analyse als solche gescheitert, aber ich habe irgendwie die Wirklichkeit gefunden. Wenn du dagegen auf der Couch ›gesund‹ werden willst, dann bist du irgendwie ein Klassenverräter.
›Du hast also den Schamanen für dich eingespannt und gleichzeitig den kulturellen Zusammenhang, in dem der Schamane wirkt, verraten?‹
Ja, das muß man wohl, wenn schon. Das wichtigste ist doch, daß die Menschen dahin kommen, daß sie keinen Schamanen oder Guru mehr brauchen.«

6 »Der Patient wird festgelegt — auf ein Double-bind. Er erlernt ein paradoxes ›Sprachspiel‹, und zwar — entgegen der Frankfurter Auffassung — weniger dessen Semantik als dessen Grammatik, also die allgemeinen Verkehrsregeln; sonst wäre es wohl kaum zu erklären, wieso das analytische Gespräch die gesellschaftliche Kommunikation einüben, in sie hineinführen kann. Die dabei angewandte Methode, so scheint es, ist relativ unwichtig, die entsprechenden Rationalisierungen sind oft reine Mystik« (S. 61).

7 Auf die Darstellung des Lorenzerschen Denkmodells (1970) wird hier verzichtet.

8 Die Stelle lautet im Original:
»Si nous plaçons ainsi côte à côte théorie de la séduction et théorie du père castrateur, c'est parce que dans l'une et l'autre, le sujet — l'enfant — se trouve déchargé de la culpabilité liée à son désir. Ce n'est pas l'enfant qui a le désir ›organique‹, c'est-à-dire inévitable, d'avoir des relations sexuelles avec le parent de sexe opposé, c'est ce parent qui cherche à séduire l'enfant. Ce n'est pas l'enfant qui désire châtrer son pere, c'est ce père qui menace l'enfant de castration.
Il n'est pas possible de ne pas faire mention du fait que Freud ne fut jamais analysé. Des lors, on peut comprendre combien il lui fut difficile d'assumer la totalité de ses désirs érotiques infantiles et de ses désirs agressifs; leur projection sur les parents (»ce sont eux les coupables, et non moi«) possedait en soi une vertu deculpabilisante... Difficulté d'assumer ses désirs sexuels: théorie de la séduction, jamais complètement abandonnée...« (S. 58).

9 Vgl. die Strukturanalogien, die z. B. Horn (1972), Lenk (1972) und Sonnemann (1969) hervorheben.

10 Michel hat wirklich einen guten bösen Blick für Schwachsinn, doch leider ist er im Dossier darauf fixiert. Die anspruchsvolle Absicht, solche Abstrusitäten, wie den von Jung vermuteten Zusammenhang zwischen Astrologie und Psychologie stellvertretend für zentrale Denkstrukturen der Psychoanalyse zu

kritisieren, scheiterte leider an der polymorphen und diffamierenden Abwehr seiner Inkompetenz.

11 Unerfindlich bleibt, wie Michel zugleich vermuten kann, »die Veranstaltungen und Regeln, denen er (der Patient K. H.) unterliegt, mögen ihren guten therapeutischen oder wenigstens professionellen Grund haben...« (S. 44) und über Psychoanalyse schreibt: »Daß sie einzelnen Menschen praktisch hilft, sei unbestritten und legitimiert solche Praxis mehr, als deren theoretische Rechtfertigung das vermag« (S. 25).

12 Es handelt sich hier um den Managerfall, den Lorenzer (1970) zitiert.

13 Während ich diese Entwicklung Konflikt — Defekt (Ich-Einschränkung) primär als historische Entwicklung sehe, die etwas über die Veränderung der Form des ›subjektiven Faktors‹ aussagt, benutzt Lorenzer (1972, S. 144) diese Unterscheidung systematisch im Sinne eines kategorialen Zugangs der Psychoanalyse zu den Problemen der Unterschichtsozialisation.

14 Man könnte sich nicht ohne weiteres auf eine solche Zeitungsmeldung beziehen, wenn dieses utopische Moment im Zusammengehen mit einer illusionären Einschätzung des »subjektiven Faktors« Enzensberger nicht an anderer Stelle anhand jener medientheoretischen Äußerungen bereits nachgewiesen worden wäre (vgl. *Piechotta* 1970).

15 »...Das, was ich mit Idiosynkrasie meine, wenn Sie mir gerade noch gestatten, Herr von Haselberg, das anzudeuten, ist vielleicht am genauesten formuliert worden in einer der späten Hymnen von Hölderlin, der ja nicht in Verdacht steht, mit solchen Idiosynkrasien den Irrationalismus vertreten zu haben, wo er sagte: ›Dies aber geht nicht mehr‹. Wer nicht diesen historischen Takt hat zu spüren, was geht und was nicht geht, der hat an der Wahrheit selber auch keinen Teil, und ich würde sagen, daß es zu dem Elend der gegenwärtigen Philosophie gehört, daß sie diesen Takt nicht hat. Ein irrationales Moment ist sicher drin, wenn sich einem nicht, wenn man eine bestimmte Prosa liest, gegen heimelige, reaktionäre und gebogene Wendungen die Haare sträuben, und das ist — wenn Sie es so wollen — irrational; aber wenn man diese irrationale Reaktionsweise nicht hat, dann hat man auch kein fortgeschrittenes Bewußtsein. Zum fortgeschrittenen Bewußtsein gehört allerdings — und da würde ich Ihnen sehr zustimmen — die Fähigkeit und die Energie, diese idiosynkratischen oder blinden Reaktionen ins Bewußtsein zu erheben und sogar, sie zur Theorie zu erheben. Das meinte ich mit dem zweiten Element. Ich würde sagen: fortgeschrittenes Bewußtsein ist ein Bewußtsein, das es vermag, idiosynkratische Reaktionen oder Erfahrungen zur Theorie zu sublimieren.« (S. 20f).

16 »von Haselberg: Fortgeschrittenes Bewußtsein kann dann also nicht etwa heißen, eine weitere Präsenz von unmittelbar Bewußtem, also vulgär gesagt, von dem, was man alles gleichzeitig im Kopf hat, sondern Idiosynkrasie in dem Sinne, wie Sie meinen, bedeutet dann eine Art von Sicherheit der Erfahrung, die nicht ständig auf die kritische Reflexion zurückzugreifen braucht, sondern sich gerade in einer Zeit so ungeheuer vermehrter Wahrnehmungskreise notwendig macht, eine Sicherheit der subjektiven Reaktion, die ihrerseits aber nur dann zurecht existieren kann, wenn sie selber das Ergebnis wirklich von Denken ist. Adorno: Ich habe heute in einem ganz anderen Zusammenhang das in der Form ausgesprochen oder vielmehr niedergeschrieben, daß die Sache adäquat auszudrücken nicht ein Durchstreichen der Subjektivität bedeute, sondern daß

nur durch die äußerste Schärfung und Anspannung der Subjektivität hindurch die Sache selber überhaupt zum Sprechen gebracht werden kann. Dem würde ich allerdings hinzufügen, daß es dabei ebenso der Arbeit und der Anstrengung des Begriffs bedarf, also daß es nicht bei der blinden Idiosynkrasie bleibe...« (S. 21f).

Literaturhinweise

Adorno, Th. W. und *Peter von Haselberg* (1965): Über die geschichtliche Angemessenheit des Bewußtseins, in Akzente 12, 1965, S. 487–497, zitiert nach Kritik und Interpretation der Kritischen Theorie. Über Adorno, Horkheimer, Marcuse, Benjamin, Habermas, Raubdruck, o.O., o.J., S. 13–23.

Argelander, Hermann (1970): Das Erstinterview in der Psychotherapie. Erträge der Forschung, Darmstadt 1970.

— (1972): Der Flieger, Eine charakteranalytische Fallstudie. Literatur der Psychoanalyse. Herausgegeben von *Alexander Mitscherlich,* Frankfurt/Main 1972.

Badura, Bernhard (1971): Sprachbarrieren. Zur Soziologie der Kommunikation. Stuttgart-Bad Cannstadt 1971, S. 111ff.

Balint, Michael (1964): Der Arzt, sein Patient und die Krankheit, Stuttgart ³1965.

Bellak, Leo (1967): The Broad Scope of Psychoanalysis, edited by D. P. Spence, New York 1967.

Bellak, L. und *L. Small* (1965): Kurzpsychotherapie und Notfallpsychotherapie. Literatur der Psychoanalyse, Herausgegeben von *Alexander Mitscherlich,* Frankfurt/Main 1972.

Calogeras, Roy C., und *Fabian X. Schupper* (1972): Verschiebung der Abwehrformen und einige ihrer Konsequenzen für die analytische Arbeit. In: *Klaus Horn,* Hg., Gruppendynamik und der »subjektive Faktor«. Regressive Entsublimierung oder politisierende Praxis, Frankfurt/Main ²1973, S. 312–348.

Cooper, David (1971): Der Tod der Familie. Deutsch von *Edwin Ortmann,* Reinbek bei Hamburg 1972.

Freud, Anna (1964): Das Ich und die Abwehrmechanismen. München 1964.

Enzensberger, Hans Magnus (1972): Anstiftung zum Unfrieden. In: Tintenfisch 5, Jahrbuch für Literatur, Berlin 1972, S. 79.

Haag, F., H. Krüger, W. Schwärzel, J. Wildt, Hg. (1972): Aktionsforschung. Forschungsstrategien, Forschungsfelder und Forschungspläne, München 1972.

Horkheimer, Max und *Theodor W. Adorno* (1947): Dialektik der Aufklärung. Philosophische Fragmente, Amsterdam 1947.

Horn, Klaus (1972): Psychoanalyse — Anpassungslehre oder kritische Theorie des Subjekts? In: *Hans-Peter Gente,* Hg., Marxismus Psychoanalyse Sexpol. Bd. 2: Aktuelle Diskussion, Frankfurt/Main 1972, S. 116–159.

— (Hg.) (²1973): Gruppendynamik und der subjektive Faktor. Repressive Entsublimierung oder politisierende Praxis? Frankfurt/Main 1972.

— (i. D.): Die gesellschaftliche Produktion von Gewalt. Politpsychologische Vorschläge zu ihrer Untersuchung. In: Leviathan 1, 1973, Heft 3.

— (i. V.): Psychoanalyse und Emanzipation (Arbeitstitel). In: Emanzipation, herausgegeben von *M. Greiffenhagen,* Hamburg, in Vorbereitung.

Kohut, Heinz (1971): Narzißmus. Eine Theorie der psychoanalytischen Behandlung narzißtischer Persönlichkeitsstörungen. Literatur der Psychoanalyse, herausgegeben von *Alexander Mitscherlich,* Frankfurt/Main 1973 (The Analysis of the Self. A Systematic Appoach to the Psychoanalytic Treatment of Narcissistic Personality Disorders, New York).

— (1973): Überlegungen zum Narzißmus und zur narzißtischen Wut. In: Psyche XVII, 1973, S. 513—554.

Kursbuch 28 (1972): Das Elend mit der Psyche I: Psychiatrie, Berlin 1972.

Kursbuch 29 (1972): Das Elend mit der Psyche II: Psychoanalyse, Berlin 1972.

Kursbuch 30 (1972): Der Sozialismus als Staatsmacht: Ein Dilemma und fünf Berichte, Berlin 1972.

Laing, R. D. (1968): The Politics of Experience, New York 1968.

Landauer, Karl (1929): Zur psychosexuellen Genese der Dummheit (1929). In: Psyche 24, 1970, S. 463–484.

Lenk, Kurt (1972): Marx in der Wissenssoziologie. Studien zur Rezeption der Marxschen Ideologiekritik, Neuwied und Berlin 1972.

Lerner, Barbara (1972): Therapy in the Ghetto. Political Impotence and Personal Disintegration, Baltimore and London 1972.

Löwentahl, Leo, und *Norbert Gutermann* (1966): Agitation und Ohnmacht. Auf den Spuren Hitlers im Vorkriegsamerika. Neuwied am Rhein und Berlin 1966.

Lorenzer, Alfred (1970): Sprachzerstörung und Rekonstruktion. Vorarbeiten zu einer Metatheorie der Psychoanalyse. Literatur der Psychoanalyse, herausgegeben von *Alexander Mitscherlich,* Frankfurt/Main 1970.

— (1972): Zur Begründung einer materialistischen Sozialisationstheorie, Frankfurt/Main 1972.

Marcuse, Herbert (1963): Das Veralten der Psychoanalyse. In: Kultur und Gesellschaft 2, Frankfurt/Main 1965, S. 85–106.

Marx, Karl (1848): Manifest der Kommunistischen Partei. Teil I und II. In: Karl Marx. Auswahl und Einleitung von Franz Borkenau, Frankfurt/Main und Hamburg 1956, S. 98–116.

Mendel, Gérard (1968): La crise de générations. Etude sociopsychanalytique, Paris 1968.

Michel, Karl Markus (1965, 1966, 1967): Die sprachlose Intelligenz I. In: Kursbuch 1, Frankfurt/Main 1965, S. 73–119; II. Muster ohne Wert (Westdeutschland 1965). In: Kursbuch 4, Frankfurt/Main 1966, S. 161–212; III. In: Kursbuch 9, Frankfurt/Main 1967, S. 200–226.

Mitscherlich, Alexander (1970): Lagebericht. Psychoanalyse heute in Deutschland. In: *Ders.:* Versuch, die Welt besser zu verstehen. Fünf Plädoyers in Sachen Psychoanalyse, Frankfurt/Main 1970, S. 11–65.

— (1963): Auf dem Wege zur vaterlosen Gesellschaft. Ideen zur Sozialpsychologie, München 1963.

Piechotta, Hans-Joachim (1970): Zu Enzensberger: Baukasten zu einer Theorie der Medien in Kursbuch 20. In Ästhetik und Kommunikation. Beiträge zur politischen Erziehung 1, 1970, S. 31–34.

Przytulla, Horst (1972): Über die Benutzung einer bürgerlichen Wissenschaft. In: Kursbuch 29, Das Elend mit der Psyche II, Psychoanalyse, Berlin 1972, S. 102–124.

Rosenwald, George C. (1972): Zum Objektivierungsproblem in der Gruppenpsychologie. In: *Klaus Horn,* Hg., [2]1973, S. 394–441.
Spitz, René (1964): Der Dialog entgleist. In: Journal of the American Psychoanalytic Association, Jg. 12, 1964, S. 752–770; demnächst in PSYCHE.
— (1965): Die Evolution des Dialogs. In: Drives Affects Behavior Bd. II, 1965, S. 170–190, demnächst in PSYCHE.
— (1972): Das Leben und der Dialog. In: PSYCHE Jg. 26, 1972, S. 249–264.
Watzlawick, P., J. H. Beavin und *D. D. Jackson* (1969): Menschliche Kommunikation. Formen, Störungen, Paradoxien. Bern und Stuttgart 1969.

Ulrich Sonnemann

Das Unschuldige an verpaßten Anschlüssen

Zur nachlaufenden Entschlossenheit der Ersatzlinken

> Die meisten deutschen Gesichter sehen mir aus wie ein Privilegium; also werden wir wol noch lange bleiben, was wir sind.
> Johann Gottfried Seume: *Apokryphen* (1811)

I

Wer manipuliert als geheimer Fernsteuermann die Technik elektronischer Schlachtfelder? Wer ist an der kriminellen Entlaubung schuld, die amerikanische Flieger am vietnamesischen Wald durch Besprühung mit Chemikalien verübt haben? Wir kennen Ihre Laienantworten, es wird Zeit, daß Sie die der Wissenschaft kennenlernen: Schuld an beidem ist die Psychoanalyse. Nur weil sie ihr Ränkespiel zur Verewigung des Kapitalismus eben so fein spinnt, hatten wir uns das früher — vor Kursbuch 29 — nicht klargemacht.

Die hier berichtete These steht im einleitenden Aufsatz des Heftes. Zu ihrer Begründung baut Erich Wulff[1] das Bild eines psychischen »Zuständigkeitsbereichs für die Konflikte und Leiden« — an Unmenschlichkeit, Unrecht, barbarischen Verwüstungen — auf, den die Psychoanalyse, erfährt man, im Innenleben ihrer Analysanden entwickele; der diese dem Verdrängenmüssen im überlieferten Sinn überhebe; und, indem die industriellen und Kriegstechniken, die in der arbeitsteiligen Gesellschaft die Produktion jener Übel ermöglichen, nicht in ihn, sondern einen andern, »fachbezogenen« Kompetenzbereich des Bewußtseins fallen, auf die »herrschaftssichernde ideologische Funktion« einer abstrakten innerseelischen »Realität an Gefühlen, Empfindungen, Affekten, Phantasmen und archaischen Szenen« hinauslaufe, die »konkrete Handlungsanweisungen (...) für eine bestimmte reale Situation, die Leiden verursacht und Leidenschaften weckt«[2] mittels gegenseitiger Isolierung dieser psychischen »Sektoren« verhindere. Man erkennt in dem fatalen Modell einen verbreiteten Menschentyp von unbezweifelbar zeitgenössischer Macht wieder; daß er mit der Psychoanalyse gar nichts zu tun haben könne, würde auf die Wulffsche Pauschalität eine Gegenpauschalität setzen, vor der ich mich hüte. Was den Typus identifizierbar macht, ist, daß er keine Identität hat: *adjusted* ist. Die als Exemplare seinem Modell folgen, passen sich (unter privatem Protest) einer Gesellschaft an, die im Wachsen ihrer Antagonismen — dem deren Abwälzung auf die Individuen und Verschiebung in ihr Inneres nicht mehr nachkommen kann — heute schon der Beweis ist, daß mit zunehmender Begründung auf die Monopolinteressen ökonomischer Machtkonzentration politische Herrschaft krimineller wird, ihre Ideologiepolster durchscheuert. In diesem Vorgang hat Wulffs These ihren deutlichen geschichtsempirischen Ansatzpunkt, denn allerdings hat die Psychoanalyse — in der vorreflexiven Phase ihrer Integration in die Gesellschaft Amerikas, in der die Massenangst bürgerlicher Vereinzelung ihr nicht nur thematisch entgegenkam — sich nach der Topologie gegebener »Realitäts-«, also Machtverhältnisse für solches *adjustment* verwursten lassen. Daß ihr Widerstand gegen diese Art Verwertung mit der Einsicht wuchs in ihre eigene Anlage: ihren Status nicht als »Psychologie« — der jene »innerseelische Realität« gerade, in Verdoppelung von Neurose selbst, zum Objekt gerinnt —, sondern als Verständigung — via ihre Welterfahrungen — seelisch Beschädigter mit sich selbst und den Mitmenschen, macht die Wulffsche Subsumtion jenes »Zuständigkeitsbereiches« — in dem der blanke Narzißmus haust — unter den Begriff ausgerechnet von *Interaktion* zum schlichten Ultimum an empirieloser Irreführung.

Schon das Dossier, das dem Aufsatz folgt, straft dessen Zurechnung Lügen. Unter den Analyse-Erfahrungen von Patienten dort, die das Dossier mittels Interviews, deren Ergebnisse nicht geklärt werden, festhält, sticht der *Fall Ingrid B.* hervor, in dem nach dem Zeugnis der Patientin ein Behandlungsverlauf die mobilisierendste Wirkung hatte, der so konsequent ohne Spur eines Interpretationsoctrois seitens der Analytikerin auskam, daß das interaktive Situationsmoment trotz eher spärlicher Übertragung sich durchsetzte. Wulffs Charakterisierung dieses Potentials als Illusion ohne soziale Verbindlichkeit, als Phantasma, das er nach dem Anfangszitat in einem rein »Innerseelischen«, was immer das sein möchte, ansiedelt, vermengt nicht nur, statt nach ihrer Verschränkung zu forschen, erkenntnistheoretische und materiale Bestimmungen. Sondern die Aburteilung entgegenstehender — nicht prompt »aktivistischer« — Positionen erfolgt letztlich mittels nichts als der Registrierung, daß sie entgegenstehen:

nämlich den »konkreten Handlungsanweisungen«, die sich praktisch geben, während sie bloß der Gebärdeschatten ihrer selber, unbestimmt bleibende, magische Instrumentalität sind, da ihr Konkretes, soweit das Auge schweift, im beschwörenden Gebrauch des Abstraktums *konkret* und sonst nichts besteht. Greifbar wird nur diese Verkehrung des Interaktionsbegriffs in sein »innerseelisches« Gegenteil: nach der Tradition des deutschen Begriffsrealismus, einer in solchen Kopfbräuchen längst auferstandenen, kaum mehr verkappten Scholastik wird das in den Terminus Hineingelesene ohne weiteres auf den fremden Gegenstand, den er als menschliche Anlage ins Auge faßt, angewandt: den über die Objekterfahrung intersubjektiven Handelns vermittelten Prozeß der Subjekte, dieses zu unerforscht gebliebene Zellgewebe der »praktischen menschlich-sinnlichen Tätigkeit«, die die fünfte Feuerbach-These fixiert.[3] Ohne weiteres kann dieser fremde Gegenstand dann abgehandelt und theoretisch erledigt werden, als Abweicher und Störenfried, ohne angeschaut werden zu müssen: rein »nach Begriffen«.

Wovon Wulff überhaupt redet, wird, je weiter man in seinem Text gelangt, dunkler. In einem Hinweis auf den Psychodynamiker Slote, der erfolglos unter Vietnamesen das Vaterimage der USA zu verbessern suchte, ohne den Grund für dessen Verschlechterung in amerikanischen Handlungen auch nur zu bemerken, setzt er rundweg und rätselhaft den Begriffsgehalt von *Interaktion* mit *Gefühlen*[4] gleich: derart weitgehend entzieht sich eine Kategorie, die an Durchschauung aller Monaden, einschließlich »psychodynamischer«, ihre Wahrheit hat, monadologischem Zugriff. Da sich ein solcher, im Unterschied zu dem von Wissenschaft, nicht in Frage stellt, wird zwar der Psychoanalyse ihre bürgerliche Verwertbarkeit vorgehalten, nicht aber dem Marxismus — gegen sein drängendes Interesse, kritisches Postulat — etwa Stalin: entweder erledigt dessen herrische Erscheinung die Lehre oder sie setzt sich mit souveränerer Geschichtskritik von ihr ab als pragmatische Verlegenheit löffeln möchte. Was die Theologen verbindet, ist auch ihr Wursteln, es ist nicht nur ihre Ordnungsliebe. Mit Recht hat, von deren Standpunkt, *Arnold Gehlen* den sowjetischen Einmarsch in Prag gelobt, die USSR als verläßliche Ordnungsmacht gegen humanitätsduselige Aufweichungen des staatlichen Gedankens hervorgehoben.

Trotz ständiger Fehlatmung des letzteren, wie sie eine zwanglose Mutmaßung, daß der Atmende krumm sitzt, stets nahelegt, ist die leere Reinheit der reinen Lehre nicht Inhalt einer hermetischen Nabelschau: bei der sie wenigstens, als entschiedenes Vakuum, dessen Horror, mit ihm den Einbruch der Welt zeitigte, sondern die unsinnliche Monotonie eines Glaubenshorizonts aus gefrorenen Formeln. In diesen bricht die Welt nicht ein, sie fragt sich im Gegenteil, wie sie, von ihm verlockt, aus ihm ausbricht. Wo die Verlockung über die Schranke siegt, gibt es die Vernunft der *Allendes:* mit Marx selbst haben sie begriffen, daß sozialistische Revolution weder hinter bürgerliche in Feudalabsolutismus zurückfallen darf, noch sie irgendwann einmal nach deutschem Wunschdenken, dem die Freiheitstrauben von je zu sauer sind, überspringen wird, sondern ihrer Geschichtslinie folgt. Der Dogmatismus kann das schon deshalb nicht wahrhaben, weil es unweigerlich seine Existenzbedingungen in einem Winkel der bürgerlichen Gesellschaft in Frage stellt, in dem er längst Institution wurde. Diese muß sitzen bleiben, wo sie sitzt, kann daher, gegen Marx[5], nicht zunächst die bürgerliche Gesellschaft zu ihrer politischen Selbstverwirklichung anhalten, die es in Deutschland nie gegeben hat und die die geschichtliche Vorbedingung jeder weiteren Veränderung ist; sondern kann die Hinfälligkeit der Gesellschaftsordnung unter Verzicht auf ein politisches Praxismodell bloß durchschauen, sie immer bereits, genauer, durchschaut *haben*, nämlich vom jüngsten Tage her des *Systemwechsels.* Obwohl es sie jedenfalls geben muß und für den Stifter der marxistischen Lehre, wie für sämtliche Horizontbegründer, die vor ihm wirkten, solche Blickschranken ein Spott waren, gut nur, durchbrochen zu werden, darf partout in der reinen Lehre nach der *andern Seite des Horizonts* nicht gefragt werden.

Im *Kursbuch* daher — jedenfalls bis in jüngste Zeit — auch nicht; aber wie schafft es das? Tatsächlich gelingt es immer weniger, aber wie ist es versucht worden? Der Marxismus ist inzwischen in kaum mehr zählbare Fraktionen gespalten. Deren theoretische Differenzen gehen ihren praktischen nicht voraus, sondern folgen ihnen wie Schatten. Da die reine Lehre schon lange vom sowjetischen Modell kompromittiert ist, hält zu ihrer Rettung auch *Kursbuch* Distanz von diesem, aber was weiter? Seine Schwierigkeit rührt daher, daß nach dem Kriterium ihrer eigenen Wahrheit eine Theorie sich nur weiter und über sich hinausdenken läßt, wenn man gegen sie andenkt; sie bereit ist, Entdeckungen zu machen, auch noch solche an sich selber und über sich; wenn zu ihrer Überprüfung ebenso an Empirie wie den Denkgesetzen ihre Träger bereit bleiben. Da solche Überprüfung in die Schublade *Revisionismus* fällt, wird die Sache nicht überprüft: ein bejahrtes Geschichtsphänomen, das schon zu seiner Zeit bloß die opportunistische Kompensation jener Fatalisierung der Lehre durch Kautsky war, über die Lenin sich schlicht hinwegsetzte, während man sie in Deutschland todernst nahm, dient paradox nun zum Selbstbehauptungsvorwand für die gleiche Erstarrungstendenz — nur kann diese, unverändert monolithisch, jetzt so sehr sie sich anstrengt nicht mehr *einem* Monolithen zu Diensten sein, da die Geschichte inzwischen für Stückelung sorgte; also Pluralismus geboten ist.

meine elster verwandelt sich
in einen schwarm von elstern.[6]

Monolithischer Pluralismus: offenbar ist das ein Widerspruch. Er läßt sich nur so, zwar nicht lösen, aber ungelöst perpetuieren, daß von den Positionen, die zugelassen werden (welche Auswahl schon davon abhängt, daß sie an der Endgültigkeit der reinen Lehre, ihrer fundamentalen Unverbesserbarkeit, keine Zweifel äußern, andernfalls sie mit jeder Ordnung auch die monolithische Pluralität in Gefahr brächten) jede das Ihre sagt, wobei die Positionen sich getrost widersprechen können, wenn sie es nur nicht direkt tun. Abgesehen von einem Spezialprivileg Herbert Marcuses gibt es im Kursbuch keine Dispute, keine den Marxismus selbst nachprüfenden Auseinandersetzungen, jedenfalls keine ernsthaften; schon insofern trägt es seinen Namen, welchem geregelter Verkehr zwischen Knotenpunkten vorschwebt, zu Recht. Entgegen einer bürgerlich verbreiteten, die Wirklichkeit verkehrenden Ansicht hat der Marxismus als ökonomische Lehre von der dem Industriekapitalismus immanenten Tendenz zur Polarisierung von Reichtum und Elend, Ausbeutern und Ausgebeuteten, sich im Ganzen einer Weltgesellschaft, die Marx noch nicht kannte, bestätigt, wobei fortgeschrittene Industriestaaten, die Kapitalmonopole eine gängelnden Bürokratie sind, jetzt kaum weniger als solche, über die das Monopolkapital immer direkter, unverwundener Macht hat, auf die Seite der ersteren fallen; und hat zugleich als geschichtliche Vorzeichnung politischer Praxis versagt, da nicht ein einziges sozialistisches Land dieser Vorzeichnung gemäß sozialistisch wurde; auch die chilenische Revolution, um sich ihr anzunähern, sich von ihr entfernen muß.

Die Gleisanlage, um die es sich im Kursbuch also handelt, ist die Hegel-Marxsche Geschichtsnotwendigkeit, die Hypnotik der Prozeßsedimente, Gewordenheiten, die mit der Spontaneität revolutionärer

Vernunft als praktisch-kritischer, nicht geschichtstheoretischer, unvereinbar ist, und die Fortsetzung dieser Zwangsvorstellung, die die Linearität von Geschichte verabsolutiert statt ihr hermeneutisch auf die Schliche zu kommen, im Octroi von Parteilinien. Mit dem Historismus im ganzen, der seine Mutationsform für das zwanzigste Jahrhundert im Manipulismus eines zweiten Futurs hat, das mit projizierten Retrospektionen die Offenheit des ersten verstellt, da er immer schon weiß was gewesen sein wird, daher was werden will umbringt[7], hat auch dies Schienenstrangartige des Marxschen Geschichtsdenkens sich aus dem Eisenbahnzeitalter im Marxismus behauptet: *Kursbuch* verwaltet dieses Erbe unter dem denkbar passendsten Namen. Wäre es geschichtsmaterialistisch, würde es diesen Sachverhalt — mittels Marxens Kategorie der Formbestimmtheit von Produktion — selbst durchschauen: der besagte Zug entspricht genau der Zeit der Züge, zu welcher er ins Bewußtsein tritt. Offenbar kommt ein Geschichtsmaterialismus, der sein Programm endlich inhaltlich ausfüllen, nicht nur als Glaubenssatz stipulieren will, auch nicht völlig ohne Nietzsche aus: nicht ohne physiognomisches Auge. Während *Kursbuch* die Geschichtsnotwendigkeit verwaltet, läßt es die Sache der Praxis, die mit deren Durchschauung begänne, links liegen. Nicht nur *textimmanente* Konfrontation theoretischer Standpunkte bringt es niemals, auch zum aktuellen deutschen Geschehen selten politische Stellungnahmen.

Vielmehr wird die Bundesrepublik abgeschrieben: in jenem doppelten Sinne, der theoretische Ausrangierung und praktische Kopie des Objekts bedeutet und den der Mutwille der Landessprache gern in solchen Fällen bereitstellt. Auf die Ausrangierung bleibt zurückzukommen, wie steht es mit der Kopie? Daß das Kursbuch pluralistisch ist, entspricht genau den Erfordernissen seiner gesellschaftlichen Institutionalisierung in Deutschland: man ist im Pluralismus, das macht ihn so tot, unter sich, verwaltet schon gedachte Gedanken als Weltanschauung, wahrt sie gegen die Gefahr, daß sie weitergedacht, also die Verwalter erwerbslos werden. Die Weltanschauungen treten insofern in Beziehung zueinander, als nicht nur jede von ihnen das Ihre sagt, sondern auch duldet, daß die andern das Ihre sagen. Aber sie sagen es nicht zueinander, sondern zu sich selbst und ihren jeweiligen Anhängern; treten einander — sie wahren ja bloß ihre Standpunkte — nicht zu nahe, geschieht es aus Bedürfnis oder Unkenntnis der Spielregeln doch einmal, so panzern sie sich dort, wo die Übertretung geschah, um so grimmer ab: verwahren sich, aber bekennen sich auch, wobei sie nur auf dieses Beschwörungsritual, wenn sie Linke sind, freilich verzichten: dem sie sich doch stillschweigend dafür — in der Abkapselung ihrer Rechtgläubigkeit — um so glatter fügen, indem sie durch sozioökonomische Reduktion seine Gebraucher immer schon vergegenständlichen, also schonen, und ihrem linken Anrainer auf die Füße treten. Die Duodezdenker des Weltanschauungspluralismus kommen also auch *uneigentlich* durch. Wer Unterstellungen entschieden zurückweist, wird nicht unweise zugleich in Stellungen, über die noch nicht entschieden ist, vorrücken, daher gibt es im Pluralismus zwar Entscheidungen hinter ihm, über ihn, aber nicht in ihm. Unbewiesen ist, daß er sich, sobald sich auf der bundesdeutschen Linken das erst gründlicher herumspricht, nicht ändern ließe. Durch Befensterung der Marxismusmonaden, Einführung stringenter Debatte, hätte er vorerst sich links zu ändern: der monolithische Pluralismus ist nach außen, also gegenüber der Rechten, gegen den ganzen Sinn eines Aufklärungspotentials, das dank der Arbeit der Frankfurter Schule in Emanzipationstheorie inzwischen entwickelt liegt — und das offenkundig dem *Kursbuch* nach seinem gesellschaftlichen Stellenwert anstünde — in genau dem gleichen Maße neutralisiert wie er nach innen neutral bleibt.

Das Absurde an dieser Reduktionspolitik zeigt die Psychoanalyse-Nummer in voller Reinheit. Zweifelhaft wird — vergleicht man die Beiträge im Zusammenhang — selbst die schlecht verschleierte Unvereinbarkeit der monolithischen Tendenz mit der pluralen; wird zunehmend an den beiden Ingredienzien, ob jene Neutralität bloß die Folge ihres nicht zu lösenden Widerspruchs ist oder ob dessen Positionen in *ihr* gründen — über ihre Indifferenz als die Ursache beider vermittelt und ineinander präsent sind: als Ausschließung von Urteilsalternativen wie von in Frage stellender Erörterung überhaupt trägt sie selbst schon die Züge versteiner Gleichgültigkeit, eines multiplen Autismus. Ein solcher regrediert hinter Objektbesetzungen; hier, als magische Inszenierung der Originalmonadologie durch redaktionelle Enthaltsamkeit, auch hinter Hegel und Kant. So vollführt Wulff gegen Reimut Reiche, der im gleichen Heft seine Argumente für eine historische Perspektivik des Ödipuskomplexes entwickelt, einen Reiches Positionen stark verzerrenden, mit dessen Thema durchaus zusammenhängenden Ausfall, der den Schein seiner Wahrheit aus der erkenntnistheoretischen Vieldeutigkeit des Begriffs der *bewußten*

Planung bezieht (des Monopolkapitals in seiner Förderung sublimationsunfähig Ichschwacher vor Kompulsiven); jede Konsequenz aus diesem Antagonismus durch Vermittlung oder Replik unterbleibt, in pluralistischer Vereinzelung, der Zufälligkeit von Passanten nach einem Verkehrsunfall, der sie auf ihre Unversehrtheit zurückwirft, stehen die Beiträge beieinander, ohne miteinander etwas anfangen zu können. Was zumal dem Schlußtext des Heftes — einem vorzüglichen Bericht Paul Parins über kulturvariante Lösungen des ödipalen Konflikts, an drei Beispielen — dieser vorentschiedene Zusammenhang an Funktion zuweist, bleibt zwar nicht unerfindlich, läßt sich aber nur im Hinblick auf den Kompromiß beantworten, der in solcher *Kursbuch*komposition wirkt. Was sie kennzeichnet, ist genaue Reziprozität — in der Anordnung der Texte vom Leitaufsatz zu Dokumentarischem, das am Schluß steht — zwischen diesem ideologielastigen Sequenzbeginn und der dann gleichmäßig anwachsenden inhaltlichen Substanz der Artikel. Wenn sie miteinander redeten, käme heraus, daß ein in sich gekehrtes Weltanschauungsorgan auf einer durchaus sachhaltigen wissenschaftlichen Zeitschrift reitet, die in die Gegenrichtung zu seiner will. Der Konflikt kann durch Aufzäumung des Reittiers beim Schwanz nicht gelöst, das bei diesem Versuch entstandene *Kursbuch* aber bedenkenlos von hinten gelesen werden.

Dieser Situation entsprechend wird das Produkt dort am sonderbarsten, wo beide Tendenzen in einem Aufsatz zusammenstoßen. Die kritische von den beiden — die diese fortwährende Kollision bei Harald Wieser und Jochen Beyer nur um allen Gewinn bringt — zeigt in ihrem Text »Psychoanalyse, Kapitalmystifikation und Ideologie« sich in einer auf Distanz haltenden Widerspenstigkeit gegen handgreifliche dogmatische Dummheiten (manchmal auch gegen verstecktere), als da sind: »kaderverschulte« Abfertigungen der Psychoanalyse als *intellektualistisch, antiautoritär* — was unter noch monolithischeren Marxisten, auch wenn nicht klar ist, warum er nun ausgerechnet gegen die ältere Psychoanalyse erhoben wird, immer ein *Vorwurf* blieb — *subjektivistisch, idealistisch*; allzu bornierte Erledigungen Wilhelm Reichs, weil er (Wilhelm Pieck) »von der Konsumtion und nicht von der Produktion ausgehe«; Stalinscher Naturobjektivismus (im Anschluß an die Kritik Oskar Negts), den Marx antizipatorisch verwarf, dessen Möglichkeit im Marxismus aber paradox in seiner *Geschichts*sicht begründet liegt, der Mythologie der Hegelschen »Bewegungsformen«, die bestimmen, was das Proletariat »diesem *Sein* gemäß geschichtlich zu tun gezwungen sein wird«[8]; schließlich primitive Verwechslungen zwischen Subjekt und Subjektivismus, Spontaneität und Spontaneismus — aber hier fängt es schon an. Das Problem der Spontaneität ist das der ungeteilten Aufmerksamkeit einer voll über sich selbst verfügenden kritischen Vernunft aufs Objekt [9] In »Psychologie«, die die beiden bloß »warenanalytisch« legitimieren wollen, ist es auch dann nicht unterzubringen, wenn man unmittelbar an Marxens Wort anknüpft, daß »die Geschichte der Industrie das aufgeschlagene Buch der menschlichen Wesenskräfte, die sinnlich vorliegende Psychologie ist«: ebenfalls nach Marx ist das Buch in chiffrierter Sprache geschrieben. Die Verkehrungen des Bewußtseins drehen die historische Reihenfolge der ökonomischen Kategorien, deren »vermittelnde Bewegung« sonst »in ihrem eigenen Resultat«[10] nicht verschwinden könnte, auch schon immer nach der Weise ihres Erfahrenwerdens um, nicht nur den gegenständlichen Inhalt. Andernfalls wäre die Warenanalyse die Psychologie der »unter die gesellschaftliche Produktion subsumierten Menschen« schon selber; müßte nicht, nach Wieser und Beyer, eine solche erst »legitimieren«. Da zum »Verhängnis außer ihnen« (den Individuen) mit der gesellschaftlichen Produktion auch die jeweils mit ihr verfilzten Herrschaftsverhältnisse rechnen müssen, die verändernder Praxis unmittelbarer zugänglich sind, umreißt das zitierte Marxwort nur einen Bereich der Vermittlungen zwischen dem Verhängnis und den es ertragenden Menschen, den es selber nicht ausfüllt. Da »Psychologie« dies Vermittelnde gerade *nicht* hat: dem Schein jenes äußern Objektbereichs bloß den gleich scheinhaften eines innern, der auf isolierender Abstraktion beruht, anstückt, kann sie es gleichfalls nicht. Vielmehr kann die theoretische Vermittlung selbst nur im Medium einer Praxis gelingen, die sie den Menschen erfahrbar macht; und muß wenigstens also in deren ersten Schritten selber auch die Praxis schon sein, die ihr als zu ermöglichende vorschwebt.

Außer dem einer Psychoanalyse, die sich in konsequenter kritischer Selbsteinsicht als gesellschaftliches Interaktionsverfahren, nicht länger als Psychologie versteht, erfüllt diese Bedingungen, die Geschichte selbst jetzt der Praxis setzt, kein Modell. Freilich entspricht es nicht jener Psychoanalyse, die Wieser und Beyer gestatten möchten. Als »Versuch gesellschaftskritischer Rückführung individuell erfahrener Krankheit auf die antagonistischen Widersprüche kapitalistischer Herrschaft«[11] liefe sie, gegen ihr eigenes Prinzip, solche Widersprüche *sich herausstellen* zu lassen, gleich am Gängelband einer Indoktrination, die nichts sicherer als ihre eigene Wahrheit der Erfahrung des Analysanden versperren müßte, während sie als »aktuelle Wirklichkeitsbewältigung« — die sie außerdem sein darf — ins *adjustment* zurückfiele. Charakteristisch für das Nachhinkende eines zur Theologie verkommenen Marxismus auch dort noch, wo man freilich die Symptome dieser längst diagnostizierten Erkrankung gern los wäre, setzen auch Wieser und Beyer um keinen Preis sich mit der Eigenbewegung psychoanalytischer Theorie auseinander, sondern greifen in deren Geschichte auf abgetane Positionen zurück. Dieser Rückgriff ermöglicht es ihnen zum Schein, der Psychoanalyse ein Reservat zu gestatten, wie sie es in Amerika in Konkurrenz mit dem von Seelsorgern innehatte: als verfügbare Instrumentalität, nur von einer anders kontrollierten Anpassung jetzt als der gesteuert, die sie inzwischen durchschaut hat. Ihr Autonomes, das jene — da sie es als Rivalen ihrer Doktrin erfahren — keinesfalls dulden möchten, straft jede solche Reservatseinräumung, bei der die Selbststeuerung von Analyse sich aufs ungereimteste verleugnen muß, Lügen.

Neu ist, wo es um die Psychoanalyse geht, diese glaubensmarxistische Insistenz auf theoriegeschichtlichen Antiquiertheiten nicht. Um den Rückgriff auf Positionen, die verlassen, daher *kontrollierbar* sind, zu erlauben, muß der jetzige Diskussionsstand von den Apologeten der reinen Lehre billig verlästert, unterschlagen oder verzerrt werden. Sandkühler[12] schaffte das mit teils sorgsam beschnittenen, teils wider ihren offenbaren Sinn interpretierten Zitaten aus der Kritischen Theorie[13], Wieser und Beyer fertigen Lorenzers Symbollehre mit leeren Behauptungen ab, deren Belege sie schuldig bleiben.[14] Während eine »Begriffssprache« zunächst einmal zu zitieren wäre, »die möglichen Differenzen den Rücken«, wunderlich also genau jene Seite »kehrt«[15], die in flagranti dieses Pauschalverfahren seinem angeblichen Gegenstand zukehrt, appelliert der schwere Vorwurf *rhetorischer Klimmzüge*[16] an das Volksgemüt. Auf dessen Liebe zu verordnetem Satzbau, diese harthörige, nicht auf den Rasen tretende Unentwegtheit seiner sprachlichen Ansicht, die schon Nietzsche[17] das Fürchten lehrte und der Form so verdächtig blieb wie sie es in Deutschland seit je ist, setzen Wieser und Beyer. Da nach diesem klassenneutral klassifizierenden Brauchtum kein heimischer Rhetor seriös ist, er predige denn, werden nach der wohlbegründeten Spekulation auch die garantiert linkesten Söhne am Ende nur Linkischem trauen wollen, andernfalls sie womöglich aufhören müßten, des Vaterlands getreuste zu sein, also die ganze Sache von Emanzipation in Deutschland ernst würde, anstatt beständig seriöser. In einer Gesellschaft, deren außererotischer Verkehr unter Einschluß fast des ganzen ihre Arbeit als Produzenten betreffenden, wenn auch nicht dieser selber, jetzt mit annähernder Ausschließlichkeit über die ständige Vermittlung von Sprache läuft, wird nur deren Wiederherstellung als Vermittlungsmacht zwischen den selbstverborgenen Individuen und ihrem Verborgenen; ihnen und einander; ihnen und einer Öffentlichkeit, die in Deutschland, wo sie niemals bestanden hat, eine um sich greifende Praxis solcher Interaktionen selbst erst zustande brächte, Katastrophen verhüten können. Sie kann es unter der Bedingung, die psychoanalytischer Sprachrekonstruktion ihrem Lorenzerschen Modell nach zugrunde liegt, diesem entsprechen würde, daß sie selbst sich schon an Inhalten aus dem Erfahrungsbereich von Verhältnissen im Mittelfeld zwischen der Subjektivität und der Welt vollzieht, die die Kommunizierenden *angehen*.

Diese antimonadische Wahrheit des Interaktionsmodells hat es nicht nur in Kursbüchern schwer. Im Augenblick der Aufsprengung des »Realitätsprinzips« als statischer Blickbeschränkung, hinter der Wirklichkeit nicht länger ihr Inventar ist, das sich therapeutisch erst ausklammern, dann in seiner Klammer beschwören läßt; sondern als Aufforderung zu veränderndem Eingriff, der auch den Eingreifer erst verwirklicht, Wirklichkeit *werden* will, erscheint in psychoanalytischer Praxis ein Realitätsprinzip ganz veränderten Sinnes. Da dessen Potential in der Entfaltung von kritischen Perspektiven beruht, widersteht es der Indienstnahme von Kommunikationspraxis durch Herrschaftsinteressen: mit der fortschreitenden Aufschließung solcher Perspektiven, die der Primat des Objekts lenkt, durch ein sprachrekonstruktives, gegen Verfestigungen sensibles Verfahren, muß auch Einsicht in vernunftlose Machtverhältnisse — jenen Inhalt gesellschaftlicher Unwahrheit, der dem Subjekt vorher allenfalls als ihm äußerlicher, in diesem Sinn »theoretischer«, sich erschlossen hatte — ihm nun in Prozeßeinheit mit der Auflösung ihrer innerpsychischen Formen erfahrbar werden und seinen Willen in Anspruch nehmen. Die Neurose der Individuen und der Gesellschaftszustand sind aufeinander bezogen.[18] Auch jene ist durch Druckverhältnisse, die kognitiv Entsprossenes verdinglichen, qualifiziert, und auch dieser verrät seine unzweideutig klinischen Züge in der Klischierung von Sprache.

II

Die Möglichkeit von Verständnisschwierigkeiten, auf die dieser Vorgang therapeutischer Vermittlungen stößt, ist zu konzedieren. Beheimatet sind sie nicht in ihm, sondern in der Jahrhunderte alten Eingeschliffenheit eines plausibel erscheinenden Vorurteils, das man weiterschleppt, einer hartnäckigen Vorstellung vom Verhältnis zwischen der Subjektivität und der Mitwelt. Da bei Ausbruch aus dieser Vorstellung — also einem Umbau des Theoriebegriffs ohne Rücksicht auf dessen kartesische Überlieferung — wie er ungestüm gegen die Vorstellungen noch Freuds selber sich inzwischen vollzogen hat, diese Doppelleistung kritischer Sprachrekonstruktion — die in Wahrheit eine ist — für das Denken durchdringbar wird, kann sich die Schanzarbeit des *Kursbuchs* gegen die Interaktionsthematik nicht aus Vernunftgründen herleiten. Auffällig wurden an der Zeitschrift Züge eines monolithischen Pluralismus, dessen Positionen bei schwankender Distanziertheit alle innermarxistischen Fraktionsbildungen auch darin spiegeln, daß sie miteinander nicht reden; aus dieser Kalamität dann das Auseinanderstreben einer leitenden ideologischen Absicht und einer in deren Hohlräume eingelassenen, nach der Aufeinanderfolge der Texte sich verselbständigenden dokumentarischen. Begreiflich wird an Verfänglichem wie der Psychoanalyse dieses Auseinanderstreben drastischer als an reaktionären Unstrittigkeiten: an der voraufgegangenen Nr. 28 etwa, die mit sehr verdienstvollen Dokumentationen die Anstaltspsychiatrie kritisch unter die Lupe nimmt, ist es kaum nachzuweisen. Der ungeheure Fleiß, der seit der Mitte der Sechziger an Komposition und Dokumentarteil des Kursbuchs wirkt, steht hier nicht zur Debatte, wird vor dem Hin ergrund des Prekariums, das sich bei wenigen Konzessionen wie der Zulassung Herbert Marcuses aus der sonst unbedingten Nichtdurchbrechung des traditionellen marxistischen Horizonts ergibt: aus der sorgfältigen Respektierung seiner schon längst mehr nach Staats- als Theoriedifferenzen variierenden Deutungen und der Verweigerung aus ihnen folgender — die zuerst genannte Verfahrensbedingung im Nichtverweigerungsfall *bedrohender* — Kontroversen höchstens noch eindrucksvoller. Was über die Jahrgänge der Zeitschrift diffus und schwer greifbar verbreitet war, wird von der auseinanderfallenden Nr. 29 so in einer Schärfe ans Licht gebracht, die es bestimmbar macht, und es könnte es nicht werden, hätte das prüfsteinhafte Thema, da bei vorurteilsloser Exposition es den Schlüssel zur Kritik der Subjekte stellt, es auch für die Selbstverborgenheit des *Kursbuchs* nicht so in sich wie für die Theorie der Gesellschaft. Als wäre es nötig gewesen, demonstriert die Nummer in praxi nur die gleiche offenbar tiefsitzende Berührungsangst vor dem Interagieren, die ihr Theoretisches zu erkennen gibt.

Dieses noli me tangere reicht ins Innerste des Zusammenlebens der Menschen in Deutschland mit sich selbst und den Mitmenschen. Wäre es anders: rührte von dort nicht sein Widerstand, der Geschichte nie gemacht, nur vereitelt hat, bliebe notwendig auch sein *Kursbuch*-Auftritt, ebenso als zensierende Abwehr einer Psychoanalyse, die nach ihrem Gesetz sich entwickeln will, wie als in sich gekehrte Gleichgültigkeit für die je nächste Position, die zu Worte kommt, unverständlich: daß er offenbar eine Erzwungenschaft der Redaktionslinie ist, keiner Spontaneitätsnot der Beiträger, ändert an dem letzteren Sachverhalt nichts. Der monolithische Pluralismus haust nicht nur in einer Ecke des bundesdeutschen, sondern spiegelt ihn wider; auch außerhalb des Marxismus in Deutschland, wo man im Unterschied zu diesem sich nur zum »Meinungskampf« so automatisch *bekennt* wie zu allem Gehobenen und Honorigen, gibt es die Pluralität nur um den Preis der von allen gemiedenen Auseinandersetzung um einen tabubehüteten Kern ihrer Differenzen, der hinter Sprüchen versteckt wird. Da der Zustand erstickender Interaktionen, vereitelter Öffentlichkeit: einer durch Syntaxverkümmerung, Klischees und Abstraktionsentleerung verarmten Gesellschaftssprache sich selber nicht aushält, muß er denen, die ihn durchschauen, um so dringlicher sich selbst als Gesetz verkünden, das keine Abweicher duldet.

Dieser Zustand, der von der Formfeindlichkeit der deutschen Ideologie wie von ihrer Substantivierungssucht in seiner Tendenz noch befestigt wird, wurde an einem Zipfel dieser Ideologie: einer »antirhetorischen« Spitze erfaßt, die aufs Volksressentiment rechnet. Was von einer solchen scheinbaren Beiläufigkeit her an konfigurierten Bestimmungen der ihr zugrundeliegenden Interaktionsstruktur sich ins Blickfeld schiebt, ist das gesellschaftstypische Syndrom der Bewußtseinsordnungen, Verhaltensweisen, Sozialisationsmuster, das landläufig als Nationalcharakter von so ins Auge fallender empirischer Wahrheit erfaßt wurde, daß seine Abgrenzung ebenso gegen die Mißverständnisse wie die Ideologisierungen dieses Begriffs sich erübrigt. Jedenfalls in Deutschland hatte, was sich in ihm zusammenfaßt, seine produktive Wahrheit nur als durch die Literaturgeschichte sich ziehende *kritische:* von Lichtenberg, Forster, den Apokryphen Seumes und dem Hyperion an über Börne und Heine, die Junghegelianer und die Marxschen Frühschriften zu den späten Aufzeichnungen Nietzsches und weiter zu Heinrich Mann und zu den Zertrümmerungen von Unsprache gewordener deutscher Ideologie durch Karl Kraus und Adorno. In keiner Phase dieser Kritik zeigt ein Blick auf deutsche Vorgänge *jetzt* sie veraltet. Da die von ihr getroffenen Interaktionsverhältnisse, die spätestens vom sechzehnten Jahrhundert an eine glaubenskämpferisch ideologisierte Geschichte verdorben, mit der Autonomisierung der Individuen die der auseinanderfallenden Gesellschaft vereitelt haben: diese narzißtisch verkrüppelten Weisen der Selbstrechenschaft und des sozialen Verhaltens sich durch ihr eigenes Sozialisationsmittel, das die Geschichte verdrängende Diskontinuität des Bewußtseins ist, in jeder Generation wiederholen; andererseits, als Herrschaftsverinnerlichung, gesamtgesellschaftliche statt klassengebundene (wenn auch gruppenspezifisch variierende) Phänomene sind, die Arbeit emanzipatorischer Kräfte darum nachzeichenbar auch von innen her sabotiert haben[19], müßten diese sie jetzt selbstkritisch in ihrem eigenen Fall ins Bewußtsein heben: sie als vordringlichste *politische* Herausforderung ihres Denkens ins Auge fassen.

Ohne Bewältigung dieser Aufgabe, die sich in der gesellschaftlichen Praxis als öffentlichkeitsbildende Sprachrekonstruktion zu erproben hätte, gibt es in Deutschland keine Humanisierung des Institutionsbereichs, keinen Abbau von Herrschaft. Diese Arbeit wäre psychoanalytisch und politisch nicht kombiniert, sondern in einem. Eine deutsche Linke, die nicht begriffen hat, daß deren traumatische Thematik, die nicht im *Kursbuch* steht, ihre eigenste ist: sie als ihre nächstliegende immer noch nicht ein-, ich fürchte gelegentlich: überhaupt nicht sieht, ist eine Ersatzlinke. Daß das *Kursbuch* einer kritischen Sozialanthropologie der verfestigten deutschen Zustände aus dem Wege geht — mit deren Ansatz Kritische Theorie zur speziellen der Gesellschaft wird, die sie möglich machte — paßt mit seinem Stellenwert ebenso im Pluralismus wie als dessen »linke Duplizierung« zusammen. Emanzipation in Deutschland scheitert freilich auch am sozioökonomisch gegebenen Herrschaftszustand, aber nicht weil sein Widerstand — an dem sie sich bricht — unbezwingbar wäre, sondern weil ihr Aufstand sich zunächst *qualitativ*, in seinen Einsichten, nach *seinen* Mitteln bestimmen muß — und es also, wenn sie unausgesetzt scheitert, *nicht tut:* sie scheitert vorrangig an sich selber, weil sie der Umkehrung für die gesellschaftliche Praxis des Fundierungsverhältnisses von Herrschaft nicht Rechnung trägt, den mit dieser Umkehrung gewährten Zugang zu den zugrunde liegenden, tragenden Schichten aus den zu Tage liegenden lockern, dem Spielraum bürgerlicher Freiheit, nicht einsieht, mit dessen ihn ausweitendem Gebrauch jedes weitere Eindringen in die politökonomische Schichtenstruktur anfängt: also diesen bei Marx selbst gebotenen Schlüssel zur Umsetzung seiner ökonomischen Einsicht in politischen Kampf nicht benutzt. Dieser spezifischen Chance der Auflockerung und Verunsicherung von Herrschaft in Deutschland geht auch das *Kursbuch* nicht nach. Es müßte dafür Hand an den abstrakten Objektivismus der Lehre legen, ihren von ihren Keimen her in einem positivistischen und ontologischen Zug, der seine Wurzeln in Hegel, der Msytikfikation von »Bewegungsformen« eines Prozesses hat, in dem die Menschen Statisten sind; welchen Historismus des Jüngsten Tags, der auch säkularisiert eine schließlich durchsichtige Projektion bleibt, man qua *Tag des Systemwechsels* weiterschleppt, dessen weitere Vertagung damit ebenso verschleiernd wie sichernd. Wieso sollte sich dieser Historismus, gegen die kritische Spontaneität des ganz andern Keims der Lehre[20], gerade in Deutschland behaupten müssen? Weil eine theologische Bewußtseinsverfassung solche Scheinsicherheit schaffende Verfestigung *braucht.* Da ein Auswachsen dieses Bedürfnisses und die theoretische Übersteigung des illusorisch von ihm Bedurften ein Akt wären, gäbe es, wie in aller Interaktivierung, zwischen den beiden kein Nach-, auch nicht ein Mit-, sondern ein Ineinander.

Seine Alternative — mit der es das *Kursbuch* jedenfalls bis vor kurzem gehalten hat — ist das unvermittelte Durcheinander; emphatisch das von Heft Nr. 29, das wir betrachteten. Aber schon der Grad seiner Zentrifugalität war auch Anzeichen, daß es nicht immer so weitergeht, und sehr schnell ging es seither nicht so weiter, in welche Krise schon lange der monolithische Pluralismus geraten war, hat sich neuerdings, an Nr. 30 über den *Sozialismus als Staatsmacht*, gezeigt: das Prekarium bricht darin zusammen, wird aufgegeben. Nicht für das Problem des *Kursbuchs* allein, auch für das des Sozialismus und am speziellsten für das einer Selbstkritik, wie sie der bundesdeutschen Linken längst nottäte, ist der Fall dieser Nummer so gewichtig, aber auch seinen Tendenzen nach so komplex, daß ohne erläuternde Referierung ihres

Inhalts diese Analyse schwer weiterkäme. Die fünf Berichte aus sozialistischen Ländern, die in der Nummer geboten werden, sind in der Schärfe, streckenweise Hoffnungslosigkeit ihrer Kritik kaum von rechts überbietbar, was auch dem *Kursbuch* sogleich die Anschuldigung von Seiten des Berliner »Extradienst« eintrug, ein »Unternehmerbrief des deutschen Industrieinstituts« habe die Nummer gelobt — was der Brieftext nicht hergibt. »Sie« — nämlich »diese intellektuellen Revoluzzer« — »bereiten sich auf einen Rundumkrieg gegen jede Art von Realisation, ob sozialistisch oder nicht sozialistisch, vor«, ist keine Laudatio. Nach spätbürgerlicher Freund-Feind-Mechanik drückt eine solche Berufung auf irgendeine falsche Seite, die Beifall spende — was dann noch nicht einmal der Fall ist — sich nur ihrerseits an der Aufgabe einer textimmanenten Analyse vorbei. Aber die Verhältnisse des monolithischen Pluralismus sind auch in Nr. 30 nicht spurlos verschwunden. Daß der »Extradienst« den Erstatter des DDR-Berichts, Bernd Rabehl, merklich schonte, kann nicht an der kritischen — aber rein politökonomischen — Substanz seines Berichtes liegen, dessen Befund undemokratischer Apparatherrschaft mit allen andern des Hefts konvergiert, sondern — außer am *quand-même* einer Solidaritätserklärung Rabehls für die DDR — nur an thematischen Auslassungen: die ganze antisozialistische Menschenabrichtung einer so militant sturen Staatstradition, die man weiterträgt, daß sie im *Stechschritt* — den man mit den Russen teilt — sich aufs hampelmänni chste zusammenfaßt, kommt nicht vor.

Das wird schon deshalb keine Absicht des *Kursbuchs* sein, weil es als verschwiegene Machenschaft eines dahinter wirkenden Tabus für es selbstverständlich ist. Da ein solches es auch dort, ja vielleicht dort am mächtigsten, in sich hat, wo die politische Stoßrichtung ihm eher (weit entschiedener als im *Kursbuch*) entgegenläuft, impliziert auch die soeben geübte Kritik am »Berliner Extradienst« keine Negation seiner Gesamtlinie; ihre antidogmatische Klärung, kritische Mobilisierung gegen tabubesetzte Schonbezirke des Bewußtseins der deutschen Linken bleibt denkbar. Daß der »Extradienst« aber schon heute mit Stamokap-Positionen so wenig identifiziert werden kann wie mit stalinistischen, ist gleich unzweifelhaft wie sein Mut: ähnlich dem, was für den Dokumentarteil des Kursbuchs gilt, wäre man in einer anormalen bürgerlichen Gesellschaft ohne das Normale an seinem Nachrichtendienst ärmer. Zu klären bleibt zunächst, was es ist, das die ostelbische politische Kulturtradition für unsere linke Öffentlichkeit unberührbar macht. Als ostdeutsche Antithese zu einer bundesdeutschen Zivilheit, die Pose blieb, bleibt das Preußische, das es schon lange ist, mit dieser durch den Geheimstrang der Verdrängungen nach 1945 verbunden, eines unbereinigt unbewältigten Identitätsverlusts, der nur noch Posen gestattet. Verräterisch strömt in sie ein, was an Momenten der verlorenen Identität sich in eine von ihnen jeweils zu fügen scheint, sich daher unterschiedlich verteilt, hier Hitlers *legaler Weg* in der Maske von Beschwörungen der freiheitlich-demokratischen Grundordnung durch Exekutiverlasse, die nach ihrem Sachgehalt schlicht ihr Bruch sind, dort Blücher und Gneisenau als posthume Verklärung eines Staatsväterchens, das Revolution immer nur niederkartätschte. Daß das zugunsten der Mythe vom preußischen Sozialismus vergessen werde, der jedenfalls, was immer er sonst war, schon zu seiner Zeit (was immer das sein könnte) einer *von oben* war, liegt im Interesse von Stechschrittmachern. Für so rührteuchselige Rituale halten ihre westdeutschen Gegenstücke es schon seit langem viel zu tief mit dem Eigentlichen, viel zu einsatzbereit mit dem Personalen, viel zu rückhaltlos aufgeschlossen mit den wahren Werten des Fortschritts; nicht nur haben sie den Herzschrittmacher, sie haben auch die Gewinnverwertung und Müllverbrennung, die echten Anlagen, den Klingelpütz und den stechenden Blick der Innerlichkeit, deren Bestochenheit fortschreitet. Sie brauchen also gar keinen Scharnhorst. Das germanicum commune als längst pathologische Schwindelsucht, Pseudologie als Kulturzustand sich unausgesetzt zu irgendetwas Bekennender, wird im *Kursbuch* nicht angerührt, da zur Ideologie dieser Unberührbarkeit aber das exotistische Fernweh gehört, ein nicht Da-, sondern Immer-wo-anders-Sein, des Brechtkritikers Tucholsky nachhallendes *In Estremadura*, ging gerade das immer sehr unauffällig. Auch ist diese Unauffälligkeit eine von besonderer Machart und Wirksamkeit, da das in ihr versteckte noli me tangere seiner diagnostischen Wahrnehmung trotzt noch nachdem sie selbst auffällt: der hohe Prozentsatz von Beiträgen, die sich mit fremdländischen gesellschaftlichen und politischen Realitäten befassen, hat nie eine Vernachlässigung bundesdeutscher Themen im *Kursbuch* herbeigeführt und ist andererseits in einem Periodicum, das für die Sache des Sozialismus und die Erkenntnis seiner Probleme steht, schlicht das Richtige. Während von diesem Anteil aber zu erwarten wäre, daß gerade er einer vergleichende Mikroskopie deutscher Praxisversagungen erhellend zugute kommt, zeitigt eine nurvertikale, statt auch intersozietär nach Sozialisationsfolgen differenzierende — über die Gegebenheit der diversen *Verhältnisse* hinaus nach den gesamtgesellschaftlichen Unterschieden von *Verhaltensweisen* fragende — Perspektivik, die jenen Anteil mit der dokumentarischen Aufdeckung von einheimischen Sachverhalten verknüpft, eine Einebnung ihres *Anderen*. Diesen Effekt erleichtert das *Kursbuch*-Paradoxon, daß es in der Nachfolge einer Geschichtsdoktrin eine geschichtliche Dimension der Untersuchungen allenfalls abrißhaft oder punktuell gibt. Noch das Heft »Der nicht erklärte Notstand« (12/1968), das die Dokumentation und Analyse des nachbräunendsten Berliner Sommers seit dem Untergang Hitlers zum Thema hatte, stießen seine minutiösen Dokumentaranalysen nicht auf dessen spezifische Überlieferung, kamen deren Entdeckung nur nahe.

Das Potential solcher Dokumentationen an öffentlichkeitsbildend kritischer Wirkung wird mit solcher Befangenheit bloß verschwendet. Daß Polizisten in Deutschland a priori nur fahrlässig oder in Notwehr töten, auch wenn sie einem zusammengeschlagenen Ohnmächtigen mit sorgfältigem Zielen in den Hinterkopf schießen, gehört, da in England beides, der Schuß wie seine Leisetretung, undenkbar ist, nicht zum Kapitalismus, sondern zur deutschen Kultur. Für die Praxis gilt dies nicht weniger, sondern mehr: die erste Erklärung ist adressenlos, entschuldigend, *neither here nor there,* sie macht eine objektive Geschichtsbedingung, Anonymität, also niemand verantwortlich. Für die zweite sind die, die sich mit der deutschen Kultur identifizieren — manchmal sogar mit deren Besserm — empfindlich. Die Erklärung hat also *mehr* Aussicht, die Institutionellen verunsichern zu können; Voraussetzung ihrer öffentlichen Wirkung ist freilich, daß sie überhaupt ihre Chance bekommt, also vorgebracht wird: nicht die, die sie vorbringen *könnten,* jene auffällige Empfindlichkeit — sonst *wird* sie nicht vorgebracht — teilen; *ihnen* zumindest die deutsche Kultur nicht tabu ist. Marx war sie es nicht. Während seine Vorrede zur Kritik der Hegelschen Rechtsphilosophie im Keim alles Einschlägige schon enthält, deckt der »Faschismus« als Abstraktion, konstant gegen deren Vorgabe eines *Analytischeren,* das verborgener Wirklichkeit auf der Spur wäre, die leibhaftige Konkretheit der Nazis ab, die man weiter hat, nicht nur hatte. Ihre Realität ist anthropologisch — wieviel Herrschaftsverinnerlichung immer, sozialisationsvermittelt, sie geschichtlich zustande brachte. Ihre Ideologie — wie sich gerade am deutlichsten in *Mein Kampf* verrät — haben seinerzeit schon sie selbst, die jetzt wie damals für jeden Hohlklang fetischisierter Vokabeln zu haben sind, aber über das Parteiprogramm des Gottfried Feder nach ihrer Machtergreifung bloß noch lachten, nicht ernst genommen. Als das proteushafteste Institutionsmaterial sind sie längst — im technokratischen Monopolismus ungleich wirklicher als ihr historisierender Deckbegriff. Der »Marxismus« scheitert an ihnen. Als Statiker des deutschen Lebens können sie nicht nur Statisten eines aus Widersprüchen, die sie garnicht zulassen, einst entfalteten Prozesses gewesen sein, als freiheit-liche Demokraten, sämtliche mittels Bekennertums, sind sie lange schon selber, verteidigen nicht nur, die Grundordnung, als von Grund verbaute Übermenschen nicht bloß entmenschlichter Überbau, sondern eine Affektion an der Basis. Ihre Herkunft aus verwestem, mangels bürgerlicher Revolution nie beerdigtem Feudalabsolutismus läßt das *Kursbuch* ununtersucht, unbeherzigt. Wie die weitaus meisten deutschen Linken dünkt es sich in sonderbarer Partialverdrängung, da gegen sein Wissen, in der den Sozialismus in geschichtliche Sicht bringenden Nachperiode eines Ereignisses, das nicht stattfand. Im Fall unserer Gesellschaft läuft die Einebnung ihres Differentiellen auf die andauernde Nährung einer selbstgefälligen, strikt unmarxistischen Illusion hinaus, sie sei, wie sie ist, eine normale bürgerliche, da gewiß kapitalistische.

Die täglich nachquillende Datenfülle, die dagegen steht, ist hier nicht abermals — da das hinreichend oft geschehen ist — vorzutragen.[21] Es ist auch gar nicht ihre ungeheure Ausdehnung, sondern die gesellschaftstypische Ohnmacht zu jeder kritischen Synthesis dieses Datendrangs, was den stringenten Beweis liefert: dies, daß der vorbürgerliche Charakter des Verhältnisses zwischen den Menschen und ihren Institutionen, erst recht dann der Rechtsbrüche, die konstant von den letzteren praktiziert werden, in der Bundesrepublik gar nicht bemerkt wird, vielmehr in einem Maß für normal gilt, das nur unter der innerlichsten Bedingung seiner horizonthaften Verbindlichkeit möglich ist: also des Ausgebliebenseins jeder Erweiterung dieses Horizonts oder Einbruchs in ihn durch revolutionäre Geschichtserfahrung. Diese Ohnmacht zu kritischer Synthesis ließe sich als Auseinanderfall zwischen dem Verhalten und den Verhältnissen nicht behaupten, wäre sie in ihrem Kern nicht ein beobachtbarer Auseinanderfall der Person: wer 1968 deutsche Studenten, nach einer mäandernden Diskussion über die Zertrümmerung autoritärer Strukturen, in um so gradlinigerer Schlange vor einem Büro ihrer Universitätsverwaltung erblickt hat, wo sie irgendeinen Stempel irgendwelcher Berufsdiebe produktiver Zeit sich zu holen hatten, weiß, wie das aussieht. Was in den Institutionen passiert, setzt beim Publikum, noch wo es kritikbereit ist, diese Art Auseinanderfall schon immer voraus und steht andererseits in der direkten Lineatur der kameralistischen Überlieferung. Unsinn wäre es, zu unterstellen, der Bundeskanzler habe verfassungswidrige Absichten gehabt, als er in einer Erklärung vom 28. Januar 1972 einen Ministerpräsidentenerlaß unterschrieb, worin als wortmagischer Fetisch für ein zu ihr zu leistendes »Bekenntnis« von Staatsbeamten die »freiheitlich-demokratische Grundordnung« an die Stelle ihrer eigenen Wirklichkeit rückt: jenen Exekutiverlaß, der die Gewaltenteilung gegen das Grundgesetz — das damit vorgeblich verteidigte — über den Haufen wirft. Diese Gewaltenteilung Montesquieus und Lockes ist als Erfahrung der Menschen in Deutschland nur gar nicht präsent, ist in einem Land, das zu den Verfassungskämpfen etwa des englischen späten siebzehnten Jahrhunderts lediglich als Spezialität einiger Akademiker ein Verhältnis hat — also keines — auch nur irgendein ausgeklügeltes, wenn auch vielleicht besonders feines Moment, mit dem man zumal der DDR gegenüber sich sehen lassen kann — die so etwas Prächtiges nicht hat — an einem in Bausch und Bogen importierten, die Normalmenschen gar nichts angehenden Demokratiemodell, eine *formale* Abstraktheit. Zuständig sind dafür, schon weil nur sie darauf kommen können, wie auch dieser Import sich wieder unschädlich machen läßt, die Juristen. Mit Grund, dessen Überlieferung schon die Untergrabung der Weimarer Demokratie als Trophäe trägt, erhält sich in deren Fakultäten eine Standesinzucht, die sich in jeder Asta-Wahl neu bestätigt. Daß im Institutionsbereich so verfahren wird, wie es in normalen bürgerlichen Gesellschaften, deren Maß man zu erfüllen glaubt, gerade *nicht* zugeht, wird verständlich nur unter der Voraussetzung, daß es für die Norm bürgerlicher Gesellschaft in dieser einen tatsächlich gehalten wird, spontan, in Situationen der Praxis, ohne in den Menschen von selbst aufsteigende Denkbarkeit von Alternativen: welcher Sachverhalt das prädikative geschichtliche Postulat erfüllt, das aus einer Analyse des damals Geschehenen sich spätestens 1849 ergeben hätte. Da solche Geschehensanalytik keine Prozeßabschnitte, die durch die Handelnden selbst laufen, ausklammert, ihr Verhalten nicht als invariabel also voraussetzt, sondern nach dessen Veränderbarkeit fragt, kann es sie freilich — sieben Jahre vor Freuds Geburt — nicht gegeben haben.

Dagegen gab es bereits die klare Feststellung in Abschnitt IV des *Kommunistischen Manifests,*[22] daß *in Deutschland* die Kommunistische Partei »gemeinsam mit der Bourgeoisie gegen die absolute Monarchie, das feudale Grundeigentum und die Kleinbürgerei« kämpfe; die weitere, daß der Kampf gegen die Bourgeoisie *nach* dem Sturz dieser reaktionären Klassen beginne; und die Erläuterung dieser Richtlinien durch die dann folgende Feststellung, die freilich nicht zutraf, daß Deutschland am Vorabend einer bürgerlichen Revolution stehe — womit nach dem Sinn des Passus nur eine gelingende gemeint gewesen sein kann. Es gibt bei Marx nichts, was der Vorstellung einer Überspringbarkeit bürgerlicher Revolution im geringsten das Wort redete; noch in den Sechzigern seines Jahrhunderts, in seiner journalistischen Arbeit, ergreift er im amerikanischen Sezessionskrieg unzweideutig für Lincoln, für den kapitalistischen Norden gegen den feudalen Süden, Partei, wobei nach dem Tenor dieser Texte, der rückhaltlose persönliche Identifizierung ist, es sich um kein *Stratagem* handelt. Diese technokratische Vorstellung instrumenteller Vernunft, nicht politischer, war einer dialektischen Denkweise fremd, die strategische Hintergedanken, als Umdeutung der Hegelschen Geschichtsvernunft, dem Prozeß selber vorbehält: dessen theoretische Erfaßbarkeit mit der situationsbezogenen Perspektive einer engagiert emanzipatorischen Praxis — die im Manifest als »Verbindung und Verständigung der demokratischen Parteien aller Länder« bestimmt wird — also gerade dann nicht zu vermengen ist, wenn die letztere *ihn geschichtlich ergeben soll.* Da diese Dialektik eine menschliche Anlage, die sie selbst zu wenig berücksichtigt, überfordern muß, ist sie in Deutschland von dem, was dann von Kautsky an Marxismus hieß, nie begriffen worden; in schon festgehaltener Schienenstrangmanier ihr Verständnis in einen Historismus, den Marx selbst noch nicht durchschaute, zurückgesunken.

Anderseits sind die zitierten Marxschen Richtlinien auch schon vor ihrer metatheoretischen Reflexion völlig unzweideutig. Sie besagen, daß jede Gesellschaftsklasse gegen die ihr in der politischen Herrschaft vorausgehende das volle Recht der Geschichte, also auch derjenigen Klasse vertritt, die sie selbst abzulösen bestimmt ist und die sich ergo mit jenem Recht, im bundesdeutschen Fall: mit dem bürgerlichen Grundgesetz, identifizieren muß, wo noch die Ablösung sogenannter *Verfassungswirklichkeit* von Feudalherrschaft und Kleinbürgerei gar nicht stattfand. Nur aus einer solchen Position, die auch die *Jusos* bisher nicht geklärt haben und die also nicht ihre ist: da ihre Kritik an ihrer Partei ohne welche an deren *Geschichte* nicht weiterkommt — ihren Verstrickungen in den deutschen Institutionalismus, das Machtgefüge politischer Klassenherrschaft, die Ermöglichung Hitlers und sogar, über transparente Vermittlungen, in die Stalins[23] — wird eine die Sache des Sozialismus als demokratische fördernde Praxis möglich. Das marxistische Bewußtsein müßte in der Bundesrepublik also den Widerspruch denken — und ihn vorerst, wenn es ihn sogar denken soll, aushalten — zwischen seiner Opposition gegen bürgerliche Wirklichkeiten, die es nicht ausstehen kann und damit auch recht hat — es um so mehr hat, als es an ihrer Weltanschaulichkeit auf seine Weise, die nicht ohne Selbsthaß ist, teilhat — und einer entschiedenen Identifizierung mit dem unrealisierten westeuropäischen Rechtsstaatsprojekt, das das Grundgesetz vorzeichnet. Das kann das marxistische Bewußtsein nicht, wenigstens nicht in seinen geläufigen bundesdeutschen Gruppierungen und am allerwenigsten vielleicht bis heute im *Kursbuch*, aber was sind die Gründe? Die Zurechnung zum Dogmatismus, die nur die historismuskritische Kontur ergibt, reicht nicht hin. Die Verweisung auf das sowjetische Modell, dessen Macht über das marxistische Bewußtsein aus dem begreiflichen Grund immer schneller schrumpft, daß vor seiner staatlichen Gestalt zwar nur Politik, die Frieden und Entspannung schützt, richtig ist, dieser Gestalt als revolutionärer aber anzusehen ist — um es physiognomisch zusammenzufassen — daß sie *auch* eine Veranstaltung des preußischen Generalstabs von 1917 war, reicht nicht hin. Die Erinnerung an jene Wirrnis eines zuletzt nur noch Wörter assoziierenden Begriffsrealismus nach überlieferter Kopfsitte, die durch Verwechslung zwischen dem *Reformismus* und der geschichtserwiesenen Möglichkeit demokratischer *Reformen* entstanden ist, Energien in der Gesellschaft — von nicht vorausbestimmbarer Produktivkraft — mobil zu machen, die dann *über* jene hinaustreiben, reicht nicht hin.

III

Gewiß ist diese Situation nicht völlig einzigartig. In geringerem Maß, da revolutionsgeschichtliche Erinnerungen und die ihnen zugeordnete praktische Vernunft es beschränken, haben Marxisten anderer Westländer mit ihren Staatsverfassungen durchaus vergleichbare

Anstände: Dauerkonflikte, die im paternalistischen Verfall der parlamentarischen Demokratie so begründet sind wie erst recht in deren Ausbeutbarkeit, also ihrer eigenen, durch massive Profitinteressen. Schwierigkeiten haben jene auch, nur wissen sie wenigstens — wo Verfassungen und Verfassungswirklichkeiten annäherungsweise übereinstimmen — was für welche. In einem Land, dessen Grundgesetz in wichtigsten Teilen nie ausgeführt wurde, in ebenfalls wichtigsten andern von seinen bestellten Hütern — die dafür einen Grund haben müssen — täglich gebrochen wird, ist das im Gegenteil völlig unklar. Die Differenz muß — samt ihrem Unpraktischen — also mit höchst spezifisch Deutschem zu tun haben, und da der bundesdeutsche Kapitalismus, reduziert man ihn ökonomistisch, also falsch, auf seinen eigenen Objektivitätsschein, jedenfalls der klar blickende Prototyp eines atlantischen ist, kann sie nur an den Menschen liegen. Durchgescheuert ist nicht nur, seit den Nazis schon, die vorbürgerliche Ideologie deutschen Bürgertums, sondern, seit seiner Nr. 30, auch die den Blick von dem in Deutschland Nächstliegenden ablenkende Esoterik des *Kursbuchs* — aber was liegt in Deutschland am nächsten? Offenbar, was ihm am meisten nottut; und die analytische Aufdeckung des kritikwürdigen staatskapitalistischen Irrtums, dem mit der einzigen Ausnahme Chinas (das Problem des chilenischen Lösungsversuches bleibt in dem Text ununtersucht) die Konzeption des Sozialismus in den marxistischen Ländern erlegen ist, in einem hervorragenden Einleitungsaufsatz der italienischen Marxistin Rossana Rossanda[24] wird selbst in Deutschland das marxistische Denken auf jenes Kernproblem der Marxschen Politökonomie schließlich zurücklenken müssen, das nach seinem Gehalt *anthropologisch* ist. »Für Marx ist das Kapital bekanntlich keine Sache, sondern eine Beziehung zwischen den Menschen, und zwar eine verdinglichte Beziehung.«[25] Es genüge nicht, Profitakkumulation und -verwendung und die Verwaltung der Betriebe zu verstaatlichen, um diese Beziehung zu ändern: »(. . .;) der Vorgang selbst bleibt sich gleich. Seine ideologische Bemäntelung ist reiner Nominalismus.«[26] Das allerdings nicht, nominalistisch ist gerade Frau Rossandas dezidierte Kritik daran; nach der Verteilung der Positionen im Universalienstreit, aus dem diese Kategorien sich herleiten (die Verwechslung ist inzwischen ubiquitär), meint sie im Gegenteil den (Begriffs-)»Realismus« nach dem Gebrauch dieses Terminus in der Philosophie des dogmatischen Mittelalters, also die ihm entsprechenden Bewußtseinshaltungen jeder Scholastik in der

Nachfolge jener ersten. Dogmeninhaltlich ist die Nachfolgelizenz strikt neutral. Über die kritisierten sozialistischen Länder: »Das ist der tiefere Grund, aus dem sie immer noch unfähig sind, die Ideale der Freiheit und der Gleichheit zu verwirklichen, um die es ursprünglich gegangen war, der Grund dafür, daß die Unterdrückung der Arbeiterklasse fortbesteht, und daß die Apparate der Staatsmacht nach wie vor ein Eigenleben führen: dies alles rührt nicht von einer Ungleichzeitigkeit zwischen Basis und Überbau her, sondern im Gegenteil daher, daß beide miteinander übereinstimmen.«[27]

Außerordentlich. Man darf neugierig sein, ob es im *Kursbuch* so weitergeht, eventuell gar ohne künftige Angewiesenheit des Textprüfers Karl Markus Michel auf Übersetzung vergleichbarer scharfsichtiger Beherztheiten aus dem Italienischen: was wir vor uns haben, ist nicht nur marxgerecht, sondern Aufklärung aus jakobinischem Geiste, ist nicht weniger als das Ende der Verdrucksthei, des monolithischen Pluralismus. Mindestens muß er es von jetzt an so viel schwerer haben im *Kursbuch*, wie seine Alternative es freilich erst recht hätte: was vor deren Nase liegt, wenn sie ihren Weg fortsetzen will — in welchem Fall nicht zu sehen ist, wie ohne wachsenden Gesichtsverlust diesem Prekären weiter auszuweichen gelingen könnte — ist der ganze tabubehütete deutsche Komplex, dessen Indices hier entwickelt wurden. Daß es dabei ohne Psychoanalyse nicht abgehen kann: was einen *Widerstand* des gefährdeten Etwas auch schon vor ihrem Eingreifen in sein ungeklärtes Weltverhältnis plausibel macht, der nicht einzig in Nr. 29, vielmehr in der ungesprächigen Machart des monolithischen Pluralismus schon selbst erscheint, heißt nach dieser Erläuterung nicht, daß die Situation die Psychoanalyse als zusätzliches Hilfsmittel auf den Plan riefe, sondern daß Aufhellung des Komplexes nur dessen psychoanalytische sein kann; er Komplex sonst nicht wäre.

Dafür, daß er es ist, gibt es nicht nur indirekte Belege:

Anstiftung zum Unfrieden

Herr Hitscherlich, Herr Hitscherlich
ich will dir mal was sagen:
ich mag dich nich, ich mag dich nich
Ich kann dich nicht vertragen.

Dein drumherum ist mir zu dumm
du ziehst an meinem Stecker
Dein Psychotherapeutikum
das geht mir auf den Wecker.

Warum, warum, das weiß ich nicht
du brauchst mich gar nicht fragen
Ich mag dich nich Herr Hitscherlich
du gehst mir auf den Magen.[28]

Das letztere läßt sich nach den vorausgegangenen Mitteilungen denken. Erst recht, daß Enzensberger nicht gefragt werden möchte, warum ihm das Psychotherapeutikum des angedichteten Alexander Mitscherlich auf den Wecker geht — der könnte es am Ende herausbekommen, und so ist es besser, wenn auch nicht gut (da ein Warum etwas Nagendes, still Verquältes hat, das sich sinnierend verdoppelt, rätselhaft übrigens, da in der Zeile über den Stecker schon die Antwort steckt), daß der Dichter es nicht weiß. Das ist zwar unscharf gedacht, aber ehrlich gemeint, wie ja das Frageverbot selber nichts Scharfes, menschlich Rigides hat — Enzensberger ist bei einigen verwandten Zügen nicht Lohengrin —, sondern etwas unverbindlich Verbindliches, das mit hintersinnigem Locken dem Verabscheuten die kokette Avance macht, er brauche nicht, dürfe also. Der Widerstand gegen die Analyse ist zunächst damit einer gegen den eigenen tiefgefühlten Bedarf an ihr, das Gedicht eine verschämte Anmeldung seines Verfassers in der Sprechstunde seines Adressaten. Da es in dieser Funktion nur die beiden angeht, Ansichten, Begründungen von öffentlichem Interesse nicht birgt, macht sein Abdruck im »Tintenfisch« nur den streng privaten Zustand dokumentarisch publik, den es mitteilt. Dieser mag öffentlich, aber eben nun als reines Ding unter Dingen, da er auf weitergehende Ansprüche selbst verzichtet, durchaus von Interesse sein, und noch die einfallreiche Wunschvorstellung des Titels, der nur zum Inhalt des Gedichtes nicht passen will: da anders als bei Alexander Mitscherlich zum Unfrieden nicht sowohl angestiftet als intern rumorenden loszuwerden versucht wird, fällt diesem Dinghaften des Versuchs zu. Alles wäre immer noch so in Ordnung, wenn auch keiner vertretbaren, wenn die hier ausgeleuchtete Verdinglichung nicht in einem Detail über ihr Privates hinausdeutete; ich meine das »Hitscherlich«. Es kann, da das Gedicht keine Invektiven enthält, gar keine Gelegenheit dazu hat, handelt es doch ausschließlich von einem unbequemen Zustand des Dichters, nicht in strafrechtlichen Erwägungen seinen Grund haben. Erst auf den zweiten Blick — da nach der Regel des subalternen Geschäftes, literarisch mit Namen spielen, die Fusion kleinlicher Murks bleibt: in einem Maß sinnlich mißglückt, das sich in früheren Produktionsphasen des Dichters nicht findet — wird deutlich, daß der Name des Führers mit dem des Gelehrten vermischt wird, der versuchsweise wenigstens den selbstgefälligen, stummen Primärprozeß, der jene Gestalt aus den Verrechnungen des Bewußtseins der Deutschen verdrängt hat, dieser Verdrängung entriß.[29]

What makes Kursbuch tick, und: *what makes it ticklish*, sind damit zweierlei Stiefel. Zur Auffindung des letzteren begibt man sich aus ihm heraus in den *Tintenfisch*. Da das *drumherum* um den eigenen Zustand, das jene Verdrängung ständig vollführt, sich behaupten möchte, wird es mit bestätigender Projektion in den Initiator seiner Analyse verlegt. Wirklich kann man in Deutschland Freud und die in seiner Nachfolge Stehenden nicht *vertragen*, seine Abwehr in der deutschen Gesellschaft stellt seit je die von Marx in den Schatten, was ist der Grund? Dies, daß eine Erscheinung wie der Nazismus in ihrem eigenen Dort und Dann, ihren geschichtlichen Faktizitäten nicht aufgeht, sondern was in den Annalen der Gesellschaft an ihr Zuzuordnendem vorher verstreut erschien, anthropologisch auf seinen Begriff bringt und dieser Begriff dann nicht umhin kann, die kritische Negation alles dessen zu sein, was die nazistische Verherrlichung der *eigenen Art* verklärt und verschwiegen hatte. Indem der Begriff unterdrückt wird, perpetuiert sich sein Inhalt. Rechts, wo er hingehört, behauptet sich der Nazismus in der Mimikry von Mutationen deutschfaschistischer Ideologie, die wir kennen, zugleich gesamtgesellschaftlich aber, daher auch links, in den unbewußten Öffentlichkeitsvereitelungen eines Narzißmus der bekennerischen Gebärde, der in einem vor der Praxis und der Rechenschaft gebenden Bewußtseinkontinuität der geschichtlichen Erinnerung ausweicht. Diese Fortsetzung des Nazismus als Narzißmus blockiert den Umsturz der deutschen Staatsmythologie. Die Verdrängung von Kritik an den relativen menschlichen Konstanten, die die Bedingung des ersteren waren, mittels einer des letzteren, deren Genitiv ebenso *possessivus* wie *objectivus* ist, da der beschriebene Zustand nicht nur den Verdrängungsakt, in dessen Leistung er selbst besteht, unternehmen muß, sondern dieser ihn zu seiner Bestätigung auch vor sich selbst versteckt, will in ihrem Geschäft nicht gestört werden. Marcuse tut das nicht, weil seine Adaptierung der Psychoanalyse über deren triebmonadologische Frühphase nicht hinausgeriet; seine von Heidegger stammende Geschichtlichkeitskategorie das mit ihr Gemeinte eher verdeckt, als daß sie verhaltenskritisch auf dessen Wirklichkeit, ihre empirische intersozietäre *Verschiedenheit* — die eklatant eine der in den Menschen weiterwirkenden, sie formenden Vergangenheiten ihrer Geschichte ist — das Auge von Theorie lenkte; seine Große Verweigerung, ohnmächtigen Randgruppen der Gesellschaften ohnmächtig zugeteilt, Praxis selber verweigert; und weil seine verdienstvolle Wiederentdeckung der *Möglichkeit* als des zentralen Humanums, das potentiell durch alle *Fahrpläne* einen Strich macht, in seiner Doktrin ohne Folgen blieb.[30] Da die Träger des *Systems* nur zu verunsichern sind, wenn man hartnäckig coram publico ihnen ihre tägliche Barbarei relativ zu ihren normativen Identifizierungen, nicht das System vorhält, kann die in dieser punktuellen Erfahrung verborgene politische Möglichkeit eine mehr als punktuelle, die durch ihren Modelleffekt sich realisierte, nur zeitigen, wenn jene beherzigt wird; sie wird nicht beherzigt, wo schon ihre Thematik tabu, das Tabu aber, bei besonderer Gebrechlichkeit, auch in so besonderem Ausmaß sich abwehrbereit erweist wie in Enzensberger. Seine Forderung von 1968, *französiche Zustände* zu schaffen, abgesehen davon, daß sie deren zeitweiliger Beschaffenheit nach etwas Heikles hatte, zeigt die Dünne der Schutzschicht, die mit dem eigenen Reflexionspotential, das sich nur assoziativ betätigen darf, hinter dem Berg hält: die augenfällige Konsequenz, zunächst auf französische Verhaltensweisen zu drängen, selbst also sie sich anzueignen und den Genossen zu demonstrieren, blieb aus.

Schon ihre Blickrichtung wäre verfänglich gewesen; ist es weiter. Eine gesellschaftliche Existenzweise, deren Selbststeuerung von ihrer Selbstverborgenheit abhängt, muß die Themen kritischer Sozialanthropologie, unter denen sie sich weiß, sich vom Leib halten. Nur um den Preis seiner Selbstentdeckung, bei der die Ventilierung ungeklärter Gegnerschaften in Bierzeitungsreimen zuerst auf der Strecke bliebe, Frankreich im politisch Einschneidenden seines Literaturbegriffs, also seiner Zivilisation, erst verstanden wäre, könnte der monolithische Pluralismus solche Sujets in seinen Kursbüchern aufs Tapet bringen. Die Identifizierung seiner anti-interaktiven Rolle mit der des Herausgebers jener läßt in Bewahrheitung des Diktums von der dialektischen

Seite des Hegelschen Denkens — der unbeirrt geschichtshermeneutischen, über die seine historistische keine Macht hat —, daß das Allgemeine das Besondere, dieses jenes sei, sich in Fällen rechtfertigen, wo ein physiognomischer Vergleich der Verhaltensprofile ihre Übereinstimmung klarstellt. Das Anti-Diskursive des einen, das an Objektivierungen hängt, des andern, das in Idiosynkrasien verstrickt bleibt, kooperieren in einem Auseinanderfall, der das, was zwischen den beiden vermittelte: ihre und ihres Verhältnisses zwanglose Erörterung wäre, damit Anfang der Anfänge von Spontaneität, Solidarität, unberührt läßt. Schon die Berührung müßte es mobilisieren: Selbst- und Fremdverständigung, Diskussion, die Möglichkeit von Widerlegungen, der man sich zu stellen hätte, in Gang bringen. Ihrer Bedrohung wird ausgewichen.

mich, meine Herren,
könnt ihr vielleicht widerlegen,
aber mehrere elstern im schnee
sind ein beweis.[31]

Es fragt sich, wofür. Auch sie, gleich den Krähen und den Positionen im monolithischen Pluralismus, der insofern ein Fortschritt über die Verhältnisse der Dreißiger ist, hacken einander unter einem verschwiegenen Grundgesetz nicht die Augen aus. Ihre relative Kommunizierbereitschaft übertrifft dagegen nicht nur die, die nach den vorerwähnten Dispositionen von Kursbuch 29 zwischen Reiche und Wulff waltet, sondern auch tendenziell Enzensbergers eigene. Rätselhaft brach er in den frühen Sechzigern, als seine Entdeckung des Phänomens der Bewußtseinsindustrie in eine Kontroverse mit der FAZ ihn verstrickt hatte, sie nach einer Replik Benno Reifenbergs von herausforderndster Zerstörbarkeit ab; ließ er — in den mittleren — in einer Hörfunkdebatte des SFB seinen *Katechismus in der deutschen Frage* fast verteidigunglos gegen Angriffe Egon Bahrs — den man inzwischen auf dessen Spur findet, ohne daß es doch das *Kursbuch*, unaufhörlich in sich gekehrt, registrierte; äußerte sich weiterhin idiosynkratisch — als der Kampf gegen die Notstandsgesetze, die das Thema verdeutlichten, aktuell war — ohne den Versuch eines analytischen Arguments gegen jene vernunftgemäßer als bloß instrumentell zu begründende linke Identifikation mit dem Grundgesetz, die bisher unwiderlegt blieb, da ihre Rechtfertigung aus dem Gehalt des marxischen Klassenkampfentwurfs selbst zu entwickeln ist[32], und in mindestens einem Fall, als das *Kursbuch* noch bei Suhrkamp erschien, er alleiniger Herausgeber, K. M. Michel, ihm jetzt gleichgestellt, Redakteur war, mußte dieser nach einem Veto Enzensbergers gegen einen von Michel befürworteten Text dessen Urheber nach dem Grund des Verbots fragen (»Ich verstehe das nicht. War etwas zwischen ihnen und Enzensberger?«): offenbar war eine artikulierte Begründung aus dem Herausgeber nicht herauszubekommen.[33]

Die einsilbige Interaktionsabstinenz des *Kursbuches* läßt sich so bis in seine Produktionsverhältnisse — die Verhältnisse, in denen es produziert wird — verfolgen. Vorbedingung der Entstehung von Weltanschauungswelten, Nichtentstehung von Öffentlichkeit, kollidiert sie aufs direkteste mit der von Rossana Rossanda am Schluß ihres Aufsatzes formulierten Forderung, *die Umwälzenden umzuwälzen*. Die Entschlossenheit des Widerstandes, den diese in der Bundesrepublik dem entgegensetzen, ist auf dessen akute Situationen, etwa in der Abwehr des Interaktionismus, nicht angewiesen: antizipatorisch zieht der Gestus einer Entschlossenheit, die zwar noch nicht genau weiß, wozu sie Entschlossenheit ist, auch das aber zu gegebener Zeit schon bestimmen wird, sich durch die Ersatzlinke.

Ihre herrische Gebärde verwirft nicht nur, was ihr entgegensteht. Vielmehr wirft sie, da sie alles objektivieren, den Verhältnissen zurechnen kann, auch deren chronische Nichtbemeisterung dem jeweils schon Geschehenen (oder geschehensein *Werdenden*) zu — da es ja *notwendig* geschehen entweder ist oder sein wird: die *Möglichkeiten einer Möglichkeit*, die, von affektbesetzt Verdrängtem mit einem Bann belegt, worin der Schienengeist fortspukt, vielleicht ganz unnotwendig vertan wurde (oder noch im Augenblick wird), sind aus Gründen des gleichen Versäumnisses, das ihre geschichtliche Nichtverwirklichung mit sich führt, retrospektiv nicht beweisbar. In einer Denkwelt, die in diskretem Positivismus nur Fakten Beweise führen, schon Gegebenes für wahr gelten läßt, konnen so Anschlüsse wie der an eine gewandelte Psychoanalyse versäumt, das ganze politische Potential einer Interaktionsthematik, die ins eigene Haus steht, verschenkt und ein dafür verantwortlicher Kurs, der nur sieht, was er sehen will, doch nicht schuldig werden: woran denn, schließlich ist ja, da er selbst Sorge trug, daß nichts geschah, nichts geschehen.

Augenfällig ist an solcher Phantasielosigkeit etwas Ärgerlicheres in einem Periodicum wie dem *Kursbuch* als in einer Partei- oder Sektenzeitschrift. Während man sie bei einer solchen voraussetzt, hatte die in

Deutschland ungewohnte, seinem verengt »belletristischen« Literaturverständnis entgegengerichtete intellektuale Einbildungskraft, die sich in Enzensbergers lyrischer Produktion seit seiner *verteidigung der wölfe* gezeigt hatte, in einer von ihm zu leitenden Zeitschrift eine Spur davon in Aussicht gestellt. Solche Erwartungen trogen. Der Entdekkung des Verbums, dessen anti-atmosphärisches Überraschungspotential die besondere Kraft dieses Dichters war, entspräche in der Redaktionsarbeit an einem periodischen kritischen Forum die Reduktion aufzudeckender Ungeklärtheiten auf ihre dialogisch-argumentative Struktur, deren Aktivierung zum *Vorgang*; nicht die perzeptionslose Unbeweglichkeit, jenes hartnäckige Nichtvergegenwärtigenkönnen geschichtlich fälliger menschlicher Möglichkeiten, das keine Position des theoretischen Bewußtseins, sondern eine Praxisversagung seines interkommunikativen Prozesses ist, da es vom neunzehnten Jahrhundert, seiner szientistischen Karrenschieberei, nach Nietzsches Wort, auf unsere Zeit überkam. Da die großen Revolutionen nicht nur »Schutt«, nicht nur »sprachlose Intelligenz« hinterlassen haben, welche These K. M. Michels die *Kursbuch*unternehmung von seiner Seite eröffnet hatte[34]; sondern auch Produktivkräfte freisetzten, unmenschliche Institutionsverfestigung vor ihrem jeweils neuerlichen Wiedereinsetzen aus dem Weg räumten, eine Tradition des kritischen Gewissens in den Völkern, denen sie gelangen, verankern konnten, hat sehr früh sich die Frage gestellt, ob nicht die These einfach als *Kursbuch*-Hypothek, ein fatales, sicherlich unbewußtes *pro domo*, jüngste Lesart deutschen Madigmachens deutscher Unerreichbarkeiten, die ohne solche Resignation keine bleiben könnten: also als präambulierende Entschuldigung eines sprachlosen künftigen Redaktionsfleißes zu verstehen sei, der nach deren Gesetz dann wie unter einem Programm — das zu erfüllen war und dessen Ausführung andauert — mit der ganzen Folgerichtigkeit angetreten wäre, welche er, um sie in diesem Punkt möglich zu machen, sonst meiden mußte. Während beide Herausgeber einen solchen Sachverhalt, dessen Denkbarkeit sie provozieren müßte, durchschauen können, bleibt die Bereitschaft dazu immer noch wahrscheinlicher im Urheber der erwähnten Abhandlung als in dem von ihnen, der mit Siegfried an einem selbstherrlichen »Ich kann dich ja nicht leiden — vergiß das nicht so leicht!«[35] sein Genügen findet, wo so auffällig der Ungelittene gerade allem öffentlichen Ichsagen den Grund entzog, das sich nicht mit Gründen rechtfertigt. Diese Ichpräokkupation

Enzensbergers[36] hat mit dem, was Werner Weber einst seinen Moralismus und als dessen artistisches Substrat seine Fähigkeit zu literarischer Clownerie nannte — »An seinen Versen arbeitet immer auch ein Clown mit. Clowns sind Moralisten (...)«[37] — nur insofern zu tun, als sie es schwächt und denaturiert und zur Routine inzwischen zurückbildete: auch noch Wandlungen, in denen ein Ich seinen eigenen Anspruch durch die selbstvergessenste Identifizierung mit der Tükke des Objekts überspielen darf, als auswechselbar gewesene Masken eben dieses Anspruchs zurückließ.

Der Boden unter dieser Bodenlosigkeit ist freilich nicht in ihr selbst zu entdecken. Daß er aber die bürgerliche deutsche Literaturtradition ist, und zwar diese nach Thomas, nicht etwa Heinrich Mann, springt an einem Vergleich in die Augen zwischen dem Absagebrief Enzensbergers gelegentlich seines Verzichts auf eine *fellowship* an einer Universität in Connecticut und dessen augenfälligem Modell, dem Antwortbrief des exilierten Thomas Mann an den Bonner Universitätsrektor, der den Dr. h.c. ihm entzogen hatte. Etwas Klassizistisches hatte schon die Gebärde des Musters, das vom frühen Einfluß seines Verfassers auf die diskrete geistige Vorbereitung des beredt darin beklagten Total-Malaise: einem Konformieren mit der mystifizierenden Sprachregelung jedes jeweiligen *Bodens der Tatsachen,* das in Thomas Manns politischer Schriftstellerei dem Dritten Reich vorausgegangen war, sorgfältig schwieg; daß solche vorbürgerliche Bürgerlichkeit überbietbar war, demonstrierte dann Enzensberger.[38] Weder hatte der Adressat sich mit seiner Regierung wie der Bonner Rektor mit der seinen durch einen Akt gegen den Briefschreiber identifiziert noch war bei Annahme des Stipendiums der Vietnamkrieg, der dann als Verzichtsgrund zu dienen hatte, irgend weniger anstößig gewesen, seine Anstößigkeit irgend weniger im Sinne des Briefs analysierbar, als zum Datum der solemnen, bühnenwirksam arrangierten Zurückreichung, für das offenbar private Dispositionen ohne die leiseste zeitgeschichtliche Bedeutung bestimmend waren; noch war das Pfiffig-Pfäffische des Triumphs — mit dem eine emphatische Unterbetonung nationaler Identitäten durch den frühen Enzensberger ihrem Gegenteil auf das behendeste Platz machte — derselbe Blick ruhe heute »auf Ihren Zerstörern, Ihren Botschaften, Ihren Leuchtreklamen überall auf der Welt«, der sich, »Ende der Vierzieger Jahre, auch auf mich gerichtet hat«, überhörbar.[39]

Wie Enzensberger — der ja ein Mensch, keine Leuchtreklame ist — unter dem Blick gelitten haben muß, lassen die Zeilen nur ahnen. In die Nachfolge Brechts, die man ihm gelegentlich zuschrieb, ist nicht nur dessen Vers auf sein Land »Ich singe die Schande des meinen« offenbar dieser Leiden wegen nicht so eingegangen, daß die Zuschreibung einleuchtete, Brecht — der fürs Arrangieren Sinn hatte — hätte es auch unpraktisch gefunden, Vergleiche, denen die Haare ausgehen, an ihnen herbeizuziehen.

An solchem Schein von Spontaneität als sorgfältiger Draperie ihres Reißausnehmens ist der Clown nicht beteiligt: so wenig wie am unerschlichenen, aber auch unbedarften Frisch-von-der-Leber-weg der an *Hitscherlich* gerichteten Verse, die diesem gerne nach einem Argot, das von Meinungen nichts will außer dem unrealisierbaren Wunsch, daß sie erektil seien, die des Dichters gestoßen hätten. Zwischen beiden Positionen fällt dessen Subjektivität, da sie keine hat, durch die Ritze: sie entzieht sich der Wahrnehmung, wieviel drastischer jeder frontalen, intersubjektiv sich bestimmenden Auseinandersetzung, der es um verbindliches Urteil geht. Sie kann als Person, die das Ichsagen dann weniger nötig hätte, erst wieder auftauchen, wenn sie ihren Auseinanderfall in Rollen, die die verschwiegenste aller deutschen Traditionen mittels dieser Verschweigung disponibel macht, widerriefe. Es ist die des Proteus als Selbstsucher in leerer Innerlichkeit, wo auch ein Selbst nicht zu finden ist. Wenn die von ihm stellvertretene Subjektivität ihren Blick von diesem Vakuum abwendete, könnte sie ohne weiteres die Rollen, diese Gesichtsmasken vor ihrem Hinterkopf, ablegen. Nicht nur wäre der Emanzipationskampf endlich ernst, da schon sein theoretisches Operationsfeld keine künstlichen Blickschranken dann mehr einengten, er erwiese sich auch unweigerlich, aber ganz beiläufig, als verläßliche Selbstfindung.

Da eine solche Hoffnung ihr eigenes Thema hat, muß sie freilich über eine Betrachtung der Ersatzlinken und ihres *Kursbuchs* hinausführen. Wichtig bleibt für deren Zwecke, daß eine das Ich arrangierende Präokkupation mit ihm unvermeidlich zu wenig Aufmerksamkeit für die Gegenwärtigkeit von Situationen im nach vorn offenen Weltprozeß freiläßt. Sie kann daher deren Unentschiedenes, erst durch die Menschen selbst zu Entscheidendes, da sein Anspruch ihre vorfixierte Blickrichtung nur als störende Herausforderung ablenkt, nicht in dieser Offenheit, nicht in dieser Entscheidbarkeit dulden, sondern braucht zu seiner Distanzierung Begriffssysteme, die seine Einordnung möglich machen: das Neue an seinem Erfahrungsgehalt — das sie nur nach ihrem eigenen Anspruch decken — verleugnen lassen. Diese Konstellation macht es plausibel, daß in der Bewältigung solcher Gegenwärtigkeiten, deren begriffliche Absorption sie so abschließen muß, daß sie wie Vergangenheiten bestimmbar werden, eine sich selbst suchende Subjektivität auf vermeintliche Sicherheiten verwiesen bleibt, an die sie sich klammern kann. Dieser Zusammenhang von Narzißmus und Theologie macht die Ichpräokkupation als Einbruchsstelle für dogmatische Verfestigungen begreifbar, die das Monologische eines Zustands, über dessen in sich kreisende Selbstisolierung die von dieser geweckte Angst die Regie führt, wie ein bestätigendes Echo verdoppeln, das so ostentativ aus der *Welt* kommt, als wäre deren Erkenntnis in ihnen aufgehoben: wäre etwas *Erledigtes*. Nicht nur ist der monolithische Pluralismus, was nach diesem Exkurs auf seine Bewußtseinsstruktur nicht als anthropologische Beliebigkeit mehr erscheinen sollte, jetzt die unfreiwillige Resultante zwischen solchem haftenden, verzweifelten *Feststellen,* angstgetriebenen Zusammenhalten einer Welt, die noch jede Theorie von sich aufzehrte, und ihrem immer schnelleren und unverkennbareren, schon den eigenen Kontrollbereich mit sich selber entzweienden Auseinanderfall, der neue Erkenntnis herausfordert. Vielmehr kann er, da er diesen Bestimmungen ebenso gehorcht wie sie leugnet, ersteres existentiell, letzteres ideologisch, die zuletzt genannte Herausforderung nach den Indices der jüngsten *Kursbücher* nicht mehr annehmen, sie nur noch als Irritation erfahren: schon in Nr. 31 erscheint sie einzig in einer Untersuchung der Roten Hilfe Berlin. Je weniger Rechenschaft von auftauchenden Widersprüchen gegeben wird, umso handfester verstrickt, wer jene sich und uns vorenthält, sich in diese, und um so weniger wird er Neues, das sich in der Welt etwa rühren sollte, erfassen können: solche Neuheit — was sie für ihn unverständlich macht — müßte selber schon auf dem Umgekehrten, einer Politik gegenseitigen Offenhaltens, Sich-aneinander-Bildens von Praxis und Theorie gründen, die dann jene augenfälligen Bestimmungen gerade nicht leugnete, ihnen desto tätiger widerstünde. Da das Neue seiner Anlage nach nicht Bestimmungen, die zum Auswachsen sind, unterliegen kann, hat es Realität in Deutschland nur erst im Potential einiger selbstkritischer Gruppen und Einzelner, deren Emanzipationspraxis in der Bundesrepublik nicht mit Sicherheit schon in solchem Umfang begonnen hat, daß man auf ihre Ausbreitung zählen könnte.

Die Frontlinien des Klassenkampfes haben sich seit Marx stark verändert. Sie laufen global zwischen den Ländern der Dritten Welt und den Industriegesellschaften, punktuell, innerhalb beider, zwischen Ausgebeuteten (oder Benachteiligten) und Übervorteilern, schließlich innerhalb des Mittelbaus der Industriegesellschaften mitten durch die technologische Intelligenz: in deren Fall sie als welche von Stellungskämpfen, in die in der Regel ein Selbstausbeuter und sein Ausgebeutetes sich verstrickt haben, durch die Individuen selbst laufen. Die Mobilisierung dieser Schicht setzt damit ein Verständnis der einzigen Dimension ihrer Lage voraus, in der ihren Mitmenschen Fuß zu fassen menschlich gelingen kann; erst recht denn politisch. Da solche Verstrickungen sich in Leiden äußern: als Blockierungen des Welt- und Selbstverhältnisses nur in interkommunikativer Praxis zu lösen sind, ist die Dimension solcher Praxis — die die psychoanalytische ist — auch die gesellschaftliche.

Dieser internationale Sachverhalt — und einige, die mit ihm nahe verwandt sind — werden in Deutschland durch das Erbe, das man aus dem Feudalabsolutismus fortschleppt, verwickelter. Zugeordnet ist allem Beamtentum von dessen vorhegelschen Ursprüngen im Barock her ein Schubladendenken, das verbilligter Kartesianismus ist, die Dinge extensiv, additiv, in ihrem äußerlichen Verhältnis sich vorstellt und diese Vorstellungsweise mechanisch auf den gesellschaftlich-seelischen Prozeß überträgt: als ein *Nacheinander* — wo das psychoanalytische Verfahren in Frage steht — zwischen einer therapeutischen »Behandlung« und einem weltgerichteten Engagement, das ihr folgen mag, oder zwischen den »individualistischen« Zielsetzungen, die ein sich entwickelndes Modell kritischer Interaktionen nach analytischem Vorbild im Auge hat — und die auf eine *Nachholung* der versäumten bürgerlichen Revolution in Deutschland durch Kritik der Subjekte hinauslaufen — und dem Kampf für den Sozialismus. Alle diese Sukzessionsvorstellungen sind Unsinn, nach der Bestimmung von Vernunftspontaneität — mithin des *Selbst* der Person — sich in keiner Gestalt außer der einer *vollen Aufmerksamkeit aufs Objekt* zu verwirklichen und der Ordnung der Objekte, nur unter der Voraussetzung solcher Aufmerksamkeit sich erkennen und verändern zu lassen, handelt es sich bei dem, was nach ihrer hergebrachten Kategorialstruktur jene automatische Vorstellungsweise verkennt, um ein In-, nicht ein Nacheinander. Schwieriger als diese metatheoretische Klärung ist eine theoretische Auflösung jenes Keims des anti-interaktionistischen deutschen Widerstandes, worin der charakterisierte Narzißmus und das Nazi-Trauma miteinander verschränkt sind. Diese Verschränkung ist kein Verhältnis, das die beiden miteinander als zunächst unabhängig zu denkende eingehen, sondern das Ergebnis eines ursprünglicheren, nach dem sie in erheblichem Maß schon die gleichen Bestimmungen teilen — oder, mit anderen, qualitativ so aufeinander bezogen sind, daß ihre Trennung prekär wird: man kann die Thematik an keinem Zipfel aus ihrer Verborgenheit ziehen, ohne daß der Gesamtkomplex nachfolgt. Der Widerstand, auch in Linken, gegen die kritische Konfrontierung mit Vergangenheiten, die als gewesene nicht bewältigt sind, daher dem Bewußtsein der Menschen als von ihm ausgeschlossene *Gegenwart* zusetzen, ist also völlig verständlich. Nur ist er ebenso völlig — vor der gleichen Verständnisinstanz — unentschuldbar: nicht allein ist es zu wenig menschlich, sich gegen Erkenntnis, die einen selbst betrifft — und etwas Überfälliges hat — mit Schwindelei zu verhärten, sondern es fallen in den gemiedenen Rechenschaftsbereich beinahe sämtliche Schranken emanzipatorischer *Praxis* in Deutschland, an deren Niederlegung sie *scheitert.*

Dieser Zusammenhang ist erörtert worden.[40] Seinen geschichtlichen Kern — im Kursbuch das noli me tangere — berührte Ulrike Meinhof als Zeugin im Mahler-Prozeß. In ihrem mit dem angeklagten Anwalt geführten Konfrontationsgespräch, dessen Bedeutung die deutsche Presse, zu abgestumpft oder zu verlegen, nicht wahrnahm, erklärte sie — ohne jene Scheu — für die Aussichtslosigkeit einer Revolutionierung der Deutschen sei der Fortbestand des NS-Komplexes die nur durch Freispruch zu behebende Ursache: »Freispruch des deutschen Volkes«. Wie sie das meinte, wurde — auch von Mahler — nicht weiter erforscht. Das Wort läßt mehrere Interpretationen zu. Die billigste wäre, daß Frau Meinhof zur Verbesserung ihrer Aussichten in ihrem eigenen bevorstehenden Prozeß auf ein dem Freispruch des deutschen Volkes — da in zu vielen Fällen der NS-Ursprünge der eigenen Amtskarriere — das Wort redendes Gefühl in den Mächtigen des Justizapparats spekuliert habe. Die Wahrscheinlichkeit dafür ist gering, und keinesfalls wäre die Eventualität ihr in ihrer Lage zum Vorwurf zu machen: im Rahmen des Unmöglichen war in Deutschland immer noch alles möglich. Restlos fiele, was an der taktischen Eventualiät trüb erscheinen könnte, der institutionell gefrorenen Unartikuliertheit heuchlerischer Verhältnisse zu, die für Angeklagte dieses Lagers eine derart andere Gerechtigkeit als für NS-terroristische Schreibtischtäter in petto hat, daß sie mit dieser Gegebenheit rechnen müssen. Eine zweite Deutung wäre, daß das Wort so dezisionistisch gemeint war, wie es in der Tat leider klang: daß etwa öffentliche Proklamation solchen Volksfreispruchs, eine feierlich institutionalisierte Art Selbstbelügung nach der ohnehin ein Vierteljahrhundert lang durch gesellschaftlichen Konsens praktizierten, den verdrängten Komplex ausräumen statt nach Maßgabe seiner inhaltlichen Unbewältigtheit ihn — was sicher ist — nur noch tiefer verdrängen würde. Die dritte, mit der ich es halten will, daß die Freispruchsforderung das *gegenwärtige* Volk meinte: der Freispruch durch *Umwälzung der Umwälzer* — die sich in deren menschlich veränderter, damit politischer Veränderung endlich mächtig werdender Praxis erweisen würde — zukünftig zu verdienen sei; effektiv also schon in einem Zug mit der Volksveränderung, die einen solchen Freispruch voraussetze.

Die Forderung Rossana Rossandas nach Umwälzung der Umwälzer spezifiziert sich also im deutschen Fall — da das NS-Trauma ihr jetzt, was kaum vorauszusehen war, auch als *linkes* im Weg ist — zu einer nach analytischer Bereinigung dieses diffusen Komplexes. Da gesellschaftsvermittelte Verhaltensweisen in den geschichtlichen Originalvorfall eingingen, die zwar schon vor ihm bestanden haben, aber nicht ohne eine Aushöhlung seit ihm weiterbestehen, die verräterisch durchscheint, umfaßt das Elend, das er hinterlassen hat, jene auszuwachsenden Interaktionsmängel mit; daher wird auch jene Bereinigung nur als deren Kritik, die ihre *gegenwärtigen* Formen trifft, sich vollziehen können. Daß das vermeintliche »Gesetz« von Geschichte selbst, das unter der stillschweigenden Voraussetzung einiger Konstanz menschlichen Verhaltens in Kraft ist, sich mit diesem verändern lassen dürfte, hat theoretische Konsequenzen. Mit diesen verringert sich die Einschätzung der Macht ökonomischer Abhängigkeiten um keinen Bruchteil eines Grades gegenüber der Marxschen Geschichtsansicht; und relativiert sich das Verhältnis dieser gleichen Einschätzung zu den *menschlichen Möglichkeiten*. Das Wichtigste ist »das, was Menschen auf-, nicht, was ihnen abgeht«.[41]

Diese Konzeption trüge der Kritischen Theorie, ihrer Rehabilitierung des gesellschaftskritisch-polemischen gegenüber dem historistisch ontologisierenden Marx ebenso Rechnung wie dem monopolistisch veränderten Zustand der fortgeschrittenen kapitalistischen Industriegesellschaften. Deren von Marcuses Theorie nicht bewältigte, aber zutreffend beschriebene Fähigkeit zur Integrierung der Arbeiterklasse — durch Alliierung zumal mit dem Potential ihres Konsumentenbewußtseins — reduziert eine Frage wie: ob die Arbeiterschaft erst »nach« oder schon »vor« ihrer (relativen) Bewußtwerdung (nie: nach deren Wiederabbau) eine kämpferische Klasse sei, zur scholastischen. Sie entspricht damit nicht Marx, der darüber gelacht hätte, um so bestätigend praller den Kopfgewohnheiten des monolithischen Pluralismus: daß das Proletariat zu Marxens Zeit, ebenso seinen Verhältnissen nach wie der übernommenen Geschichtszuversicht des klassischen bürgerlichen Denkens entsprechend, nur in der Bewegung seines Bewußtwerdens (in einem) befindlich und denkbar war, schloß solche Problemstellung aus. Daß man sie »links« in der Bundesrepublik ernst nimmt, zeigt den Grad der Verblendung für das eigene Elend wie für das der Gesellschaft. Für die Ausmerzung des Scholastizismus aus der Theorie des gesellschaftlichen Emanzipationskampfes muß nicht nur das »Proletariat« mit empirischer Genauigkeit neu bestimmt, sondern auch von der bürgerlichen Ökonomie so gelernt werden wie Marx von Smith und Ricardo lernte. Den veränderten Verhältnissen gemäß hat der Theorieansatz Galbraith' vor allen Lehren des klassischen Theorietyps, unter den auch die von Marx fällt, voraus, daß Nachfrage und Produktion nicht mehr abstrakt als voneinander unabhängige, miteinander erst in Beziehung tretende Größen von vornherein angesetzt, sondern in ihrer für sie selber konstitutiven Vermittlung miteinander gedacht werden — welche Vermittlung in der jetzigen Industriegesellschaft zu genau jener Bestimmung *der ersten durch die zweite verfälscht ist,* die sich in einer sozialistischen umkehrte. Diese Veränderung der Theoriestruktur, bei der die situativen Komponenten nicht länger durch Vorentscheid als einander nur äußerlich unterstellt werden, entspricht auffällig einer in der kritischen Psychoanalyse gegen die Ausklammerungsfunktion des »Realitätsprinzips« eingeleiteten, die die »Realität« so wenig mehr unabhängig von den Menschen ansetzt, die sie jeweils erfahren, wie umgekehrt.

Für das Zueinanderfinden kritischer Gesellschaftslehre und selbstkritisch gewordener Psychoanalyse, das an anderer Stelle demonstriert worden ist[42], generell jetzt in beiden sich abzeichnet, ist diese Konvergenz revolutionierter Theorieansätze nur ein weiterer, aber ein sehr schlüsselhafter Beleg: erst für ein Denken, das ihr Rechnung trägt, wird das von Marcuse beschriebene Integrationsphänomen so durchschaubar, daß eine Praxis in Sicht kommt.[43] Um so weitläufiger sind die Implikate der Verschweigung dieses ganzen Vorgangs durch *Kursbuch:* nach Nr. 29, die sie sich leistete, kann Nr. 30, die — weitergedacht — ihre entschiedene Abstellung postuliert, nicht allein schon den Sommer emanzipierter Emanzipationstheorie machen, den der Sozialismus in der Bundesrepublik nötiger hat als der italienische. Es mag zumal bei dem Aufsatz Rossana Rossandas sich um einen temporären Ausbruch des Kursbuchs aus dem monolithischen Pluralismus gehandelt haben, wie es seinesgleichen auch schon früher (etwa seitens Herburgers oder Wallrafs) gegeben hat, da das chronische Nachhinken der redaktionellen Position ihr solche Druckventile sogar selbst manchmal nahelegt. Die in der gleichen Nummer das *Nationale* schonende Umsicht des DDR-Berichts spräche dafür; dieses Drumherumreden ums Heikelste.

Zu wenig also schließt das Gesamtbild eine »Stamokap«-Zukunft des bundesdeutschen politökonomischen Sozialismus, ja seiner etwaigen Realisierung bei möglicher Verschiebung von Majoritäten aus, bei der mit sämtlichen von Frau Rossanda beleuchteten Fehlern staatskapitalistischer Gesellschafts- und Herrschaftsentwicklung der Institutionalismus en bloc in den Sozialismus als Vermeintlichkeit einginge. Um so größer, auch wenn die Positionen ihres Aufsatzes auf der Linken nicht geradezu neu sind, die Fehlentwicklung, die sie beschreibt, schon die spanischen Syndikalisten in den Dreißigern präzise voraussahen und Garaudys Ausschluß aus der französischen Partei auch seiner Diagnose der inzwischen eingetretenen zu verdanken war, ist das Verdienst dieses Textes und seiner Veröffentlichung gegen die Berührungsverbote des *Kursbuchs*. Daß diese die Ergebnisse eines Vorsatzes sein könnten, hatte freilich nie viel Wahrscheinlichkeit. Erinnern wir uns zuletzt, daß es sehr schwer ist, gegen das eigene Unbewußte in seinem Anteil an dem der eigenen Gesellschaft sich aufzulehnen — monolithisch, auf die schon ausgeführte Art, ist im Grunde der bundesdeutsche Pluralismus im ganzen — und daß die Chancen für solchen Aufstand auch im Kursbuch gewachsen sein könnten, seit mit dem Verlagswechsel der Zeitschrift ihr Redakteur zum Mitherausgeber aufrückte. Daß die Folgen dieser Veränderung Zeit brauchen, auch in ihm selber sich durchzusetzen, muß diese Möglichkeit nicht schon auslöschen.

Zielt die Entwicklung auf der bundesdeutschen Linken aber im ganzen schon heute auf anti-theologische Einsichten ab, mit denen sie die Neigung ihrer Gruppen zu vorkapitalistischer Selbstabkapselung auswüchse? Es gibt für diese Hoffnung auch jetzt noch keine genügenden Anzeichen. Ohne deswegen — wie also befürchtet werden muß — seinerseits schon absterben zu müssen, brauchte der monolithische Pluralismus nicht Zustand einer marxistischen Zeitschrift, nicht einmal mit Sicherheit die Bestimmung einer einzelnen Person zu bleiben, die maßgebend an ihr wirkt. Es handelt sich um das *Kursbuch* nur insoweit dessen Verhältnisse die viel weitläufigeren des monolithischen Pluralismus, der als Wiedererkennbarkeit deutscher Geschichtsmuster etwas drastisch Ominöses, Fatales hat, zu beunruhigend für die sozialistische Sache — ihre deutschen Aussichten insgesamt — bisher abspiegelten. Daß Anschlüsse an die zweite Aufklärung nur dann sich gewinnen lassen, wenn sie fällig sind, hat als immerdeutsches Geschichtsmemento aus Gründen nicht von Theorie allein etwas Vorwurfsvolles: die Verkennung der kritischen Psychoanalyse durch das *Kursbuch* ist kein traditionsloser Einzelfall, noch zu Lebzeiten Adornos ist es aller nachprüfbar textimmanenten Auseinandersetzung mit der Frankfurter Schule nur ausgewichen.

Das Geschäftsaxiom des entbehrlichen Zustands bestimmt sich im Rückblick als ein resolutes Verpassen von Anschlüssen, die so wenig Eignung zum Warten haben, daß sie sich hinterher sogar leugnen lassen.

Nicht geleugnet werden, außer unter der Voraussetzung schon der gleichen Gedächtnisschwäche, die auch die seine ist, kann das eingeklemmt mit nichts fertig Werdende, sich endlos Gleichbleibende, Wiederholsame am deutschen Geschichtsverlauf. Seine Bollwerke sind sehr fest.

Ob das Dasein vorlaufende Entschlossenheit ist — für die Heidegger es hält — kann uns gleich sein. Daß das Immer-wo-anders-Sein der deutschen Ersatzlinken hingegen nachlaufende ist, springt in die Augen.

Anmerkungen

1 *Erich Wulff:* Psychoanalyse als Herrschaftswissenschaft? Kursbuch 29, S. 1 bis 22, spez. S. 17.
2 Ibid.
3 *Karl Marx:* »Thesen über Feuerbach«, Deutsche Ideologie (A). In: Frühschriften, Stuttgart 1964, S. 340.
4 Kursbuch 29, S. 16.
5 Vgl. *Karl Marx* (mit Friedrich Engels): Manifest der Kommunistischen Partei. Frühschriften, S. 559.
6 *Hans Magnus Enzensberger:* Blindenschrift. Frankfurt 1967. *mehrere elstern,* S. 82–85.
7 Vgl. *Ulrich Sonnemann,* Negative Anthropologie. Vorstudien zur Sabotage des Schicksals. Reinbek 1969, S. 29–60; »Monade und Polis. Zur Selbstkritik der Psychoanalyse«. In: Psyche 10/72, S. 750–756.
8 *Karl Marx:* Die heilige Familie. Frühschriften, S. 319.
9 Negative Anthropologie, S. 74–94.
10 *Karl Marx:* Das Kapital. Kritik der politischen Ökonomie. Stuttgart 1962, S. 67.
11 Kursbuch 29, S. 152.
12 *H. J. Sandkühler* (Hg.): Psychoanalyse und Marxismus. Dokumentation einer Kontroverse. Frankfurt 1970, S. 21f.
13 Vgl. »Monade und Polis«. Psyche 10/72, S. 760–764.
14 Vgl. Kursbuch 29, S. 130.
15 Ibid.
16 Ibid.
17 Vgl. *Friedrich Nietzsche:* Jenseits von Gut und Böse. Werke in drei Bänden, München 1966, III, »246«, »247«, S. 713–775.
18 »Monade und Polis«. Psyche 10/72, S. 757–759.
19 *Ulrich Sonnemann:* Institutionalismus und studentische Opposition. Thesen zur Ausbreitung des Ungehorsams in Deutschland. Frankfurt 1968, S. 87–119, 122–125, 148–165.
20 Vgl. *Albrecht Wellmer:* Kritische Gesellschaftstheorie und Positivismus. Frankfurt 1969.
21 Vgl. *Ulrich Sonnemann:* Das Land der unbegrenzten Zumutbarkeiten. Deutsche Reflexionen. Reinbek 1963; Die Einübung des Ungehorsams in Deutschland, Reinbek 1964; (Hg.) Wie frei ist unsere Justiz? München 1969; (Hg.) Der kritische Wachtraum. Deutsche Revolutionsliteratur von den Jakobinern zu den Achtundvierzigern (Einleitung), S. 7–30.
22 Manifest der Kommunistischen Partei, a.a.O.
23 Institutionalismus und studentische Opposition, S. 107/108; Negative Anthropologie, S. 278/279.
24 *Rossana Rossanda:* Die sozialistischen Länder: Ein Dilemma der westeuropäischen Linken. Kursbuch 30, 1973, S. 1–34.
25 Ibid. S. 25.
26 Ibid. S. 27.
27 Ibid. S. 30.

28 *Hans Magnus Enzensberger:* In: Tintenfisch 5, Jahrbuch für Literatur, Berlin 1972, S. 79.
29 Vgl. *Alexander* und *Margarete Mitscherlich:* Die Unfähigkeit zu trauern. Grundlagen kollektiven Verhaltens. München 1967.
30 Dies hindert nicht — im Gegenteil postuliert es — eine Überlegenheit der Marcuseschen Position über die für den monolithischen Pluralismus spezifische. Zur Bestätigung s. die beispielhafte, wenn auch dem Kursbuch-Herausgeber offenbar nicht aufgegangene Erfüllung dieses Postulats durch eine Auseinandersetzung zwischen Marcuse und Enzensberger: »Organisationsfrage und revolutionäres Subjekt. Fragen an Herbert Marcuse«. Kursbuch 22/1970. S. 45 bis 60.
31 Blindenschrift, a. a. O.
32 Vgl. die beiden letzten Absätze von II des gegenwärtigen Textes.
33 Daß der Autor in dem fraglichen Falle auch der des betroffenen Textes war, kann, da der Vorfall hier in keiner Hinsicht außer der genannten betrachtet wird, diesen Aufschluß weder mehren noch mindern. Dagegen erlaubt es, ihn zu verdeutlichen. Der Vorschlag, ein Kapitel aus *Institutionalismus und studentische Opposition,* das bald darauf in den Suhrkamp *editionen* erschien, im Kursbuch vorabzudrucken, war aus dem Verlag gekommen. Seine Befolgung hätte die Zeitschrift zu der von ihr gemiedenen Thematik gezwungen. Auf die zitierte Frage K. M. Michels war damals nur eine spekulative, auch ausdrücklich so bezeichnete Antwort möglich. Dagegen war die Verletzung des nationalen Tabus durch solche Sätze des Kapitels wie »Anfertigung von Studentenhüten, deren oberer Teil ein Vogelbauer wäre, in dem ein Kanarienvogel mitgeführt wird, böte in Ansehung deutscher Tierliebe eine durchaus versprechende Sicherung gegen Kopfschüsse« (a. a. O., S. 117) nicht bloß Spekulation. Idiosynkratisches, das Öffentlichkeit nicht verträgt, kann auch ihre Bildung nicht zulassen. In den Nebeln des sein Gegenteil bekennenden Privatismus, eines für den engsten editorischen Mitarbeiter immer noch unerforschlichen Ratschlusses, war die handgreifliche Verbotsübertretung durch den Kapiteltext das einzige Sichere.
34 *Karl Markus Michel:* »Die sprachlose Intelligenz«. In: Kursbuch I, IV, IX. Frankfurt 1965, 1966, 1967.
35 *Richard Wagner:* Der Ring des Nibelungen: Siegfried. Erster Aufzug. Mainz 1904. S. 12.
36 Vgl. *Paul Noack:* »Fremdbrötler von Beruf«. In: Über Hans Magnus Enzensberger. Frankfurt 1970. S. 85.
37 Zitiert nach Paul Noack, a. a. O.
38 »Offener Brief«. In: Über Hans Magnus Enzensberger. S. 233–238.
39 Ibid., S. 236.
40 Außer im gegenwärtigen Text in den in Fn. 21 genannten.
41 Institutionalismus und studentische Opposition, S. 127.
42 Vgl. »Monade und Polis«, Psyche 10/72.
43 Diese »Integration« ist eine Perfektionierung herrschaftlicher Interaktionsmuster. Die in Sicht kommende Praxis beruht nicht nur auf ihrer Durchschauung. Da sie im Element des Durchschauten selbst zum Zuge kommt, dessen Theorie also an die Subjekte in seinem Bann in hermeneutischer Gegen-Interaktion so vermittelt, daß sie als Inhalt ihrer *Erfahrung* ihnen bewußt und der

Bann selbst damit brechbar wird, entgeht sie nicht nur der Praxisverkennung der »aktivistischen« Blindheit, an der Adorno in seinem Aufsatz »Marginalien zu Theorie und Praxis« Kritik übte (Stichworte. Kritische Modelle 2. Frankfurt 1969. S. 169–191). Sie käme — ja müßte sich von ihm freihalten — auch ohne abstrakten Entwurf einer herrschaftsfreien Interaktion aus, in dessen ungeschichtlichem Formalismus gerade die historitische Präjudizierung möglicher zukunftsgeschichtlicher Inhalte mittels Einführung eines perfektfuturischen Erwartungshorizonts sich bei *Habermas* fortsetzte.